BENDŌWA

WEG OHNE WAHL

EIHEI DŌGEN

BENDŌWA

WEG OHNE WAHL

Eine Unterredung zur Praxis des Zen-Weges

Mit einer Einleitung von
Shohaku Okumura

Kommentiert von
Zen-Meister Kōshō Uchiyama Roshi

LOTUS PRESS

Eihei Dōgen
Bendōwa - Weg ohne Wahl:
Eine Unterredung zur Praxis des Zen-Weges

Titel der englischen Ausgabe: "Master Dogen's Zazen Meditation Handbook: A Translation of Eihei Dogen's Bendowa: A Discourse on the Practice of Zazen"

Englische Übersetzung:
Shohaku Okumura und Taigen Dan Leighton
Übersetzung aus dem Englischen:
Kyoku Barbara Lutz und Gesa Schubert

Dem großen Lehrer

Kanzan Hosokawa Yūhō Daioshō,
verstorbener Abt des Sōsenji Tempels
und Begründer des Kyoto Sōtō Zen Center,

gewidmet

Inhalt

Vorwort

Eine der wichtigsten Schriften über Praxis/Erleuchtung des großen japanischen Zen-Meisters Eihei Dōgen (1200–1253) ist *Bendōwa* - Unterredung über die aus tiefstem Herzen entspringende Praxis des Weges. Nach seiner praktischen Ausbildung als Mönch in der vorherrschenden japanischen Tendai-Schule und seinen Studien bei den frühen japanischen Zen-Meistern des Rinzai war Dōgen mit den japanisch-buddhistischen Lehren seiner Zeit völlig unzufrieden. Darum brach er im Jahr 1223 zum Studium nach China auf.

Nachdem Dōgen dort seinem Lehrer begegnet war und die Dharma-Übermittlung empfangen hatte, kehrte er im Jahr 1227 nach Japan zurück. Schließlich verbreitete er seine Lehren über Zen-Meditation und Zen-Praxis und errichtete ein eigenes Kloster, um diese Tradition zu bewahren. Heutzutage wird Dōgen als der Begründer des Sōtō-Zweiges des japanischen Zen geehrt, der in Japan weiterhin stark vertreten ist und sich in den letzten Jahrzehnten im Westen vielerorts ausgebreitet hat.

Dōgens tiefgründige und poetische Schriften werden heute über jegliche speziellen Schulen oder religiöse Vereinigungen des Buddhismus hinaus weltweit als der Gipfel japanischer Philosophie und spiritueller Weltliteratur geachtet. Er war unter den Zen-Meistern ein einzigartig fruchtbarer Autor. Besonders hohes Ansehen genießt sein umfangreiches Meisterwerk, die Sammlung von Abhandlungen *Shōbōgenzō* (Die Schatzkammer des wahren Dharma-Auges), von denen einige Versionen *Bendōwa* einbeziehen.

Bendōwa wurde im Jahr 1231 kurz nach Dōgens Rückkehr von China nach Japan verfasst. In dieser Abhandlung bringt Dōgen seine Lehre der grundsätzlichen Bedeutung von *zazen* (Sitz-Meditation) und deren Umsetzung in die Praxis zum Ausdruck. Sie ist eine Erläuterung zu seiner pointierten Schrift *Fukanzazengi* (Die universal empfohlene Ausübung des Zazen-Weges). Ein großer Teil der Lehre Dōgens ruft uns dazu auf, uns selbst rückhaltlos in unsere Lebenswirklichkeit einzubringen, weil wir immer wieder erkennen, dass wir mit der Gesamtheit unserer Welt und ihrer Wesen innig und wechselwirkend verwoben sind. Unsere Absicht ist es, diese Übersetzung und den Kommentar zu *Bendōwa* all den Praktizierenden und ernsthaften Schülern als hilfreiche Unterstützung zugänglich zu machen, die an dieser tiefgründigen, spirituellen Lebensweise, die von Dōgen Zenji empfohlen wird, aufrichtig interessiert sind.

Wir haben an das Ende des übersetzten Textes Anmerkungen angefügt, um Fachausdrücke und Dōgens Bezugnahmen auf buddhistische und ostasiatische Kulturtraditionen zu erläutern. Shōhaku Okumura Senseis Einführung sorgt für wertvolles Hintergrundwissen, sowohl in Bezug auf die Stellung des *Bendōwa* innerhalb des Schriftwerkes Dōgens als auch in Bezug auf wichtige Entwicklungen der japanischen Sōtō-Zen-Tradition nach Dōgen, über die bis jetzt nur sehr wenig auf Englisch verfügbar ist. Die Einführung erörtert auch die grundlegende Bedeutung und den Ursprung von „Praxis des Weges“ und Dōgens fundamentalen Lehrtext des *jijuyū zanmai*, den *samadhi* der Selbst-Erfüllung, der in *Bendōwa* erläutert wird.

Dieses Buch bietet außerdem den lebendigen, unverblümten Kommentar Kōshō Uchiyama Roshis, Okumura Senseis Lehrer, der zu den höchst respektierten zeitgenössischen Sōtō-Zen-Meistern in Japan zählt. Es sind bereits einige bemerkenswerte Übersetzungen der Schriften Dōgens ins Englische sowie auch einige erkenntnisreiche und wissenschaftliche Abhandlungen zu Dōgens Lehrtexten erschienen. Und doch ist es ungewöhnlich, einen praktischen Kommentar wie den Uchiyama Roshis zu finden, der die ganz bodenständigen Implikationen dieser subtilen Lehre für unsere alltägliche Verwirklichung zum Ausdruck bringt. Uchiyama Roshi war Nachfolger des berühmten und mitreißenden japanischen Meisters Kodo Sawaki Roshi, der die Zazen-Praxis im modernen Japan bis zu seinem Tod im Jahr 1965 wiederbelebte. Von 1965 bis zu seinem Rückzug im Jahr 1975 war Uchiyama Roshi Abt im Kloster Antaiji und anschließend in Kyoto, einem der wichtigsten Orte für Menschen aus dem Westen, die damals Zen in Japan praktizierten. Er lebt zur Zeit mit seiner Frau in einem kleinen Tempel außerhalb von Kyoto und übt dort weiterhin die japanische Kunst des Origami aus, in der er ebenfalls als Meister anerkannt ist. Uchiyama Roshi hat viele Zen-Texte und Kommentare verfasst, von denen einige ins Englische übersetzt wurden und zum Beispiel in den Büchern *Refining Your Life* und *Opening the Hand of Thought* erschienen sind. Wir hoffen, dass westliche Praktizierende den Geschmack dieses Kommentars zu *Bendōwa,* der aus Vorträgen, die Uchiyama Roshi in den Jahren 1978 und 1979 vor Zen-Schülern im Sōsenji Tempel in Kyoto gehalten hat, zusammengestellt wurde, so recht genießen können.

In seiner Einführung beschreibt Okumura Sensei seine eigene lange und hingebungsvolle Beziehung zu dem Text von *Bendōwa,* den er vor über zehn Jahren erstmalig zu übersetzen begann. Ich hatte das Privileg, an der endgültigen Umwandlung dieses Textes ins Englische von 1990 bis 1992 mitarbeiten zu können, als dieser für das zweimal wöchentlich stattfindende Seminar am *Kyoto Sōtō Zen Center* im Shōrinji Tempel die Grundlage bildete. Die Praktizierenden, die dort unter Okumura Sensei studierten und praktizierten, schlossen sich unseren herausfordernden und ausführlichen Erörterungen dessen, was Dōgen wohl zum Ausdruck bringen wollte, und auch dem Ringen um die jeweils geeignete Übersetzung ins Englische an. Dieses intensive Eindringen in die Tragweite der englischen Fachausdrücke und in die damit verbundenen Assoziationen, um westliche Praktizierende zu unterstützen, war auch für uns anregend und bereichernd.

Unter denjenigen, die durch diese Diskussionen zu dem Prozess des Übersetzens beitrugen, waren Rev. Teijo Munnich, George Varvares, Laura Houser, Stephanie Simmons, Ann Overton und Geula Rubin. Von ihrer Unterstützung, die auf inniger Praxis-Erfahrung basierte, hat diese Übersetzung erheblich profitiert. Darüber hinaus war Rev. Emyo Dielman so freundlich, uns bei der vorbereitenden Redigierung unserer Übersetzung des Kommentars von Uchiyama Roshi behilflich zu sein.

Ich persönlich bin sehr dankbar, die Gelegenheit gehabt zu haben, gemeinsam mit Okumura Sensei die Lehrtexte Dōgens zu erforschen. Seine Ernsthaftigkeit und Hingabe und seine unkompliziert geradlinige, alltägliche Verkörperung der aus tiefstem Herzen entspringenden Praxis des Weges inspirierten mich zutiefst.

Eine frühere Version eines Teils der Einführung Rev. Okumuras erschien in *Zen Quarterly,* veröffentlicht durch Sōtō Shū Shumuchō.

Taigen Leighton
Shōrinji

Einführung in *Bendōwa*

Wie *Bendōwa* verfasst und wie es übermittelt wurde

Nachdem Dōgen Zenji fünf Jahre in chinesischen Zen-Klöstern verbracht und die Dharma-Übermittlung von Tendo Nyojō Zenji empfangen hatte, kehrte er im Jahr 1227 nach Kyoto in Japan zurück. Er war achtundzwanzig Jahre alt. Die ersten Jahre nach seiner Rückkehr verbrachte er im Kloster Kenninji, wo er einst von 1217 bis 1223 mit seinem verstorbenen Lehrer Butsuju Myōzen (1184–1225) Zen praktiziert hatte, bevor sie gemeinsam nach China reisten. Myōzen war einer der Anhänger von Eisai, dem japanischen Meister, der als erster Zen in Japan eingeführt hatte und Begründer des Klosters Kenninji war. Dōgens erste Schrift, *Fukanzazengi* (Der universal empfohlene Weg des Zazen), wurde im Jahr 1227 unmittelbar nach seiner Rückkehr aus China fertiggestellt.

Aber Kenninji war für ihn kein besonders geeigneter Ort, da er den Buddha-Dharma übermitteln wollte, den er von Nyojō Zenji empfangen hatte. Dieser Praxis-Stil unterscheidet sich nämlich von der Rinzai-Tradition. Wie Dōgen im *Tenzo Kyōkun* (Anweisungen für den Küchenmeister) und im *Zuimonki* (Aufzeichnung dessen, was ich erfahren habe) erwähnte, war dem Kloster Kenninji zudem der ernsthafte Praxis-Geist, der durch Eisai etabliert worden war, verloren gegangen. Dōgen verließ Kenninji im Jahr 1230 im Alter von dreißig Jahren. Shōdō Nakaseko, ein zeitgenössischer Sōtō-Priester und Gelehrter, erklärt in seinem *Dōgen Zenji Den Kenkyū* (Studie zu Dōgen Zenjis Biografie), dass Dōgen Zenji durch das buddhistische Establishment von Mount Hiei gezwungen wurde, das Kloster zu verlassen.

Nachdem Dōgen Kenninji hinter sich gelassen hatte, hielt er sich in einem kleinen Tempel in Fukakusa auf halbem Weg zwischen Kyoto und Uji auf, wo das Kloster Kōshōji heute liegt. Noch hatte er nicht vor, sein eigenes Kloster zu gründen. Unter diesen Umständen wurde *Bendōwa* geschrieben. Im zweiten Abschnitt von *Bendōwa* heißt es:

> Ich kehrte im ersten Jahr von Sheting (1227) in die Heimat zurück. Diesen Dharma zu verbreiten und lebende Wesen zu befreien wurde zu meinem Gelübde. Ich hatte das Gefühl, als ob mir eine schwere Last aufgebürdet worden sei. Trotzdem stelle ich mein Gelübde, den Dharma zu verbreiten, zurück, um auf Umstände zu warten, unter denen dies gedeihen kann. Vorerst will ich allein leben, wie eine Wolke oder Wasserlinse von Ort zu Ort ziehen und dem Weg der alten Weisen folgen.

Weil es Schüler gab, die gemeinsam mit ihm praktizieren wollten, gründete Dōgen Zenji im Jahr 1233 im Alter von 33 Jahren in Fukakusa das Kloster Kōshōji. Im selben Jahr schrieb er *Genjōkōan* (Die Verwirklichung der Wirklichkeit) und *Makahannya Haramitsu* (Vollkommenheit der Großen Weisheit) und er überarbeitete *Fukanzazengi.* Das handgeschriebene Manuskript von *Fukanzazengi* existiert heute noch und wird *Tenpukubon* (Die Version aus der Tenpuku Ära) genannt.

Im Jahr 1234 schloss sich Koun Ejō der *sangha* (Gemeinschaft von Praktizierenden) Dōgens im Kōshōji an und begann die informellen mündlichen Vorträge Dōgen Zenjis, die später das *Shōbōgenzō Zuimonki* bildeten, zu verschriftlichen. Dōgen verfasste im gleichen Jahr *Gakudō Yojinshū* (Was beim Erforschen des Weges zu beachten ist).

Tenzo Kyōkun wurde im Jahr 1237 geschrieben und *Ikka Myōju* (Eine schimmernde Perle) im Jahr 1238.

Ich denke, dass die Schriften dieses Zeitabschnitts, das heißt von *Fukanzazengi* bis *Ikka Myōju*, eine thematische Einheit innerhalb von Dōgens Schriftwerk bilden. In der frühen Phase seines Werdegangs als Lehrer verfasst wurden sie zur Grundlage der Praxis seiner Sangha. Sie dienten auch als Basis seiner späteren Schriften.

Nach 1238 begann Dōgen viele Kapitel des *Shōbōgenzō* sehr schnell hintereinander zu schreiben. Ich glaube, davor schrieb er deswegen nicht so viel, weil er sich hauptsächlich dem Aufbau seines eigenen Klosters widmete. Aber nachdem er seine Sangha etabliert hatte, verfasste er jedes Jahr bis 1246 eine ganze Anzahl von Kapiteln.

Ich habe mich darangemacht, diese frühen Schriften Dōgen Zenjis, die die Grundlage seines Lehrwerks bilden, das heißt *Fukanzazengi, Bendōwa, Gakudō Yojinshū, Zuimonki, Tenzo Kyōkun, Makahannya Haramitsu, Genjōkōan* und *Ikka Myōju* zu übersetzen. Vielleicht sollte *Kyōjukaimon* (Anmerkungen zur Übermittlung der Gebote) auch mit zu diesen frühen Schriften gezählt werden.

Bis jetzt gibt es von mir eine Übersetzung von *Fukanzazengi* in dem Buch *Shikantaza*, von *Gakudō Yojinshū* in dem Buch *Dōgen Zen* und eine Übersetzung von *Zuimonki.* Ich verfasste eine erste Übersetzung des *Kyōjukaimon* für das letzte Tokubetsu Sesshin im Kloster Daijōji. Ich arbeitete mit Daitsu Tom Wright an der Übersetzung des *Tenzo Kyōkun*, als er *Refining Your Life* erstellte, und habe es mit Taigen Leighton als Teil unserer Übersetzung des *Eihei Shingi* (*Dōgen's Pure Standards for the Zen Community*) übersetzt, welches mit dem *Tenzo Kyōkun* beginnt. *Bendōwa* wird in diesem Band vorgelegt.

Ich begann mit der Übersetzung von *Bendōwa* etwa im Jahr 1980, direkt nachdem ich aus Amerika nach Japan zurückgekehrt war. Ich hatte das Pioneer Valley Zendo in Massachusetts wegen gesundheitlicher Probleme verlassen. Meine gesamte Habe befand sich in einem Rucksack. Ich war am Ende. Ich hatte keinen Job und keinen Ort, um zu leben oder zu praktizieren. Ich stand allein da. Ich lebte in einem kleinen Nonnenkloster, Seitaian genannt, im nördlichen Teil der Stadt Kyoto. Es gehörte einem Freund, der mir gestattete, dort als Hausmeister zu bleiben. Ich lebte und saß für mich allein, außer während der Fünf-Tage-Sesshins einmal im Monat. Ich hielt mich selbst über Wasser, indem ich einige Male im Monat *takuhatsu (*formelle Bettelpraxis der Mönche*)* ging. Unter diesen Umständen also arbeitete ich an einer Übersetzung von *Bendōwa.* Seitaian liegt in der Nähe des früheren Geländes des Klosters Antaiji, nicht weit von der Gedenkstätte für Kōdō Sawaki Roshi. Da ich mich in einer ähnlichen Lage befand und auch 32 Jahre alt war, genau so alt wie Dōgen Zenji, als er *Bendōwa* schrieb, hatte ich das Gefühl, dass ich Dōgen Zenjis Gelübde und Beweggründe, *Bendōwa* zu schreiben, wirklich verstand. Ich lebte auf die gleiche Art und Weise wie Dōgen Zenji in Fukakusa.

In den zehn Jahren nach *Bendōwa* erstellte Dōgen viele weitere Schriften, aber zehn Jahre nach dem Beginn dieser Übersetzung arbeite ich immer noch an *Bendōwa.* Ich habe es inzwischen aufgegeben, mich mit Dōgen Zenji zu messen.

Bendōwa wurde in Fukakusa geschrieben, als Dōgen Zenji sich dort ganz allein aufhielt. Da er kein eigenes Kloster hatte, konnten ihn nicht so viele Leute aufsuchen, um ihn zum Dharma zu befragen. Er wollte das, was er von seinem Lehrer in China gelernt hatte, ernsthaft Praktizierenden, die nach dem wahren Dharma suchten, hinterlassen.

Er schreibt in *Bendōwa:*

> Es könnte jedoch sein, dass es einige ernsthaft Praktizierende gibt, die ganz aus sich selbst heraus nicht nach Ruhm oder Profit streben und dem Geist, der nach dem WEG strebt, Vorrang einräumen. Diese könnten trotz ihrer Haltung durch falsche Lehrer in die Irre geführt werden. Sie würden ahnungslos rechtes Verständnis vernebeln und trunken durch ihre eigene Verwirrung für lange Zeit in Selbsttäuschung versinken. Wie könnte es für [diese ernsthaft Praktizierenden] möglich sein, den wahren Samen von *prajna* (höchste Weisheit) zu nähren und eine geeignete Gelegenheit zu finden, den WEG zu erlangen? Wie werden sie den Berg oder Fluss finden, wo sie mich aufsuchen können, jetzt, da dieser unwürdige Umherziehende [Dōgen] lebt wie eine Wolke oder eine Wasserlinse? Weil mir diese Menschen am Herzen liegen, habe ich gesammelt und niedergeschrieben, was ich mit meinen eigenen Augen von der Art der Praxis in den Zen-Klöstern des Song Chinas gesehen und als die tiefgründige Lehre meines Lehrers empfangen habe und bewahre. Ich hinterlasse dies [diese Schriften] für hingebungsvoll Praktizierende des Weges der heiteren Gelassenheit, um sie von dem wahren Dharma der Buddhas wissen zu lassen.

Einer dieser Praktizierenden war sein Dharma-Nachfolger Ejō. Ejō war zwei Jahre älter als Dōgen und ordinierter Tendai-Mönch in Mount Hiei. Gleich Dōgen und anderen buddhistischen Führern verließ er das Kloster, um den wahren Weg der Praxis zu suchen. Er studierte Reines Land-Buddhismus und praktizierte später Zen mit Buchi Kakuan, der ein Anhänger von Dainichi Nōnin war, dem Begründer der Nihon Daruma Shū. Er empfing von Kakuan *inka* oder Bestätigung der Erleuchtung. Während sich Dōgen im Kenninji aufhielt, suchte Ejō ihn auf, um Dōgen Zenjis Dharma-Lehre zu prüfen. Ejō dachte bei sich: „Ich habe die Meditationsmethode der Tendai-Schule praktiziert und gemeistert, habe die essenzielle Praxis des Reinen Land Buddhismus vollständig erfasst und *kenshō jōbutsu* (die Natur der Dinge erkennen, Buddha werden) erlangt. Was sonst noch hat er [Dōgen] zu übermitteln?" Laut des *Denkōroku* (Weitergabe des Lichts; verfasst von Keizan Jōkin drei Generationen nach Dōgen) stimmte die ersten zwei, drei Tage alles, was Dōgen Zenji sagte, mit Ejōs Verständnis, das heißt *kenshō reichi* (das Wesen der Natur als spirituelle Intelligenz erkennen), überein. Aber später, mutmaßlich weil Dōgen Zenji erkannte, dass Ejō als ein ernsthaft Praktizierender in der Lage war, den wahren Dharma zu verstehen, begann er andere Saiten aufzuziehen. Zuerst war Ejō verblüfft und versuchte dagegen zu argumentieren, aber bald erkannte er, dass das, was Dōgen Zenji sagte, viel tiefer ging als sein eigenes Verständnis. Ejō erweckte erneut *bodhi-Geist* (erwachte) und hegte danach den Wunsch, gemeinsam mit Dōgen zu praktizieren. Aber da Dōgen kein eigenes Kloster hatte, war das nicht möglich. Ejō musste warten, bis Dōgen Kōshōji gründete. Im Jahr 1234 schloss er sich Dōgens Sangha an.

Es ist wichtig, in Erinnerung zu behalten, dass Keizans *Denkōroku* erwähnt, dass Ejōs Verständnis von Zen vor dem Zusammentreffen mit Dōgen Zenji *kenshō jōbutsu* oder *kenshō reichi* war. Das ist einer der Hauptkritikpunkte Dōgen Zenjis in *Bendōwa*. In den Fragen sieben, zehn, sechzehn und siebzehn in *Bendōwa* spricht sich Dōgen Zenji gegen diese Art von Praxis aus. Takeuchi Dōyū, der Autor von *Eihei niso Koun Ejō Zenji Den* (Die Biografie von Koun Ejō, dem zweiten Abt von Eiheiji), mutmaßte, dass die achtzehn Fragen und Antworten in *Bendōwa* hauptsächlich auf dieser Diskussion mit Ejō bei ihrem ersten Aufeinandertreffen im Kloster Kenninji basieren. In diesem atmosphärischen Gefüge wurde *Bendōwa* geschrieben.

Heutzutage wird *Bendōwa* als erstes Kapitel von Dōgens Meisterwerk *Shōbōgenzō* (Die Schatzkammer des wahren Dharma-Auges) betrachtet, aber genau genommen ist *Bendōwa* kein Teil des *Shōbōgenzō*. Dōgen Zenji selbst stellte *Shichijūgo-kan bon* (Die fünfundsiebzigbändige Version) zusammen. Er wollte auf hundert Kapitel kommen und schrieb zwölf weitere. Dieser Abschnitt wird Jūni-kan bon (Die zwölfbändige Version) genannt. *Bendōwa* wurde weder in die fünfundsiebzigbändige noch in die zwölfbändige Version eingefügt.

Bendōwa ging verloren und tauchte ungefähr vierhundert Jahre später im siebzehnten Jahrhundert wieder auf. Die politische Situation des fünfzehnten und sechzehnten Jahrhunderts in Japan war sehr verworren. Darum wird dieser Zeitabschnitt (1477–1573) die „Zeit der Krieg führenden Reiche" genannt. Japan unterstand nicht der Kontrolle einer einzigen Regierung, sondern war in viele unabhängige Staaten unterteilt, deren Volksgruppen sich gegenseitig bekämpften. Faktisch besaßen weder der Kaiser noch der Shogun politische Macht. Während dieser Zeit nahm die Vitalität des Buddhismus ab. Zwar hatte er sich still und leise über ganz Japan ausgebreitet, doch tauchten keine herausragenden Meister auf. Daichi Sokei (1290–1366), der von Dōgens Schüler Kangan Giin ordiniert wurde, mit Keizan Jōkin praktizierte und die Dharma-Übermittlung von Keizans Nachfolger Meihō Sotetsu empfing, war die letzte wichtige Persönlichkeit in der Herkunftslinie Dōgen Zenjis vor der „Zeit der Krieg führenden Reiche".

Erst nachdem sich die Tokugawa-Shogunat-Regierung Anfang des siebzehnten Jahrhunderts etabliert hatte, tauchte wieder eine Reihe von exzellenten Meistern auf. Bannan Eishu (1591–1654) war der erste Meister, der versuchte, Dōgen Zenjis Weg der Praxis wieder aufleben zu lassen. Das Kloster Kōshōji in Fukakusa brannte nieder, bald nachdem Dōgen Zenji nach Echizen (die heutige Fukui Präfektur) aufgebrochen war, und es brauchte ungefähr vierhundert Jahre, bis es im Jahr 1648 von Bannan Eishu an seinem gegenwärtigen Ort in Uji wieder aufgebaut wurde.

Nach dem Wiederaufbau von Kōshōji im Jahr 1654 kam der chinesische Zen-Meister Ingen Ryūki (1592–1673) in Begleitung zahlreicher Anhänger nach Japan. Er gründete im Jahr 1661 Manpukuji in Uji in der Nähe von Kōshōji. Ingens Lehre wurde die Ōbaku-Schule genannt, weil Ōbaku der Name des Berges war, auf dem Ingen in China ein Kloster hatte. (Dies ist auch der Name des Rinzai-Lehrers Ōbaku Kiun, Huangbo Xiyun auf Chinesisch). Ingen Zenjis Anwesenheit in Japan gab den japanischen Zen-Buddhisten neue Impulse. Sie hofften auf authentische Zen-Lehre. Da Ingen aus China, der Heimat des Zen, kam, gingen die japanischen Buddhisten davon aus, dass Ōbaku-Zen auch authentischer Zen sei. Viele japanische Rinzai- und Sōtō-Meister einschließlich Gesshū Sōkō (1618–1696) suchten Ingen auf und praktizierten mit ihm. Gesshu war der Abt von Daijōji in Kanazawa, einem damaligen Sōtō-Zen-Zentrum, und einige seiner Schüler, so zum Beispiel Manzan Dōhaku (1636–1715) und Tōkuō Ryōkō (1649–1709), wurden durch die Zen-Praxis im Ōbaku-Stil stark beeinflusst.

Nach einer Weile kam die Erkenntnis auf, dass Ōbaku-Zen sich von Dōgen Zenjis Zen unterschied. Zum Beispiel kritisierte Sonnō Sōeki (1636–1715) Chōon, einen der Ōbaku-Meister, und sagte: „Wenn ich das Zazen Ron von Chōon lese, verstehe ich, dass in der Ming Dynastie (1368 –1644) in China die Praxis/Erleuchtung der Buddha-Vorfahren verloren gegangen ist. Wenn ihr dies lest und es mit Dōgen Zenjis Anweisungen vergleicht, werdet ihr selbst erkennen, was authentisch ist und was nicht.“ (Niedergeschrieben von Kagamishima Genryū in seinem *Dōgen Zenji to sono monryu*) sagte Sonnos Dharma-Nachfolger Menzan Zuiho (1683–1769) in seinem *Jijuyū zanmai:* „Das ist es, warum es einige so eilig haben, durch das Ringen mit Koans Erleuchtung zu gewinnen. Die einen kämpfen nach dem Subjekt suchend, das sieht und hört, innerhalb ihrer selbst; die anderen versuchen, sich ihrer verblendeten Gedanken zu entledigen, um einen angenehmen Ort des Nicht-Geistes, des Nicht-Denkens zu erreichen. Viele weitere Methoden Zazen zu praktizieren werden von verschiedenen Lehrern in den Song-, Yuan- und Ming-Dynastien befürwortet. Jedoch scheint es so, dass weniger als einer von hundert um das wahre Samadhi weiß, das durch die Buddhas und Vorfahren übermittelt wurde.“

Sōtō-Meister versuchten den Wesenskern von Dōgen Zenjis Lehre zu erforschen. Neben den oben erwähnten Personen war Tenkei Denson (1648- 1735) für seine Kommentare zum *Shōbōgenzō* berühmt.

Mit Beginn der zweiten Hälfte des siebzehnten Jahrhunderts tauchten in der Rinzai-Schule herausragende Lehrer auf, wie zum Beispiel Bankei Yōtaku (1622–1693), Muchaku Dōchu (1653–1744) und Hakuin Ekaku (1685–1768). In dieser Zeit erfuhr der japanische Zen eine Erneuerung.

Bendōwa wurde in der Residenz einer der adeligen Familien in Kyoto, mutmaßlich Verwandte Dōgen Zenjis, aufbewahrt. Menzan beschreibt in seinem Kommentar zu *Bendōwa,* genannt *Shōbōgenzō Bendōwa Monge*, wie es gefunden wurde. Ein Mönch mit Dharma-Namen Kannō Sosan arbeitete eigentlich als Bediensteter dieser Familie. Dieser Mann, der wusste, dass der Originaltext von *Bendōwa* in der Familienschatzkammer aufbewahrt wurde, bat darum, den Text kopieren zu dürfen. Da er mit Gesshū Sōkō bekannt war, zeigte er den Text Gesshū, der ihn ebenfalls kopierte. Auch Menzan lieh sich die Kopie von Kannō Sosan aus und kopierte sie wiederum für sich selbst. Auf diese Weise fügte es sich, dass *Bendōwa* erneut in dieser Welt auftauchte. Als der Text zu Beginn des neunzehnten Jahrhunderts in Eiheiji veröffentlicht wurde, wurde er als erstes Kapitel der Honzan-Version des *Shōbōgenzō* herangezogen.

Bis zur Meiji Ära (1868–1912) hegten einige Menschen Zweifel daran, ob *Bendōwa* wirklich von Dōgen Zenji verfasst worden war oder nicht. Dann entdeckte der berühmte Gelehrte Dōshu Okubo im Jahr 1926 eine andere Version von *Bendōwa*, die im Shoboji-Tempel in der Präfektur Iwate aufbewahrt wurde, und veröffentlichte sie. Da die Shoboji-Version länger war, unterschied sie sich ein bisschen von der bislang bekannten Version. Die bekannte Version umfasst achtzehn Fragen und Antworten im zweiten Teil, während die Shoboji-Version neunzehn beinhaltet. Gelehrte gehen davon aus, dass die Shoboji-Version der erste Entwurf war.

Bokusan Nishiari Zenji (1821–1910), einer der bedeutendsten Sōtō Zen-Meister der Meiji-Ära, hielt *Bendōwa, Genjōkōan und Busshō* (Buddha-Natur) für die wichtigsten Kapitel des *Shōbōgenzō*. Da Nishiari Zenji auf die Sōtō-Meister und Gelehrten nach ihm großen Einfluss ausübte, ist *Bendōwa* als eine der wichtigsten Schriften Dōgen Zenjis anerkannt worden. Selbst heutzutage wird es für eine Einführung zum *Shōbōgenzō* gehalten, obwohl es genau genommen kein Teil dieses Werkes ist.

Als Dōgen aus China zurückgekehrt war, schrieb er *Fukanzazengi*, in dem er kurz und präzise darlegte, wie Zazen zu praktizieren ist und welche Bedeutung der Zazen-Praxis zukommt. Ungefähr im Alter von fünfundvierzig oder sechsundvierzig Jahren verbesserte und überarbeitete er *Fukanzazengi* wieder und wieder. Ich halte *Fukanzazengi* für Dōgen Zenjis wichtigste Schrift. In gewisser Weise ist *Ben-*

dōwa ein Kommentar zu *Fukanzazengi*. Nicht nur *Bendōwa*, sondern das gesamte *Shōbōgenzō* und Dōgens weitere Schriften können als Kommentare zu *Fukanzazengi* betrachtet werden, und zwar dergestalt, dass sie seine Erläuterung der Zazen-Praxis sind.

Shōbōgenzō erklärt Zazen aus vielen verschiedenen Blickwinkeln heraus: der Philosophie dessen, was Buddha-Dharma ist, wie diese Welt aus der Sicht von Zazen ausschaut, was das Gerüst unseres Lebens ist und welche Art von Haltung wir Zazen-Praxis und Alltagsaktivitäten gegenüber einnehmen sollten. *Fukanzazengi* ist das Zentrum der Lehre Dōgens, gegründet auf Zazen. Auf der Grundlage unseres Sitzens sollten wir unsere Haltung zu jeglichem Detail unseres Alltagslebens entwickeln. Das ist es, was Dōgen im *Eihei Shingi* beschrieb. Im *Tenzo Kyōkun* verwendete er dafür das Beispiel des Kochens und lehrte den Umgang mit Lebensmitteln, Feuer und Wasser. Wir sollten erkennen, dass alles einfach ein Teil von uns selbst ist. Aber die Grundlage seiner Lehre ist *Fukanzazengi*. Darin versuchte er zu erklären, welche Stellung Zazen einnimmt, um ein Leben im Kloster zu begründen, das auf Zazen basiert. Danach verfasste er fünfundneunzig Kapitel des *Shōbōgenzō*, *Eihei Shingi* und viele weitere Schriften. *Bendōwa* ist die erste dieser Arbeiten.

In *Bendōwa* erklärt Dōgen Zenji, was von Buddha zu Buddha, von Shakyamuni Buddha bis zu ihm selbst übermittelt wurde. Das ist das jijuyū zanmai, das unser Zazen ist. Und er erörtert dort darüber hinaus die Fragen, die die Menschen seiner Zeit vielleicht zu Zazen gestellt haben.

Zum Titel *Bendōwa*

In modernen *kanji* (chinesischen Schriftzeichen) wird *Bendōwa* so geschrieben: (弁道話). Dieses *ben* (弁) ist eine Abkürzung des Kanji alten Stils (獅); in einigen Texten wird es so geschrieben und in anderen Texten wird es so geschrieben (癖). (刀) *catana* bedeutet Schwert, während (力) *chikara* Energie oder Kraft bedeutet. Es findet sich nur ein geringer Unterschied zwischen den Schriftzeichen, den man deshalb leicht übersehen kann. Es ist schwer zu sagen, ob Dōgen Zenji ursprünglich (獅) oder (癖) schrieb.

Dieses Kanji (獅) bedeutet, etwas mit einem Schwert in zwei Hälften zu schneiden oder eine Sache von einer anderen zu trennen. Somit bedeutet es auch zu analysieren, zu unterscheiden oder etwas auseinanderzuhalten. (癖) bedeutet Kraft oder seine gesamte Energie in das Tun einer Sache zu geben. Wenn *ben* dieses Kanji (獅) ist, dann bedeutet *Bendōwa* „Den wahren Weg aufzeigen und vom falschen Weg unterscheiden". Aber wenn *ben* dieses Kanji (癖) ist, dann bedeutet *Bendōwa* „Unsere gesamte Energie in das Praktizieren des WEGES legen".

Menzan sagt in seinem *Monge*, dass *ben* „Den wahren Weg aufzeigen und ihn vom falschen Weg unterscheiden" bedeutet. Dōgen Zenji schrieb jedoch auch *Bendōhō*, das ein Teil des *Eihei Shingi* ist. Das *hō* in *Bendōhō* heißt „Dharma" und bedeutet den Weg oder die Methode etwas zu tun. Im Fall von *Bendōwa* könnte *ben* als „Dinge voneinander trennen" interpretiert werden, weil Dōgen in dem Frage-und-Antwort-Teil des *Bendōwa* diskutiert, was der wahre Weg ist und was nicht. Aber in *Bendōhō* diskutiert er nicht wahre und falsche Wege. Er erklärt dort einfach, wie wir rund um die Uhr praktizieren sollten. So kann *ben* in *Bendōhō* nicht dieses Kanji (獅) sein. Stattdessen muss es bedeuten, dass wir unsere gesamte Energie in die Praxis legen sollten oder dass wir aus tiefstem Herzen heraus praktizieren sollten. Ich denke, dass die Bedeutung im Fall von *Bendōwa* die gleiche sein sollte, so dass *Bendō* nicht bedeutet, etwas zu trennen oder zu analysieren, sondern „den WEG rückhaltlos zu praktizieren".

Wa bedeutet Vortrag oder Bericht, also bedeutet *Bendōwa* „Ein Vortrag oder ein Diskurs dazu, wie der WEG aus tiefstem Herzen entspringend praktiziert wird".

Als Nächstes sollten wir der Frage nachgehen „Was ist der WEG?"

WEG (*Dō* oder *michi* auf Japanisch, *Dao* auf Chinesisch) ist eines der wichtigsten Worte für Ostasiaten. Der WEG ist so etwas wie ein vages Konzept, weil er verschiedene Bedeutungen und Konnotationen hat. Philosophen verschiedener Schulen haben ihr eigenes Verständnis des WEGES. Wenn wir *Bendōwa* lesen, sollten wir klarstellen, was Dōgen Zenji mit WEG meint. Um dies zu tun, sollten wir zuerst einen Blick auf die mit diesem Wort einhergehenden verschiedenen Vorstellungen werfen.

Das chinesische Schriftzeichen für WEG (道) bedeutet ursprünglich einen Pfad, um einen Ort zu erreichen. Dieser Teil des Kanji, (首) *kubi*, bedeutet einen Teil unseres Körpers, der oberhalb unseres Halses ist, das heißt „Kopf" oder „Gesicht". Und dieser Teil des Kanji, [...] *shinnyu*, stellt die Handlung des Gehens dar. Also beinhaltet das Kanji die Vorstellungen von „Gesicht" und „Gehen". Das bedeutet, in eine bestimmte Richtung zu gehen. Du gehst in die Richtung, in die du schaust. Wenn du irgendwohin gehen willst, musst du einen Pfad nehmen, der dich zu deinem Ziel führt. Du gehst mit deinen eigenen Beinen in eine bestimmte Richtung auf den Ort zu, zu dem du gehen willst. Das ist die ursprüngliche Bedeutung des Schriftzeichens *dao*.

Menschen versuchen den besten, den kürzesten und leichtesten Weg zu finden, um an ihr Ziel zu gelangen. Und wenn der beste Weg einmal gefunden ist, wird er zu einer Art Methode. Wenn ein sicherer, unfehlbarer Weg zu einem Ziel zu gelangen gefunden wurde und viele Menschen ihm folgen, wird er zu einer Richtlinie oder Verordnung. Das verleiht dem Wort die Konnotation von Vorschrift, Gesetz oder sozialer oder moralischer Gepflogenheit. Wenn du dich innerhalb dieses Weges bewegst, bist du gut, wenn du vom Pfad abweichst, bist du nicht gut. Als Mitglieder einer Gesellschaft werden wir aufgefordert, einem bestimmten Weg zu folgen.

Chinesische Philosophen wie Konfuzius betrachteten den WEG nicht einfach als „einen Weg, um irgendwohin zu gehen“. Da die Sonne, der Mond und die Sterne am Himmel sich einer bestimmten Ordnung gemäß bewegen, dachten sie, dass jedes von ihnen seinen eigenen Weg hat. Da sich auch die vier Jahreszeiten jedes Jahr auf die gleiche Weise verändern, glaubten sie, dass jedes und alles in diesem Universum seinen eigenen Weg hat. Konfuzius hielt es darüber hinaus für wichtig, dass menschliche Wesen einem bestimmten Weg folgen sollten, um Mitglieder der Gesellschaft zu sein. Das ist Sozialethik, der Weg menschlicher Wesen. So lange wir menschliche Wesen sind, sollten wir diesen bestimmten ethischen Vorstellungen, diesen bestimmten Wegen, folgen.

Andere Philosophen wie Laozi und Zhuangzi glaubten, dass der WEG nicht aus von Menschen konstruierten oder ausgeklügelten Bräuchen, Regeln oder Moralvorstellungen besteht, sondern dass das gesamte Universum selbst der WEG ist. Er kann nicht benannt werden; er kann nicht definiert werden. Er ist wie das bei Zhuangzi erwähnte CHAOS. Wenn man versucht, ihm Augen oder eine Nase oder einen Mund zu geben, stirbt er. Das ist der WEG für Daoisten. Der WEG ist das pure Dasein des gesamten Universums ohne jegliche menschengemachte Unterscheidung oder Unterteilung.

Das sind die beiden zentralen Auslegungen des Wortes „WEG" in der chinesischen Philosophie. Als der Buddhismus von Indien nach China gebracht wurde, wurde dieses chinesische Wort als eine Übersetzung für drei oder mehr Worte aus dem Sanskrit verwendet. Das erste ist *bodhi*, was Erwachen oder Erleuchtung bedeutet, so wie in einer der Übersetzungen von *anuttara samyak sambodhi*, höchstes Erwachen, *mujōdō* (無上道). *Mujōdō* bedeutet „der höchste Weg". *Bodhi* wurde mit „Weg" übersetzt, weil dies der gebräuchliche Ausdruck in der daoistischen Philosophie dafür war. Das zweite Sanskrit-Wort, das mit *dao* übersetzt wurde, ist *marga*, wie in *hasshōdō* (八正道), der achtfache rechte Pfad. *Marga* bedeutet, der Weg, dem wir folgen oder den wir gehen sollten, um *nirvana* zu erreichen. Das dritte Sanskrit-Wort ist *gate*, zum Beispiel *dō* in *rokudō* (六道), das die sechs Bereiche von *samsara* bedeutet.

Als es aber erst einmal zur Benutzung dieses Schriftzeichens auf Chinesisch ohne die Kenntnis seiner ursprünglichen Bedeutung im Sanskrit kam, wurden meiner Meinung nach diese drei Bedeutungen miteinander vermischt. *Gate* bedeutet „Weg verblendeter, fühlender Wesen". *Bodhi* ist Erwachen oder Erleuchtung. Und *marga* ist der Weg aus der Verblendung zu Erleuchtung. Auf diese Weise wurde „WEG" in der buddhistischen Terminologie in China und Japan verwendet.

Wenn Dōgen Zenji dieses Wort *dō* gebraucht, ist es eine Abkürzung von *butsudō* (仏道), Buddha-Weg. Das bedeutet Buddhas Erleuchtung oder die Wahrheit, die Buddha erkannte. Die alltägliche Praxis, gegründet auf oder gemäß der Wirklichkeit oder Wahrheit, wird auch der Weg des Buddha genannt oder der von Buddha gelehrte Weg.

So ist in gewisser Weise Buddha-Weg oder *butsudō* der Weg zu Buddha oder der Weg, ein Buddha zu werden. Es bedeutet auch den von Buddha beschrittenen Weg. So folgen wir dem Weg, den Buddhas und Vorfahren gingen. Alle Buddhas und Vorfahren gingen den gleichen Weg und doch ist der Weg eines jeden einzigartig. Jeder Mensch hat einen unterschiedlichen Weg, einen anderen Stil, eine andere Art, sich durch seine oder ihre Handlungen und Eigenschaften auszudrücken.

Zum Beispiel benutzt Dōgen Zenji den Ausdruck *gyōji dōkan* (行持道環). *Gyōji* bedeutet „Praxis" oder „Schutz der Praxis", *dō* bedeutet „Weg" und *kan* (環) bedeutet „Kreis". Er sagt, dass *hosshin* (発心) (Bodhi-Geist erwecken), *shugyō* (修行) (Praxis), *bodhi* (Erwachen) und *nirvana* wie ein Kreis sind. Das ist der WEG Dōgen Zenjis. Für ihn ist der WEG nicht einfach geradlinig wie eine Einbahnstraße von einem Startpunkt zu einem Ziel, sondern eher wie ein Kreis. Wir erwecken Bodhi-Geist Moment für Moment, wir praktizieren Moment für Moment, wir erwachen vollkommen von Moment zu Moment und wir sind von Moment zu Moment in *nirvana*. Und damit fahren wir ohne Unterbrechung fort. Unsere Praxis ist in jedem Augenblick vollkommen, und doch sind wir auf Buddha ausgerichtet. Es ist schwierig, dies mit dem Intellekt zu begreifen, aber das ist der WEG, auf den Dōgen Zenji sich in *Bendōwa* bezieht.

Somit ist unsere Praxis also keine Art Training mit dem Ziel, eine unwissende Person scharfsinnig, tüchtig und schließlich erleuchtet zu machen. Jede Handlung, jeder Moment des Sitzens ist das Erwecken von Bodhi-Geist, Praxis, Erwachen und Nirvana. Jeder Moment ist vollkommen, und doch sind wir innerhalb dieses vollkommenen Momentes auf etwas ausgerichtet: die Bodhisattva-Gelübde. „Wie zahllos die Wesen auch sein mögen; ich gelobe, sie alle zu retten. Wie unerschöpflich meine Verblendungen auch sein mögen; ich gelobe, ihnen ein Ende zu setzen. Wie unermesslich die *dharmas* auch sein mögen; ich gelobe, sie alle zu meistern. Wie endlos des Buddhas Weg auch sein mag; ich gelobe, ihm zu folgen". Diese vier Bodhisattva-Gelübde sind unsere Ausrichtung innerhalb unserer Von-Moment-zu-Moment-Praxis. Und doch ist jeder Moment vollkommen. Da unsere Verblendung unerschöpflich ist, können wir zu keinem Zeitpunkt alle unsere Verblendungen ausgelöscht haben. Dennoch versuchen wir dies Moment für Moment. Dieses Versuchen selbst ist die Manifestation des Buddha-Weges, Buddhas Erleuchtung. Aber auch wenn wir es so unnachgiebig wie möglich versuchen, können wir nicht perfekt sein. So sollten wir bereuen. Und Reue wird zu Energie, um weiter voranzuschreiten, weiter in Richtung Buddha zu praktizieren. Das ist die Grundlage der Bodhisattva-Praxis. Unsere Praxis ist endlos; Erleuchtung ist anfanglos.

Mein Lehrer Uchiyama Roshi sagt, dass ein Bodhisattva ein gewöhnlicher Mensch ist, der sich auf Buddha ausrichtet. „Ausrichtung" ist das Gelübde ein Buddha zu sein.

Jede Handlung unseres alltäglichen Lebens sollte eine Verwirklichung des Weges sein. Wir praktizieren, weil wir bereits auf dem WEG sind. Wie Dōgen Zenji im ersten Satz des *Fukanzazengi* sagt: „Der WEG ist vollkommen und universal." Der WEG durchdringt das gesamte Universum. Wir können niemals aus dem WEG heraus. Wir sind immer schon auf dem WEG. Dōgen Zenji schreibt im *Gakudō Yojinshū* auch: „Praktizierende des WEGES müssen zuallererst Vertrauen in den WEG setzen. Diejenigen, die dem Buddha-Weg vertrauen, müssen davon überzeugt sein, dass man von Anfang an eins mit dem WEG ist, dass man frei ist von verblendeten Begierden, frei von der Art und Weise, Dinge auf den Kopf gestellt zu sehen, frei von Ausschweifungen oder Schwächen und Fehlern." Das ist die Grundlage unserer Praxis. Obwohl wir bereits auf dem WEG sind, sind wir verblendet und verfehlen den WEG. Das ist befremdlich, aber die Realität. Wir sind vom anfanglosen Anfang an auf dem

WEG und doch sind wir verblendete, menschliche Wesen bis zum endlosen Ende. Deshalb ist unsere Praxis, unser Gelübde endlos. Wenn wir also auf diese Weise praktizieren, dann ist jede Handlung, jeder Moment für Moment unserer Praxis die vollkommene Verwirklichung des Buddha-Weges. Das ist mein Verständnis von *bendō*, Praxis des Buddha-Weges oder Auf-dem-Buddha-Weg-Sein.

Jijuyū Zanmai

Der Anfang von *Bendōwa* beinhaltet eine der wichtigsten Aussagen Dōgen Zenjis. Er lautet:

> Alle Buddha-Tathāgatas zusammen haben einfach wundersamen Dharma übermittelt und anuttara samyak sambodhi verwirklicht, wofür es eine unübertroffene, unfabrizierte, wundersame Methode gibt. Dieser wundersame Dharma, der ohne Abweichung nur von Buddha zu Buddha übermittelt wurde, ist gekennzeichnet durch jijuyū zanmai.

Das ist keine Meinung, sondern eine entschiedene Feststellung. Da gibt es für uns als Praktizierende des Weges Dōgen Zenjis nichts zu diskutieren. Das ist die Grundlage unserer Praxis.

Alle Buddha-Tathāgatas „haben einfach übermittelt". Das japanische Wort für „einfach übermitteln" ist *tanden* (巣伝). Ich glaube, das ist eines der wichtigsten Worte, um Dōgen Zenjis Lehre zu verstehen.

Tan bedeutet „eins". Nur eins. Nicht zwei, nicht drei. Nur eins; nur einfaches Übermitteln. Aber es gibt einige Wege, das zu verstehen. Der erste ist, dass Buddhas und *tathāgatas* (die, die in So-heit oder Wirklichkeit kommen und gehen; ein Standardattribut für Buddhas) einfach den wundersamen Dharma übermitteln. Das heißt, dass jeder einzelne Buddha-Tathāgata nichts als diesen wundersamen Dharma übermittelt. Das ist die einzige Sache, die sie übermitteln. Darüber hinaus findet diese Übermittlung von Person zu Person statt. Es kann nicht durch Radio, Fernsehen oder Bücher geschehen. Dieser Dharma muss von einem Buddha zu einem weiteren übermittelt werden. Eine weitere Konnotation dieses Wortes *tanden* ist, dass die Person, die übermittelt, und die Person, die die Übermittlung empfängt, sowohl der Lehrer als auch der Schüler, eins sind, also keine zwei voneinander getrennten Personen. Dharma ist somit also nichts Substanzielles wie ein Buch, das von einem zum anderen weitergegeben werden kann. Das ist Dharma oder *myōhō* (妙法).

Myōhō ist auch ein interessantes Wort. Buddha-Tathāgatas übermitteln *myōhō,* den „wundersamen Dharma". Dieses *myō* hat viele Bedeutungen. *Myō* bedeutet „etwas Seltsames", „etwas Eigenartiges", auch „etwas, das wir nicht mit dem Intellekt erfassen können". Es bedeutet ebenfalls „exzellent, wundervoll, etwas, das menschliche Wesen nicht erschaffen können". Es übersteigt alles künstlich Geschaffene. Wir können es nicht begreifen, deshalb erscheint es uns, weil wir es nicht verstehen, „befremdlich". Und hinzu kommt: Da wir es nicht selbst erschaffen können, kann es auch nicht durch unser eigenes Bemühen erzeugt werden. Es ist bereits da, schon gegeben. Alles, was wir tun können, ist zu sagen „hervorragend, wundervoll". Es ist sehr kostbar. Wir können es nicht erschaffen, wir können es nicht verändern oder es in Besitz nehmen. Es ist bereits randvoll mit diesem Universum und es ist uns schon gegeben. Es ist unser Leben.

Unser Leben ist Teil des Universums und doch denken wir, dass unser Leben unser persönlicher Besitz ist. Wir erschaffen durch unsere Differenzierungen, unsere Unterscheidungen, unsere Werturteile und Begriffsbestimmungen unsere eigene persönliche Welt. Wir zerlegen sie, benennen die Einzelteile und erschaffen Kategorien, um sie leichter verständlich zu machen, um es uns einfacher zu machen. Das ist die von Menschen gemachte Welt. Unser Leben wird durch unser Karma gestaltet, das heißt, durch all die Erfahrungen von unserer Geburt an oder sogar noch vor dieser. Wir empfangen und erschaffen eine Menschen-Welt. In diesem Sinne sind Subjekt und Objekt, wir selbst und die Welt, eins. Die Welt wird durch unser Karma oder auch unser Unterscheiden geschaffen. Und innerhalb dieser Welt gibt es Subjekt und Objekt. Es gibt eine Art von Trennung. Obwohl alles eins ist, glauben wir, dass es Vereinzelung gibt: „Ich bin nicht du, du bist nicht ich, und das sind keine menschlichen Wesen und das ist kein Blatt Papier." Auf diese Weise bringe ich die Welt in Gestalt von separaten Dingen hervor und vereinfache so den Umgang mit ihnen. Aber diese Art von Welt, die durch unsere Individualität hervorgebracht wird, ist nicht *myōhō,* obwohl *myōhō,* der wundersame Dharma, von Menschen Hervorgebrachtes umfasst. Die Energie, die von Menschen Gestaltetes hervorbringt, das heißt all unsere Verblendungen, werden gleichermaßen aus dem wundersamen Dharma gespeist. Somit ist unser Menschenwerk, unser Unterscheiden, und damit unsere Welt nicht real. Sie ist wie ein Gespenst. Sie hat keine Substanz. Sie erscheint und verschwindet Moment für Moment. Und dennoch ist unser Leben, einschließlich unserer Verblendungen und Unterscheidungen, eine Art von Verwirklichung der Realität. Aber auch wenn es eine Verwirklichung der Realität ist, sind wir verblendet. Die Tatsache, dass wir verblendet sind, ist für uns menschliche Wesen die Wirklichkeit.

Somit geht es in unserer Praxis nicht darum, unsere Verblendung auszulöschen, sondern zu erkennen oder uns der Tatsache bewusst zu werden, dass wir verblendet sind. Einfach uns dessen bewusst werden und es loslassen! Lasst euch nicht von den Verblendungen an der Nase herumführen. Dann werden wir wirklich eins mit dem Buddha-Weg und dem wundersamen Dharma. Auch wenn uns der wundersame Dharma grundsätzlich von Natur aus geschenkt ist, erkennen wir ihn nicht. Aber die Tatsache unseres Unwissens ist eben auch ein Aspekt des wundersamen Dharmas. Wenn wir ihn verstehen oder wissen könnten, wäre er nicht wundersam. So haben wir in gewissem Sinne Zweifel, ob dies wirklich Erleuchtung ist oder wirklich der Buddha-Weg, oder ob wir wirklich von Anfang an auf dem Buddha-Weg sind. Unsere Praxis besteht darin, diese Art von Zweifel loszulassen und auf der Grundlage des wundersamen Dharmas, der die Wirklichkeit ist, die alle Verblendungen einschließt, zu sitzen. Das ist unsere Praxis Moment für Moment.

Wundersamer Dharma ist bereits gegeben und doch unterliegen wir innerhalb unseres Lebens der Verblendung. Verblendung bedeutet Individualität - unsere Begrenztheit als Individuen und auch unsere Ichbezogenheit. Wir können das Universum nicht aus der Perspektive anderer Menschen sehen - wir können die Dinge nur von „meinem“ Standpunkt her sehen. Ich bin nicht in der Lage von eurem Standpunkt aus zu sehen. Selbst wenn ich denke, dass ich es verstehen kann, kann ich es nicht wirklich erkennen, weil es für mich nicht Realität ist. Selbst wenn ich an der gleichen Stelle stehen würde, ist meine Art und Weise Dinge zu sehen anders als die Art und Weise, wie ihr sie seht. Das ist so, weil wir Karma unterliegen und als Individuen unsere Grenzen haben. Die Hälfte der Welt kann ich nicht sehen. Wenn ich versuche, die dunkle Seite zu sehen, muss ich meinen Kopf drehen. Dann kann ich aber jenen anderen Teil nicht sehen. So können wir in jedem Moment nur einen Teil der Welt und nicht die ganze Welt sehen. Das ist die Quelle von Verblendung.

Um das gesamte Universum sehen zu können, müssten wir aus dem Universum heraustreten. Aber das ist unmöglich. Wir sind bereits in der Welt. Wir nehmen bereits einen bestimmten Standpunkt ein und sehen somit ständig nur einen Teil der Welt. Ich weiß, dass es einen Räucherstäbchenhalter hinter mir in der *tokonoma*-Nische gibt, aber ich sehe ihn gerade nicht. In diesem Moment sehe ich ihn nicht, also ist er nicht Realität für mich. Nur aus der Erinnerung heraus weiß ich, dass er da ist. Unser eigenes Bild von der Welt ist eine Art von Fantasie, gespeist aus dem Gedächtnis in unserem Hirn. Jeder Mensch hat diese Einschränkungen. Das ist der Grund, warum wir Probleme, Ärger, Kämpfe und Streitereien haben. Die Blickwinkel, aus denen wir die Welt sehen, sind verschieden. *Anuttara samyak sambodhi,* das höchste Bewusstsein, bedeutet zu sehen, dass wir nicht die gesamte Welt sehen können, bedeutet zu verstehen, dass wir verblendet und eingeschränkt sind. Das bedeutet wiederum, dass wir unsere Standpunkte loslassen müssen. Das bedeutet, wir sitzen auf dem *zafu* (Meditationskissen), wir sitzen in der korrekten Haltung, atmen ruhig und lassen das Denken los. Einfach Zazen tun. In unserem Sitzen sind wir von unseren Einschränkungen befreit, indem wir unsere begrenzten Sichtweisen loslassen. Das ist das höchste Bewusstsein. Ich denke nicht, dass höchstes Bewusstsein oder *anuttara samyak sambodhi* etwas bedeutet, das wir erlangen können, etwas, das wir erreichen können. Aber wenn wir unsere begrenzte Sichtweise loslassen, gibt es *anuttara samyak sambodhi* vor oder jenseits unserer Wahrnehmung oder unseres Gedankens des „Ich bin mir bewusst". Lasst einfach alles los, Erinnerung oder Bewusstsein oder was auch immer. Nur wenn wir dies tatsächlich tun, sind wir frei von den Einschränkungen unserer Individualität.

Unsere Zazen-Praxis selbst ist *anuttara samyak sambodhi*; das ist es, was durch Buddhas und Vorfahren übermittelt wurde. Und sonst nichts. Das ist die Bedeutung von *tanden* oder „einfach übermittelt".

Die Art und Weise, wie Bewusstsein Ausdruck findet, ist von Person zu Person verschieden. Wir sollten unseren ganz eigenen, einzigartigen Lebensweg erschaffen. Kōdō Sawaki Roshi sagt: „Der Mensch, der sein Haus verlassen hat [ein Mönch], sollte ein Mensch sein, der sein eigenes Leben gestaltet." Das bedeutet, dass jeder Mensch seinen eigenen, einzigartigen Weg erschaffen sollte, *anuttara samyak sambodhi,* das bereits vorhanden ist, zum Ausdruck zu bringen. Und der Weg, es [*anuttara samyak sambodhi]* zu verwirklichen, sollte von dem Menschen übermittelt werden, der dies auch tatsächlich tut, einem Lehrer. Deshalb sollten wir einen Lehrer haben. Der Dharma sollte von Lehrer zu Schüler übermittelt werden. Ein Lehrer ist ein lebendiges Beispiel der Verwirklichung von *anuttara samyak sambodhi*. Somit ist *anuttara samyak sambodhi* keine Art Gedankenkonstrukt oder etwas, das in einem Buch aufgeschrieben und als geheime Lehre weitergegeben werden kann.

Unser eigenes Leben selbst ist universell und gleichzeitig auch einzigartig. Unser Leben durchdringt das gesamte Universum und doch ist mein Leben einfach nur ich selbst. Wir können unser Leben nicht auf andere aufteilen. Deshalb sind diese Universalität und diese Individualität in genau diesem Moment vollständig gegenwärtig. So sollten wir unseren ganz eigenen Lebensweg gehen, unseren ganz eigenen Praxisweg, der auf dieser universellen Wirklichkeit basiert. Das ist der wundersame Dharma. Das ist es, was alle Buddha-Tathāgatas übermitteln, und das ist es, dem wir folgen und was wir versuchen in jedem Moment, Tag für Tag, Jahr für Jahr, bis zum Ende unseres Lebens zu praktizieren. Und durch unsere Praxis verwirklicht sich der Buddha-Dharma und nimmt auf andere Menschen Einfluss. Das ist wie ein Kreis. Das nennt Dōgen Zenji *jijuyū zanmai* und das ist es, was er am Anfang von *Bendōwa* beschreibt.

Shohaku Okumura
Aus einer Vorlesung im Kloster Kōshōji, Uji, Japan

Weg ohne Wahl: Eine Übersetzung von Eihei Dōgens *Bendōwa*

Alle Buddha-Tathāgatas haben zusammen einfach wundersamen Dharma übermittelt und anuttara samyak sambodhi verwirklicht, wofür es eine unübertroffene, unfabrizierte, wundersame Methode gibt.[1] Dieser wundersame Dharma, der ohne Abweichung nur von Buddha zu Buddha übermittelt wurde, ist gekennzeichnet durch *jijuyū zanmai.*[2]

Um sich uneingeschränkt an diesem Samadhi zu erfreuen, ist das Praktizieren von Zazen in einer aufrechten Haltung das wahre Tor.[3] Obwohl dieser Dharma in jedem Menschen von Natur aus überreichlich angelegt ist, wird er ohne Praxis nicht verwirklicht, wird er ohne Verwirklichung nicht erlangt. Wenn du loslässt, füllt der Dharma deine Hände; er liegt nicht innerhalb der Grenzen von Eines oder Vieles. Wenn du versuchst zu sprechen, füllt er deinen Mund; er ist nicht beschränkt auf vertikal oder horizontal.[4] Buddhas verweilen unentwegt in diesem Dharma und bewahren ihn unausgesetzt und doch verbleibt keine noch so kleine Spur von begrifflichem Erfassen. Lebende Wesen funktionieren in diesem Dharma und nutzen ihn ständig, und doch taucht er in ihrer Wahrnehmung nicht auf.

Die aus tiefstem Herzen entspringende Praxis des WEGES, von der ich spreche, erlaubt es allem, in Erleuchtung zu existieren, und ermöglicht es uns, Einssein auf dem Weg der Befreiung zu leben. Wenn wir die Barriere durchbrechen und alles Grenzensetzende abfallen lassen, kümmern uns konzeptionelle Unterscheidungen nicht mehr.

Nachdem ich Bodhi-Geist erweckt und begonnen hatte, nach dem Dharma zu streben, bereiste ich das ganze Land und suchte verschiedene Lehrer auf.[5] Während jener Zeit begegnete ich meinem inzwischen verstorbenen Lehrer Myōzen im Kenninji-Tempel. Neun Jahre verstrichen wie im Nu, während ich mit ihm praktizierte. Dabei erfuhr ich einiges über die Art und Weise der Rinzai-Tradition. Meister Myōzen war ein berühmter Schüler des Vorfahren Eisai, von dem nur er allein die authentische Übermittlung des unübertroffenen Buddha-Dharmas empfangen hatte.[6] Niemand konnte sich mit Myōzen vergleichen.

Später reiste ich während der Song [Dynastie] nach China und suchte verschiedene Meister in der Provinz Zhejiang auf, wo ich die Gepflogenheiten der fünf Schulen des Zen kennenlernte. Schließlich traf ich auf Zen-Meister Nyojō auf dem Berg Taipai und klärte vollständig die große Angelegenheit meiner lebenslangen Praxis.[7] Danach kehrte ich im ersten Jahr von Sheting (1227) in mein Heimatland zurück.[8] Den Dharma zu verbreiten und die lebenden Wesen zu befreien wurde zu meinem Gelübde. Mir schien eine schwere Last aufgebürdet worden zu sein.

Dennoch stellte ich die Durchführung meines Gelübdes zurück, auf Umstände wartend, unter denen mein Vorhaben gedeihen konnte. Vorerst würde ich allein leben, von Ort zu Ort ziehen wie eine Wolke oder Wasserlinse und dem Weg der alten Weisen folgen. Es könnte jedoch sein, dass es einige ernsthaft Praktizierende gibt, die ganz aus sich selbst heraus nicht nach Ruhm oder Profit streben und dem Geist, der nach dem WEG strebt, Vorrang einräumen. Diese könnten sinnlos durch falsche Lehrer in die Irre geführt werden. Sie würden ahnungslos rechtes Verständnis vernebeln und trunken durch ihre eigene Verwirrung für lange Zeit in Selbsttäuschung versinken. Wie könnte es für [diese aufrichtig Praktizierenden] möglich sein, den wahren Samen von *prajna* zu nähren und eine geeignete Gelegenheit zu finden, den WEG zu erlangen? Wie würden sie den Berg oder Fluss finden, wo sie mich aufsuchen können, jetzt, da dieser unwürdige Umherziehende [Dōgen] lebt wie eine Wolke oder eine Wasserlinse? Weil mir diese Menschen am Herzen liegen, habe ich gesammelt und niedergeschrieben, was ich mit meinen eigenen Augen von der Art der Praxis in den Zen-Klöstern des Song Chinas gesehen und als die tiefgründige Lehre meines Lehrers empfangen habe und bewahre. Ich hinterlasse dies [diese Schriften] für hingebungsvoll Praktizierende des Weges der heiteren Gelassenheit, um sie von dem wahren Dharma der Buddhas wissen zu lassen. Hier nun die wahre Bekundung der Essenz.

Der Große Lehrer Shakyamuni Buddha gab während der Versammlung auf dem Geiergipfelberg den Dharma an Mahakashyapa weiter und dieser [Dharma] wurde ohne Abweichung von Vorfahr zu Vorfahr übermittelt, bis er den ehrwürdigen Bodhidharma erreichte.[9] Bodhidharma selbst reiste nach China und übertrug den Dharma an den Großen Lehrer Eka.[10] Dies war die erste Übermittlung des Buddha-Dharmas im Osten (China).

Auf die gleiche Weise wurde der Dharma direkt [von Vorfahre zu Vorfahre] übermittelt, bis er schließlich den Sechsten Vorfahren, Zen-Meister Daikan, erreichte.[11] Zu jener Zeit breitete sich der authentische Buddha-Dharma tatsächlich über ganz China aus und die Wirklichkeit jenseits konzeptioneller Unterscheidungen wurde offenbar. Es gab zwei bedeutsame Schüler unter dem Sechsten Vorfahren: Ejō von Nangaku und Gyōji von Seigen.[12] Beide übermittelten und bewahrten das Buddha-Mudra [Zazen] und waren wegweisende Lehrer für alle Wesen. Als diese beiden Ströme des Dharmas flossen und weiträumig alles durchdrangen, öffneten sich die fünf Tore: die Hōgen-, Igyō-, Sōtō-, Unmon- und die Rinzai-Schule.[14] Heutzutage ist in Song China nur die Rinzai-Schule überall vertreten. Wenn sich die fünf Schulen auch voneinander unterscheiden, so gibt es doch nur ein einziges Buddha-Geist-Siegel [Zazen].

Obwohl seit der späteren Han-Dynastie (erstes Jahrhundert vor der christlichen Zeitrechnung) die [entsprechenden] Schriften fortlaufend vorgelegt und verbreitet wurden, konnte sich in China niemand darauf festlegen, welche Schrift am bedeutendsten sei. Erst nachdem der Erste Vorfahre aus dem Westen kam, wurden die Wurzeln dieser Verwirrung durchtrennt und der eine Buddha-Dharma durchdrang alles. Wir können gar nicht anders, als uns danach zu sehnen, dass dies auch in unserem Land geschehe.

Für alle Vorfahren und Buddhas, die im Buddha-Dharma verweilt und ihn bewahrt haben, ist das Praktizieren aufrechten Sitzens in *jijuyū zanmai* der wahre Weg, um Erleuchtung zur Entfaltung zu bringen.[15] Sowohl in Indien als auch in China sind diejenigen, die Erleuchtung erlangt haben, diesem Weg gefolgt. Dies ist so, weil jeder einzelne Lehrer und jeder einzelne Schüler tief vertraut und ohne Abweichung diese subtile Methode übermittelt, ihren wahren Geist empfangen und bewahrt hat.

Gemäß der unmissverständlich überlieferten Tradition ist der eindeutige Buddha-Dharma, der schnörkellos übermittelt wurde, das Höchste vom Höchsten. Sobald ihr beginnt mit einem Lehrer zu praktizieren, ist die Praxis des Weihrauchverbrennens, der Verneigungen, des Nembutsu, des Fehlerbekennens und des Sutralesens gar nicht unbedingt notwendig: Sitzt einfach, Körper und Geist fallen lassend.[16]

Wenn jemand das Buddha-Mudra mit seinem gesamten Körper und Geist einnimmt und selbst nur für kurze Zeit aufrecht sitzend in diesem Samadhi verweilt, dann wird alles in der gesamten Dharma-Welt zum Buddha-Mudra und aller Raum im Universum wird vollständig Erleuchtung.[17] Deshalb ermöglicht dies den Buddha-Tathāgatas, die Dharma-Freude, die ihr eigenes, ursprüngliches Gefilde ist, anwachsen zu lassen und den Glanz des Weges des Erwachens zu erneuern. Alle lebenden Wesen der Dharma-Welt in allen zehn Richtungen und sechs Bereichen werden gleichzeitig klar und rein in Körper und Geist. Sie verwirklichen große Befreiung und ihr eigenes, ursprüngliches Antlitz erscheint. In diesem Moment erfährt alles gleichzeitig die höchste Erleuchtung, nutzt den Buddha-Körper, überschreitet unmittelbar den Kulminationspunkt des Erwachens und sitzt aufrecht unter dem königlichen Bodhi-Baum.[18] Gleichzeitig dreht alles das unvergleichliche große Dharma-Rad und beginnt, höchste und unfabrizierte, tiefgründige Prajna zu verströmen.

Es gibt einen Weg, durch den das *anuttara samyak sambodhi* aller Dinge [auf den Menschen in Zazen] zurückwirkt, wobei sich [jener Mensch und die Erleuchtung aller Dinge] tief vertraut und unmerklich gegenseitig zuarbeiten. Deshalb lässt dieser Zazen-Mensch zweifellos Körper und Geist fallen, lässt bislang befleckte Sichtweisen und Gedanken hinter sich, erkennt ursprünglichen Buddha-Dharma und unterstützt universal das Wirken Buddhas an jedweden Orten, die so zahlreich sind wie Atome, wo Buddha-Tathāgatas lehren und praktizieren. Dieser Zazen-Mensch nimmt weiten Einfluss auf Praktizierende, die über Buddha hinausgehen, und verherrlicht dabei kraftvoll den Dharma, der sogar über Buddha hinausgeht.[19] Weil Erde, Gräser und Bäume, Zäune und Mauern, Ziegel und Kieselsteine, also alles im Dharma-Bereich in den Zehn Richtungen zu diesem Zeitpunkt das Buddha-Wirken ausüben, empfängt jeder die Wohltaten von Wind- und Wasserbewegungen, die durch dieses Wirken verursacht werden; und alle erfahren unmerklich Beistand durch das wundersame und unbegreifliche Einwirken Buddhas, um die [bereits] gegebene Erleuchtung zu verwirklichen. Da diejenigen, die diese Wasser- und Feuerenergie empfangen und nutzen, das Buddha-Wirken ursprünglicher Erleuchtung ausweiten, teilen und entfalten universell auch alle, die mit diesen Menschen leben und sprechen, ebenfalls die grenzenlose Buddha-Tugend und sie verbreiten den unerschöpflichen, endlosen, unfassbaren und unermesslichen Buddha-Dharma innerhalb und außerhalb der gesamten Dharma-Welt. Dieses verschiedene [wechselseitige Einflussnehmen] mischt sich jedoch nicht in die Wahrnehmung dieses sitzenden Menschen, weil es in aller Stille ohne jegliches Fabrizieren stattfindet; und es ist die Erleuchtung selbst. Wenn Praxis und Erleuchtung getrennt voneinander wären, wie Menschen für gewöhnlich denken, wäre es ihnen möglich, sich gegenseitig wahrzunehmen.[20] Aber das, was mit Wahrnehmung verknüpft ist, kann nicht die Erleuchtungsebene sein, weil verblendete menschliche Empfindungswelt die Ebene von Erleuchtung nicht erreichen kann.

Obwohl sowohl Geist und Objekt in aller Stille auftauchen und verschwinden, werden darüber hinaus, ohne den Bruchteil eines Stäubchens zu verrücken oder auch nur eine einzige Form zu zerstören, weitreichendes Wirken Buddhas und tiefgründiger, subtiler Buddha-Einfluss ausgeübt, weil dies im Bereich des Selbst-Empfangens und Selbst-Nutzens (*jijuyū*) stattfindet.[21] Das Gras, die Bäume und die Erde, die durch dieses Wirken berührt und beeinflusst werden, strahlen gemeinsam in hellstem Licht und legen ohne Ende den tiefgründigen, wundersamen Dharma dar. Gräser und Bäume, Zäune und Mauern manifestieren und preisen ihn um der lebenden Wesen willen, sowohl der gewöhnlichen wie auch der weisen; und im Gegenzug bringen ihn die lebenden Wesen, die gewöhnlichen wie auch die weisen, zum Ausdruck und entfalten ihn zum Wohle der Gräser und Bäume, Zäune und Mauern. Der Bereich des Selbst-Erwachens und des Erwachens anderer ist von Grund auf mit Erleuchtung ausgestattet, ohne dass es an irgendetwas mangelt, so dass die Ebene der Erleuchtung unentwegt verwirklicht werden kann.

Deshalb ist es so, dass, selbst wenn nur eine einzige Person für kurze Zeit sitzt, dieses Zazen mit allen Existenzen eins ist und vollständig alle Zeiten durchdringt. Und deshalb führt es innerhalb der unerschöpflichen Dharma-Welt in Vergangenheit, Gegenwart und Zukunft das immerwährende Buddha-Geleit aus. [Zazen] ist sowohl für den Menschen, der sitzt, als auch für alle Dharmas genau die gleiche Praxis und die gleiche Erleuchtung.[22] Der melodiöse Klang fährt fort zu schwingen, da er nicht nur während der Sitzpraxis widerhallt, sondern auch vor und nach dem Schlagen von *shunyata*, die endlos tönt, bevor und nachdem ein Hammer sie geschlagen hat.[23] Nicht nur das, sondern alle Dinge sind mit authentischer Praxis innerhalb des ursprünglichen Antlitzes, das zu ermessen unmöglich ist, ausgestattet.

Ihr solltet wissen, dass, sogar dann, wenn alle Buddhas in den zehn Richtungen, die so zahlreich wie die Sandkörner am Fluss Ganges sind, gemeinsam die volle Kraft ihrer Buddha-Weisheit einsetzen, sie niemals die Grenze [des Verdienstes] des Zazens eines einzigen Menschen erreichen, ermessen oder ergründen können.

FRAGE EINS:

Wir haben jetzt vernommen, dass das Verdienst von Zazen gewaltig ist. Törichte Menschen könnten dies in Frage stellen und wissen wollen: „Es gibt viele Tore zum Buddha-Dharma. Warum anempfiehlst du nur Zazen?"

ANTWORT:

Deshalb, weil es das wahre Tor zum Buddha-Dharma ist.

FRAGE ZWEI:

Warum ist nur dies allein das wahre Tor?

ANTWORT:

Der Große Lehrer Shakyamuni übermittelte ohne Abweichung die wunderbare Methode den WEG zu erlangen und die Tathāgatas der drei Zeiten (Vergangenheit, Gegenwart und Zukunft) erlangten ebenso alle den WEG durch Zazen. Aus diesem Grund ist [Zazen] von einem Menschen zum anderen als das wahre Tor übertragen worden. Und nicht nur das, sondern all die Vorfahren in Indien und China erlangten den WEG durch Zazen. Deshalb zeige ich jetzt menschlichen und himmlischen Wesen das wahre Tor.

FRAGE DREI:

Entweder auf die unverfälschte Übermittlung der wunderbaren Methode der Tathāgatas zu vertrauen oder den Spuren der Vorfahren zu folgen ist wahrlich jenseits unseres gewöhnlichen Denkens. Jedoch kann Sutras zu lesen oder Nembutsu zu rezitieren ganz natürlich eine Ursache für Satori sein. Wie kann da einfach nur, ohne Sinn und Zweck untätig dazusitzen, ein Mittel sein, um Erleuchtung zu erlangen?

ANTWORT:

Dass du jetzt den Samadhi der Buddhas, den unübertroffenen großen Dharma, für nutzloses Herumsitzen in Untätigkeit hältst, setzt den Mahayana herab. Das ist sehr tiefgreifende Verblendung, so als ob jemand inmitten des weiten Ozeans weilend behauptete, es gebe kein Wasser. Dankenswerterweise bedeutet [Zazen auszuüben] bereits, friedlich im *jijuyū zanmai* der Buddhas zu sitzen. Manifestiert dies nicht weitreichendes Verdienst? Es ist sehr bedauernswert, dass eure Augen noch nicht offen sind und euer Geist noch trunken ist.

Der Buddha-Bereich ist insgesamt unfassbar, unerreichbar durch unterscheidendes Denken. Noch viel weniger kann sie ohne Vertrauen und mit geringer Erkenntnis erfahren werden. Nur wirklich befähigte Menschen, die wahrhaft vertrauen, sind in der Lage die Schwelle zu überschreiten. Menschen ohne Vertrauen haben Schwierigkeiten [die Lehre] anzunehmen, sogar wenn sie unterwiesen werden. Selbst auf dem Geiergipfelberg gab es eine Gruppe von Menschen, von denen Buddha sagte: „Es ist gut, dass sie fortgehen."[24] Im Allgemeinen ist es so, dass ihr praktizieren und studieren solltet, wenn wahres Vertrauen sich in eurem Herzen erhebt. Wenn dies nicht geschieht, solltet ihr es für eine Weile lassen und bedauern, dass ihr nicht den Segen des Dharmas aus einstigen Zeiten erfahrt.

Des Weiteren: Seid ihr euch wirklich eines Verdienstes, das durch das Ausüben von Praktiken wie Sutras lesen oder Nembutsu rezitieren gewonnen werden kann, sicher? Die Vorstellung, dass das bloße Geräusche Erzeugen durch das Bewegen der Zunge den Verdienst des Buddha-Wirkens herbeiführt, ist vollkommen sinnlos; sie ist extrem weit entfernt, sagenhaft weit entfernt davon, dem Buddha-Dharma zu ähneln. Auch was das Erschließen der Sutras betrifft: Wenn ihr deutlich versteht, was Buddha als das Prinzip von plötzlicher und gradueller Praxis gelehrt und gemäß dieser Lehre praktiziert hat, werdet ihr mit Sicherheit Erleuchtung vollenden. Euer vergebliches Verschwenden von Denken und Unterscheiden ist nicht vergleichbar mit dem Verdienst Bodhi zu erlangen. Die Absicht, den Buddha-Weg durch stumpfes, unaufhörliches, Millionen Mal wiederholtes Rezitieren zu erreichen ist wie einen Wagen nach Norden zu steuern und zu versuchen gen Süden zu fahren. Dies gleicht dem Versuch, einen quadratischen Holzdübel in ein rundes Loch zu stecken. Schriften lesen und derweil den Weg der Praxis ausklammern ist wie ein Mensch, der eine [medizinische] Verordnung liest, aber vergisst das Heilmittel einzunehmen. Worin liegt da der Nutzen? Fortlaufend Geräusche auszustoßen wie Tag und Nacht quakende Frösche im Reisfeld zur Frühlingszeit ist ebenso höchst sinnlos. Darüber hinaus haben Menschen, die durch Ruhm und Profit zutiefst geblendet sind, Schwierigkeiten davon abzulassen, weil ihre Gier äußerst tief sitzt. Da dies in den alten Zeiten so war, warum sollte es in der modernen Welt anders sein? Wir müssen größte Anteilnahme empfinden.

Ihr müsst deutlich erfassen, dass der wundersame Dharma der sieben Buddhas seine essentielle Bedeutung nur verwirklicht, dass er nur empfangen und bewahrt wird, wenn sich ein Praktizierender mit dem Geist eines Meisters, der den WEG verkörpert und den Geist klärt, vereint, Erwachen verwirklicht, ihm folgt und die wahre Übermittlung empfängt.[25] Dieser [wunderbare Dharma] kann nicht vollständig durch einen Lehrer begriffen werden, der nur Worte studiert. Deshalb macht sofort Schluss mit euren Zweifeln, praktiziert den Weg des Zazen unter der Leitung eines wahren Lehrers und verwirklicht vollständig den *jijuyū zanmai* der Buddhas.

FRAGE VIER:

Die Lehren des Hokke (Tendai) und Kegon, die heutzutage in unserem Land übermittelt worden sind, gehören beide zu den vortrefflichsten Lehren des Mahayana. Mehr noch, die Shingon-Lehre wurde tief vertraut von Vairocana Tathāgata an Vajrasattva von Lehrer zu Schüler ohne jegliche Abweichung übermittelt. Ihr Grundsatz ist „Geist selbst ist Buddha" oder „Dieser Geist wird Buddha", was das wahre Erwachen der fünf Buddhas in einem Moment des Sitzens, ohne viele *kalpas* der Praxis zu durchlaufen, darlegt. Dies muss der Inbegriff des Buddha-Dharmas genannt werden. Welche überlegenen Eigenschaften der Praxis, von der du nun sprichst, bewegen dich dazu, dass du ungeachtet dessen nur diese eine [Praxis] befürwortest und jene andere ausklammerst?

ANTWORT:

Buddhistisch Praktizierende sollten wissen, dass über die Überlegenheit oder Unterlegenheit von [verschiedenen] Lehren nicht gestritten und nicht zwischen oberflächlichem oder tiefgründigem Dharma unterschieden wird, sondern dass sie lediglich erkennen sollten, ob die Praxis wahr oder falsch ist. Es gab diejenigen, die durch Gräser, Blumen, Berge oder Flüsse gezogen in den Strom des Buddha-Weges eintraten und es gibt einige, die das Buddha-Mudra durch das Erfassen von Erde, Steinen, Sand oder Kieseln empfingen und bewahrten. Des Weiteren sind Worte, die die unermessliche Weite [der Wirklichkeit] zum Ausdruck bringen, sogar noch überreichlicher vorhanden als alle Myriaden von Dingen, aber das Drehen des großen Dharma-Rades findet sich auch im kleinsten Staubkörnchen. Deshalb sind die Worte: „Der Geist selbst ist Buddha" wie der Mond, der sich im Wasser spiegelt. Das Prinzip: „Im Moment des Sitzens Buddha werden" ist ebenso nur ein Abbild in einem Spiegel. Verfangt euch nicht in geschickten Worten. Um es euch nun zu ermöglichen, ein authentischer Mensch des WEGES zu werden, empfehle ich euch, euch [wahrhaftig] auf die Praxis [einzulassen], die unmittelbar Bodhi verwirklicht, und ich zeige euch den wundersamen Weg, der direkt durch die Buddha-Vorfahren übermittelt wurde.

Ebenso müsst ihr zur Weitergabe des Buddha-Dharmas auf jeden Fall als wahren Lehrer jemanden haben, der in Einklang mit Erleuchtung ist. Es ist wertlos, euch als begleitenden Lehrer einen Gelehrten zu nehmen, der nur Vermutungen über Worte anstellt, da dies einem blinden Menschen gleichen würde, der einen Blinden führt. Die Anhänger der wahrhaften Übermittlung der Buddha-Vorfahren schätzen überaus die klarsichtigen Meister, die den Weg erlangt haben und im Einklang mit Erleuchtung sind, und ersuchen sie um die Bewahrung des Buddha-Dharmas. Auf Grund dessen werden den Gottheiten der sichtbaren und unsichtbaren Gefilde, die kommen, um Zuflucht zu nehmen, genauso wie den Menschen, die den Rang eines *arhat* verwirklicht haben und kommen, um Fragen zum Dharma zu stellen, unweigerlich die Mittel an die Hand gegeben, den Geist-Grund zu klären.[29] Davon haben wir in den verschiedenen [anderen] Schulen noch nichts gehört. Buddha-Anhänger sollten einfach nur den Buddha-Dharma erlernen.

Ihr solltet auch wissen, dass es uns unbezweifelbar kein bisschen an unübertroffenem Bodhi mangelt. Aber obwohl wir ihn ohne Ende empfangen und nutzen, machen wir, weil wir ihn nicht vollständig annehmen können, stumpfsinnig unsere auftauchenden Gedanken zu einer gewohnheitsmäßigen Haltung und betrachten diesen [Buddha-Dharma] als Objekt, dergestalt sinnlos auf dem großen Weg herumstrauchelnd. Aufgrund dieser Sichtweisen sehen Menschen verschiedene [imaginäre] Blumen am Himmel, wie zum Beispiel den Glauben, dass [Buddhas Lehre nur] die zwölffache Kausalkette der fünfundzwanzig Seinsbereiche sei, oder sie sind unermüdlich, was die Lehrmeinung der drei Fahrzeuge, der fünf Fahrzeuge und Buddhas Existenz oder Nicht-Existenz betrifft.[30] Diese Sichtweisen nehmen kein Ende. Ihr solltet nicht denken, dass das Studieren solcher Lehren der korrekte Weg sei, um den Buddha-Dharma zu praktizieren.[31] Im Gegenteil: Wenn wir Zazen wirklich gründlich praktizieren, dem Buddha-Mudra vertrauen und sämtliche Nebensächlichkeiten loslassen, überschreiten wir die Begrenzungen emotional gefärbter Beurteilungen bezüglich Verblendung und Erleuchtung. Wir verfangen uns dann auch nicht in der [Dichotomie der] Wege von gewöhnlichen oder weisen Menschen, sondern wandeln sofort jenseits aller Klassifikationen und empfangen und nutzen großes Erwachen.[32] Wie können sich die Handlungen derjenigen, die sich in den Fallstricken von Worten und Sätzen verheddern, damit vergleichen?

FRAGE FÜNF:

Sammlung ist eine der drei Grundstudien; Meditation ist eine der sechs *paramitas*.[33] Von Beginn an werden beide von allen Bodhisattvas studiert und praktiziert, ungeachtet dessen, ob sie scharfsinnig oder begriffsstutzig sind. Somit ist das Zazen, über das du gerade sprichst, bereits darin enthalten. Aus welchem Grund behauptest du, dass sich der wahre Dharma des Tathāgata in dieser [einen Praxis] verdichtet?

ANTWORT:

Diese Frage stellt sich jetzt nur, weil du diesen unübertroffen großen Dharma der Schatzkammer des wahren Dharma-Auges, das einzige große Anliegen der Tathāgatas, als „Zen-Schule" bezeichnest. Du solltest wissen, dass die Titulierung „Zen-Schule" aus China stammt und in Indien davon niemals etwas zu hören war. Als der Große Meister Bodhidharma neun Jahre lang der Wand zugewandt im Shōrinji-Tempel auf dem Berg Su saß, kannten zu Beginn sowohl die Mönche als auch die Laien Buddhas wahren Dharma nicht und nannten Bodhidharma den Brahmanen, der Zazen als das Wesentliche praktizierte.[35] Später haben alle Vorfahren jeder Generation immer nur Zazen praktiziert. Unbedarfte, weltlichen Dingen verhaftete Menschen, die die Wirklichkeit nicht verstanden, nannten dies in ihrer Verwirrung die „Zazen-Schule".[36] Heutzutage lassen sie das Wort *za* (sitzen) weg und nennen sie einfach nur „Zen-Schule". Diese Entwicklung geht aus den Überlieferungen der Vorfahren eindeutig hervor. Ihr sollt [Zazen] also nicht als Sammlung, Meditation der sechs paramitas und [auch nicht] als eine der drei Grundstudien betrachten.

Die Absicht Buddhas, diesen Buddha-Dharma zu übermitteln, offenbart sich durch sein eigenes Leben. Es ist zwecklos, die Wahrheit anzuzweifeln, dass die durch den Tathāgata in alten Zeiten während der Versammlung auf dem Geiergipfelberg vollzogene feierliche Handlung, als er ausschließlich dem Ehrwürdigen Mahakashyapa den unübertroffen großen Dharma der Schatzkammer des wahren Dharma-Auges des wundersamen Nirvana-Geistes übermittelte, von in den himmlischen Bereichen gegenwärtigen Himmelsbewohnern mit ihren eigenen Augen gesehen [bezeugt] wurde.[37] Zweifelsohne wird der Buddha-Dharma auf ewig durch jene Himmelsbewohner, deren Wächteramt noch nicht vorüber ist, beschützt. Ihr solltet wahrlich wissen, dass dieses [Zazen] der vollständige Weg des Buddha-Dharmas ist und nichts mit ihm verglichen werden kann.

FRAGE SECHS:

Warum fördert der Buddhismus von den vier verschiedenen Haltungen (Gehen, Stehen, Sitzen, Liegen) nur die Sitzhaltung zur Verwirklichung des Eingehens in die Wirklichkeit durch Meditation?

ANTWORT:

Es ist unmöglich, voll und ganz den Weg zu verstehen, durch den die Buddhas der Vergangenheit, einer nach dem anderen, praktiziert haben und in die Wirklichkeit eingegangen sind. Wenn ihr eine Begründung sucht, müsst ihr wissen, dass es nur deshalb so ist, weil [Sitzen] das ist, was von buddhistischen Praktizierenden angewandt wurde, und darüber hinaus braucht ihr nach nichts zu forschen. Allerdings lobpreist der Vorfahre [Nagarjuna]: „Zazen selbst ist das Dharma-Tor von Leichtigkeit und Entzücken (nirvana).“[38] Sollten wir daraus nicht schlussfolgern können, dass es genau deshalb ist, weil [Sitzen] die stabilste und friedvollste der vier Haltungen ist? Und außerdem ist dies nicht [nur] der Praxis-Weg eines oder zweier Buddhas, sondern der Praxis-Weg aller Buddhas und Vorfahren.

FRAGE SIEBEN:

Was die Praxis von Zazen betrifft, sollten [also] Menschen, die den Buddha-Dharma noch nicht verwirklicht haben, Erleuchtung durch das Praktizieren des Zazen-Weges erlangen.[39] Aber was könnten jene, die bereits den wahren Buddha-Dharma geklärt haben, von der Zazen-Übung erwarten?

ANTWORT:

Obwohl es heißt, dass man Narren keine Träume erzählen soll und dass es sinnlos ist, Bergbewohnern Ruder auszuhändigen, will ich dir weitere Unterweisung erteilen.

Zu glauben, dass Praxis und Erleuchtung nicht eins sind, heißt nichts anderes, als einen Standpunkt einzunehmen, der außerhalb des WEGES liegt [das bedeutet verblendet]. Im Buddha-Dharma sind Praxis und Erleuchtung ein und dasselbe. Weil es die Praxis der Erleuchtung ist, ist die aus tiefstem Herzen entspringende Praxis des WEGES selbst eines Anfängers schon haargenau das absolut Ganze ursprünglicher Erleuchtung. Aus diesem Grund wird beim Vermitteln der grundlegenden Haltung die Übungspraxis betreffend gelehrt, keine Erleuchtung außerhalb der Übungspraxis zu erwarten. Das kann nicht anders sein, weil [diese Übungspraxis] die direkt unmittelbar offenbarte, ursprüngliche Erleuchtung ist. Da es bereits die Erleuchtung von Praxis ist, ist Erleuchtung endlos; da es die Praxis von Erleuchtung ist, ist Praktizieren anfanglos. Deshalb wurden sowohl Shakyamuni Tathāgata als auch der Verehrte Mahakashyapa in der Praxis der Erleuchtung angenommen und verwendet. Auf die gleiche Weise wurden der Große Lehrer Bodhidharma und der Große Vorfahre Daikan [der Sechste Vorfahre] gezogen und gewendet. Mit den

Spuren des Verweilens im Dharma und dessen Bewahrung verhält es sich ebenso.

Es gibt bereits nicht von Erleuchtung getrennte Praxis. Und zu unserem Glück ist dieses sich mit Anfängergeist uneingeschränkte Hineingeben in den WEG, das die ungeteilte, wundersame Praxis übermittelt, haargenau das Erlangen ungeteilter, ursprünglicher Erleuchtung auf der Grundlage von Nicht-Fabrizieren. Wir müssen wissen, dass die Buddha-Vorfahren, um zu verhindern, dass die untrennbar mit Praxis verbundene Erleuchtung befleckt wird, uns wachsam angewiesen haben, in unserer Praxis nicht zu erlahmen.[40] Wenn die wundersame Praxis abgefallen ist, füllt ursprüngliche Erleuchtung unsere Hände; wenn wir frei von ursprünglicher Erleuchtung sind, übt unser gesamter Körper die wundersame Praxis aus.

Im Großen Song China habe ich darüber hinaus mit meinen eigenen Augen gesehen, dass Zen-Klöster in den verschiedensten Gegenden mit fünfhundert bis sechshundert Mönchen oder bis zu ein- oder zweitausend Mönchen allesamt Zazen-Hallen hatten und bei Tag und bei Nacht zur Praxis von Zazen angehalten wurden. Als ich Lehrer, die das Buddha-Geist-Mudra übermittelten und Verantwortung für Tempel trugen, zum Kernpunkt des Buddha-Dharmas befragte, sprachen sie alle über das Prinzip, dass Praxis und Erleuchtung nicht zwei sind.

Aus diesem Grund mahne ich nicht nur Praktizierende dieser Tradition, sondern alle edlen Menschen, die nach dem Dharma streben, Menschen, die sich nach dem authentischen Buddha-Dharma sehnen, egal ob Anfänger oder Fortgeschrittene, und ohne zwischen Gewöhnlichen oder Weisen zu unterscheiden, Zazen gemäß den Lehren der Buddha-Vorfahren auszuüben und dem Weg der Meister zu folgen.

Habt ihr nicht die Worte des altehrwürdigen Lehrers vernommen: „Es ist nicht so, dass es keine Praxis und Erleuchtung gibt, sondern nur, dass sie nicht befleckt werden kann.”? Es heißt auch: „Ein Mensch, der den WEG erkennt, praktiziert den WEG.”[41] Ihr solltet wissen, dass ihr inmitten des Erlangens des WEGES praktizieren müsst.

FRAGE ACHT:

Warum haben all die Lehrer, die in vergangenen Zeiten in unserem Land die Lehren verbreiteten, nur die Lehrschriften mitgebracht und diese grundlegende Praxis ignoriert, als sie aus China zurückkamen und den Buddhismus einführten?

ANTWORT:

Der Grund dafür, dass die alten Lehrer diese Praxis nicht übermittelten, ist darin zu sehen, dass die Zeit dafür noch nicht reif war.

FRAGE NEUN:

Haben jene ehrwürdigen Lehrer diesen Dharma begriffen?

ANTWORT:

Wenn sie begriffen hätten, wäre er kundgetan worden.

FRAGE ZEHN:

Jemand hat gesagt: „Grämt euch nicht über Leben und Tod. Es gibt ein unverzügliches Mittel, um sich von Leben und Tod zu trennen. Man muss nur das Prinzip verstehen, dass Geist-Natur von Dauer ist. Das bedeutet, dass, auch wenn der Körper, der geboren wird, unausweichlich stirbt, die Geist-Natur doch nie vergeht. Wenn du wirklich verstehst, dass die unserem Körper innewohnende Geist-Natur Geburt und Tod nicht unterliegt, dann ergibt sich daraus, dass der Geist in Vergangenheit, Gegenwart und Zukunft von Dauer und unveränderlich ist, obwohl der Körper nur eine hier zufällig geborene und sterbende, vorübergehende Form darstellt, da dies die ursprüngliche Natur ist. Das zu erkennen wird Befreiung von Leben und Tod genannt. Diejenigen, die um dieses Prinzip wissen, werden endgültig ihren Kreislauf von Leben und Tod zum Erlöschen bringen und wenn ihre Körper untergehen, gehen sie in den Ozean der ursprünglichen Natur ein. Wenn sie in diesen Ozean einfließen, sind sie wahrhaftig mit den gleichen wundersamen Tugenden ausgestattet wie die Buddha-Tathāgatas. Obwohl ihr jetzt darum wisst, gleicht ihr nicht den Weisen, weil eure Körper durch das verblendete Karma früherer Leben erschaffen wurden. Diejenigen, die dies noch nicht wissen, müssen auf ewig die Gefilde von Leben und Tod durchwandern. Darum muss man also nur die Dauerhaftigkeit der Geist-Natur verstehen. Was gibt es da von einem ganzen, sinnlos mit stillem Sitzen verbrachten Leben zu erwarten?"

Ist eine solche Auffassung wahrhaft in Übereinstimmung mit dem Weg der Buddhas und Vorfahren?

ANTWORT:

Die Anschauung, die du gerade angeführt hast, ist nicht im geringsten Buddha-Dharma, sondern die irreführende Sichtweise von Senika.[42]

Dieser Trugschluss besagt, dass es eine spirituelle Intelligenz im Körper gibt, die Liebe und Hass oder richtig und falsch unterscheidet, sobald sie Phänomenen begegnet, und dass diese [Intelligenz] die Kapazität besitzt, zwischen all diesen Dingen wie Schmerz und Jucken, Leid und Freude zu unterscheiden. Darüber hinaus entkommt die Geist-Natur, wenn der Körper vergeht, und wird anderswo geboren. Obwohl sie hier zu enden scheint, heißt es, dass sie dauerhaft ist und niemals untergeht, da sie [die Geist-Natur] irgendwo anders geboren wird. So lautet diese irreführende Lehrmeinung.

Diese Theorie zu lernen und sie für Buddha-Dharma zu halten ist noch törichter, als nach einem Dachziegel oder Kieselstein zu greifen und ihn für einen Goldschatz zu halten. Die Ungeheuerlichkeit dieser Idiotie ist mit nichts zu vergleichen. Der Nationale Lehrer Echū von Tang China hat [diesen Irrtum] heftig gerügt.[43] Wäre somit die irrige Sichtweise nicht lächerlich, den Geist als dauerhaft und geformte Materie als vergänglich zu betrachten, für das Gleiche zu halten wie den wundersamen Dharma der Buddhas. Und ist es nicht ebenso lächerlich zu glauben, dass ihr von Leben und Tod befreit werdet, während ihr faktisch die grundlegende Ursache von Leben und Tod überhaupt erst hervorruft? Das ist in der Tat sehr bedauernswert. Nehmt einfach zur Kenntnis, dass dies eine irrige Ansicht ist. Ihr solltet dem kein Gehör schenken.

Da ich dieses Thema nicht vermeiden kann, muss ich nun im Folgenden Mitgefühl zeigen und euch von dieser irrigen Sichtweise befreien. Ihr solltet wissen, dass im Buddha-Dharma grundlegend bekräftigt wird, dass Körper und Geist eins sind, Essenz und geformte Materie nicht zwei. Und ihr solltet nicht den geringsten Zweifel daran hegen, dass dieses Verständnis in Indien und China gleichermaßen herrscht. Darüber hinaus: Wenn wir von Dauerhaftigkeit sprechen: All die zehntausend Dharmas sind dauerhaft, Körper und Geist sind nicht getrennt. Wenn wir über die Vergänglichkeit sprechen: Alle Dharmas sind vergänglich, Essenz und geformte Materie sind nicht getrennt.[44] Warum nennt ihr dem wahren Grundsatz widersprechend den Körper vergänglich und den Geist unvergänglich? Und nicht nur das: Ihr solltet vollständig erkennen, dass Leben und Tod ganz genau Nirvana sind. Ihr könnt niemals von Nirvana außerhalb von Leben und Tod [existierend] sprechen. Darüber hinaus:

Obwohl ihr einerseits die illusionäre Annahme hegt, dass der Geist dauerhaft und getrennt vom Körper ist und dass dies die Buddha-Weisheit abseits von Leben und Tod ist, soll andererseits der Geist, der diese Unterscheidung vornimmt, selbst entstehend und vergehend keineswegs von Dauer sein. Ist diese [illusorische Idee] nicht völlig vernachlässigbar?

Ihr müsst recht zu würdigen wissen, dass der Grundsatz der Einheit von Körper und Geist einfach zum gewöhnlichen Verständnis des Buddha-Dharmas gehört. Wie soll denn der Geist, wenn dieser Körper aufhört zu existieren, ganz alleine den Körper verlassen und nicht aufhören zu existieren? Wenn es eine Zeit gäbe, in der beide eins sind, und eine Zeit, in der sie nicht eins sind, dann würden Buddhas Worte unvermeidlich nutzlos und abwegig werden. Auch zu denken, dass Leben und Tod eliminiert werden müssen, macht euch des üblen Herabsetzens des Buddha-Dharmas schuldig. Warum seid ihr nicht umsichtiger?

Ihr solltet verstehen, dass im Buddha-Dharma, das, was das Buddha-Tor der unermesslichen Gesamterscheinung der Geist-Essenz genannt wird, den gesamten unermesslichen Dharma-Bereich umfasst, ohne Essenz und Erscheinung zu trennen und ohne von Entstehen und Vergehen zu sprechen.[45] [Von Leben und Tod] bis zu Bodhi und Nirvana gibt es nichts, das nicht Geist-Essenz ist. Ohne Ausnahme sind die Myriaden von Phänomenen im gesamten Universum nichts anderes als dieser EinGeist, alles umfassend und alles mit allem vernetzt. Diese verschiedenen Dharma-Tore sind alle gleichermaßen dieser EinGeist. Zu sagen, dass es überhaupt keinen Unterschied [zwischen Essenz und Erscheinung] gibt, ist genau die Weise, wie Buddhisten die Geist-Essenz verstehen.

Wie könnte man infolgedessen in diesem EinDharma zwischen Körper und Geist unterscheiden oder Leben und Tod von Nirvana trennen? Da ihr bereits Kinder Buddhas seid, schenkt dem Geplapper von Verrückten, die diese irreführende Anschauung verkünden, kein Gehör.

FRAGE ELF:

Ist es für diejenigen, die dieses Zazen in den Mittelpunkt stellen, notwendig, die Gebote peinlich genau einzuhalten?

ANTWORT:

Die heilige Praxis des Wahrens der Gebote ist in der Tat die Hauptrichtschnur des Zen-Tores und steht in der Tradition der Buddhas und Vorfahren, aber sogar denjenigen, die die Gebote noch nicht empfangen haben, oder denjenigen, die die Gebote gebrochen haben, mangelt es nicht an der Möglichkeit [Zazen zu praktizieren].[46]

FRAGE ZWÖLF:

Wäre es ein Problem, wenn Menschen, die eifrig dieses Zazen praktizieren, es auch mit Praktiken wie *shingon* oder *shikan* kombinieren?[47]

ANTWORT:

Als ich in China war und die Gelegenheit hatte, meinen Lehrer über die Essenz zu befragen, sagte er, dass er niemals gehört habe, dass die Vorfahren, die von den alten Zeiten bis in die Gegenwart das Buddha-Mudra in Indien und China ohne Abweichung übermittelt haben, jemals Praktiken wie diese einbezogen hätten. Wahrlich, wenn ihr euch nicht [ausschließlich] einer Sache widmet, werdet ihr niemals die eine Weisheit erlangen.[48]

FRAGE DREIZEHN:

Kann diese Praxis auch von männlichen und weiblichen Laien ausgeübt werden oder nur von Mönchen?

ANTWORT:

Die Altehrwürdigen Lehrer trafen die klare Aussage, dass es beim Erreichen des Buddha-Dharmas kein Unterscheiden zwischen Männern und Frauen oder edel und gewöhnlich gibt.

FRAGE VIERZEHN:

Mönche vermögen sich rasch aus ihren Verstrickungen zu lösen und müssen keine Hindernisse überwinden, um ohne Einschränkung den Zazen-Weg zu gehen. Aber wie können Menschen, die mit der Erfüllung ihrer Pflichten in der Welt beschäftigt sind, zielstrebig praktizieren und mit dem Buddha-Weg des absichtslosen Handelns im Einklang sein?

ANTWORT:

Natürlich haben die Buddha-Vorfahren in ihrer großen Anteilnahme das unermessliche Tor des Mitgefühls offen gehalten, um es allen lebenden Wesen zu ermöglichen in die Erleuchtung einzugehen. Welchem von all den verschiedenen Wesen sollte dies also nicht möglich sein?

Wenn wir dem nachforschen, gibt es dafür vom Altertum bis in die Gegenwart viele Beispiele. Zum Beispiel waren die Kaiser Daisō und Junso während ihrer Regierungszeiten mit vielen Funktionen völlig ausgelastet und dennoch praktizierten sie eifrig Zazen und verwirklichten den großen Weg der Buddha-Vorfahren.[49] Auch die Premierminister Ri und Bo praktizierten eifrig Zazen und erfuhren die Erleuchtung des großen Weges der Buddha-Vorfahren, obwohl sie Stellungen als kaiserliche Berater innehatten und als mit höchstem

Vertrauen bedachte Beamte den Kaisern dienten.[50] Zen-Praxis hängt einzig und allein davon ab, ob man die Sehnsucht oder das Verlangen danach hat oder nicht. Sie ist auch nicht verknüpft mit einer Existenz als Mönch oder Laie. Auch kann jeder, der zuinnerst unterscheiden kann, was wichtig oder trivial ist, dadurch das [entsprechende] Vertrauen aufbringen. Unnötig zu erwähnen, dass Menschen, die glauben, dass weltliche Pflichten im Widerspruch zum Buddha-Dharma stehen, lediglich davon ausgehen, dass es keinen Buddha-Dharma in weltlichen Bereichen gibt, und noch nicht mitbekommen haben, dass es im Bereich von Buddha nichts Weltliches gibt.

Vor kurzem gab es in China einen Staatsminister mit Namen Hou, einen hohen Beamten, der Erfahrung mit dem WEG der Vorfahren besaß.[51] Er verfasste ein Gedicht über sich selbst:

In meiner von Staatsangelegenheiten freien Zeit
erfreue ich mich an Zazen
und schlafe selten in meinem Bett liegend.
Obwohl ich immer noch als Regierungsbeamter auftrete,
hat mein Name als der eines erfahrenen Schülers die vier
Ozeane durchdrungen.

Obwohl dieser Mensch keine Erholung von seinen offiziellen Pflichten kannte, erlangte er aufgrund seines von Herzen kommenden Strebens den Buddha-Weg. Solche Beispiele vor Augen, erforscht euch selbst, spiegelt das Alte im Gegenwärtigen wider.

Im Großen Song China der heutigen Zeit sind der Kaiser und große Minister, gebildete und einfache Menschen, Männer und Frauen, allesamt wachen Geistes auf dem WEG der Vorfahren. Militär- und Zivilbeamte: Sie alle streben danach, den WEG der Zen-Praxis zu studieren. Von denen, die so fest entschlossen sind, werden sicherlich viele den Geist-Grund auftun und klären. Ganz offensichtlich beweist dies, dass weltliche Pflichten den Buddha-Dharma nicht behindern.

Wenn der authentische Buddha-Dharma das Land durchzieht, wird des Kaisers Herrschaft friedlich verlaufen, weil sie unter dem unablässigen Schutz von Buddhas und himmlischen Wesen steht. Wenn die Herrschaft friedlich verläuft, gewinnt der Buddha-Dharma an Kraft.

Während Shakyamunis Aufenthalt in der Welt erlangten sogar die schlimmsten Kriminellen und die mit unheilsamen Verhaltensweisen den WEG. In den Gemeinschaften der Lehrer alter Zeiten verwirklichten sogar Jäger und Holzfäller *satori*.[52] Nicht notwendig zu erwähnen, dass auch andere Menschen das tun können. Sucht einfach die Anleitung eines wahren Lehrers.

FRAGE FÜNFZEHN:

Ist es sogar in diesem verdorbenen, niedergehenden Zeitalter der Welt möglich, durch diese Praxis Erleuchtung zu erlangen?[53]

ANTWORT:

Die Lehrschulen richten ihren Blick auf verschiedene Klassifikationssysteme [des Dharmas], und doch gibt es in der wahren Lehre des Mahayana keine Unterscheidung zwischen Wahrem, Anscheinendem und Letztem Dharma und es heißt, dass alle, die praktizieren, den WEG erlangen werden. Besonders in diesem einfach direkt übertragenen, wahren Dharma empfangen und verwenden wir, sowohl beim Eintritt in den Dharma als auch in seiner ungehinderten Verkörperung, unseren eigenen, in uns wohnenden Familienschatz. Nur diejenigen, die praktizieren, wissen durch eigene Erfahrung, ob sie Erleuchtung erlangen oder nicht; gleich denen, die Wasser verwenden und auch nur selbst wissen können, ob es kalt oder warm ist.

FRAGE SECHZEHN:

Jemand behauptete: „Im Buddha-Dharma ist es so, dass es denen, die das grundlegende Prinzip „Geist selbst ist Buddha“ verstehen, nicht im mindesten an Buddha-Dharma mangelt, selbst wenn sie keine Sutras mit ihrem Mund rezitieren oder den Buddha-Weg mit ihren Körpern praktizieren. Einfach zu wissen, dass der Buddha-Dharma im Selbst von Anfang an existiert, ist die perfekte Vollendung des WEGES. Abgesehen davon solltet ihr nichts von anderen Menschen ersuchen und noch viel weniger die Mühe auf euch nehmen, den WEG durch Zazen zu üben.”

ANTWORT:

Das ist kompletter Unsinn. Wenn es so wäre wie du sagst, wie könnte dann jemand mit nur einem bisschen Verstand dieses Prinzip nicht verstehen, wenn es ihn gelehrt wird?

Ihr solltet wissen, dass der Buddha-Dharma dadurch vertieft wird, dass die unterscheidende Sichtweise zwischen Selbst und anderen aufgegeben wird. Wenn das bloße Wissen darum, dass das Selbst selbst Buddha ist, das Erlangen des WEGES wäre, hätte sich Shakyamuni in den alten Zeiten nicht die Mühe gemacht, Unterweisung zu erteilen. Das möchte ich nun mit einem exzellenten Beispiel von einem Altehrwürdigen untermauern.

Vor langer Zeit war Gensoku der Oberverwalter in der Gemeinschaft von Zen-Meister Hōgen.[54] Hōgen fragte ihn: „Oberverwalter Gensoku, wie lange bist du schon in meiner Gemeinschaft?”

Gensoku antwortete: „Ich bin schon seit drei Jahren in der Gemeinschaft des Meisters.”

Hōgen sagte: „Du bist ein Schüler. Warum hast du mich nie zum Buddha-Dharma befragt?”

Gensoku sagte: „Ich kann dich nicht täuschen, oh Lehrer. Einst hielt ich mich an Zen-Meister Seihōs Praxisort auf und verwirklichte dort den Frieden und die Freude des Buddha-Dharmas."[55]

Hōgen fragte: „Welche Worte verhalfen dir dabei zum Eintritt?"

Gensoku antwortete: „Ich fragte einst Seihō: `Was ist das Selbst des Schülers [das heißt, mein eigenes Selbst]?´ Seihō sagte: `Der Feuer-Junge kommt auf der Suche nach Feuer.´"[56]

Hōgen sagte: „Gut gesprochen! Ich fürchte jedoch, dass du sie nicht wirklich verstanden hast."

Gensoku sagte: „Mein Verständnis davon ist, dass der Feuer-Junge zum Feuer gehört. Obwohl selbst schon Feuer, sucht er immer noch nach Feuer. Das ist genauso wie, das Selbst selbst zu sein und doch das Selbst zu suchen."

Hōgen rief aus: „Jetzt weiß ich wirklich, dass du es nicht verstanden hast. Wenn Buddha-Dharma wie dies wäre, würde es nicht bis zum heutigen Tag übermittelt worden sein."

Bei diesen Worten war Gensoku völlig fassungslos und ging sofort weg. Auf der Straße überlegte er: „Der Meister ist einer der weltbesten Lehrer und auch der anleitende Lehrer von fünfhundert Menschen. Bestimmt ist es sinnvoll, mich auf meinen Fehler hinzuweisen."

Er kehrte zu Hōgen zurück, warf sich mehrmals reuevoll nieder und fragte dann: „Was ist das Selbst dieses Schülers?"

Hōgen sagte: „Der Feuer-Junge kommt auf der Suche nach Feuer." Bei diesen Worten erfuhr Gensoku große Erleuchtung im Buddha-Dharma.[56]

Bitte macht euch klar, dass das verstandesmäßige Verstehen von „Das Selbst ist selbst Buddha" nicht das Verstehen von Buddha-Dharma genannt werden kann. Wenn das verstandesmäßige Begreifen, dass das Selbst selbst Buddha ist, der Buddha-Dharma wäre, hätte Zen-Meister Hōgen diese Worte nicht als Unterweisung verwendet oder solch eine Ermahnung ausgesprochen. Von dem Moment an, wo ihr zum ersten Mal einen guten Lehrer trefft, fragt einfach nur ganz ernsthaft nach den die Praxis betreffenden Verhaltensweisen und Vorgaben. Seid vollständig ausgerichtet auf den Weg des Zazen und bleibt nicht mit eurem Geist in einem bisschen Wissen oder Halbwissen stecken. Die wundersame Methode des Buddha-Dharmas ist nicht sinnlos.

FRAGE SIEBZEHN:

Wir hören, dass im Laufe der Zeit in Indien und China jemand den Weg durch das Hören des Geräusches von Bambus erkannte, andere klärten ihr Herz beim Anblick der Farbe von Blüten. Unnötig zu sagen, dass der Große Lehrer Shakyamuni Buddha den WEG beim Anblick des Morgensterns bezeugte, und der Ehrwürdige Ananda verwirklichte den Dharma, als ein Flaggenmast [zeigt die Dharma-Treffen an] umstürzte.[58] Und nicht nur das, sondern unter den Fünf Häusern [Schulen] nach dem Sechsten Vorfahren klärten viele Menschen den Geist-Grund mit einem einzigen Wort oder halben Satz. Waren das wirklich alles nur Menschen, die den Weg des Zazen nahmen?

ANTWORT:

Ihr solltet wissen, dass im Laufe der Jahrhunderte diejenigen Menschen, die den Geist durch das Sehen von Farben klärten oder den WEG durch das Hören von Klängen und Geräuschen verwirklichten, genau diejenigen Menschen waren, und zwar jeder einzelne von ihnen, die sich um den WEG ohne durch Zweifel schwankende Überlegungen mühten und alsobald keinen zweiten Menschen [oder ein dualistisches Wesen] hatten.

FRAGE ACHTZEHN:

Im Westlichen Himmel [Indien] und in China sind die Menschen von Natur aus äußerst unkompliziert. Weil es sich um die Zentrale Blume [eine hochentwickelte Zivilisation, d. h. China] handelt, begriffen die Menschen sehr schnell, wenn der Buddha-Dharma dargelegt wurde. In unserem Land hat es seit alters her den Menschen an Güte und Weisheit gemangelt. Sollten wir es so nicht bedauern, dass, weil wir Barbaren sind, es für uns schwierig ist, den wahren Samen anzubauen? Darüber hinaus gelten in unserem Land die ihr Haus verlassenden Mönche sogar weniger als die Laien jener großen Länder. Alle hier sind dumm und engstirnig. Sie haften tiefgreifend an künstlichen Meriten und bewundern vordergründige Tugenden. Selbst wenn solche Menschen Zazen übten, wie könnten sie, um ehrlich zu sein, jemals Buddha-Dharma erlangen?

ANTWORT:

Wie du es sagst: Güte und Weisheit haben sich bis jetzt noch nicht in unserem Land unter den Menschen, die obendrein noch ungeschliffen und unredlich sind, ausgebreitet. Selbst wenn der ursprüngliche Dharma gelehrt würde, würde der süße Tau [von Buddhas Lehre] stattdessen zu Gift werden. Es fällt ihnen leicht, nach Ruhm und Profit zu streben und es fällt ihnen schwer, verblendete Anhaftungen zu lösen. Auf der anderen Seite hängen die Verwirklichung und das Eingehen in den Buddha-Dharma oder das Segeln jenseits von Verblendung nicht notwendigerweise von der Intelligenz der menschlichen und himmlischen Gefilde ab. Sogar noch zu Lebzeiten des Buddhas erlangte jemand die vierte Stufe [des Arhat], weil er von einem Handball [getroffen wurde], während eine andere den großen Weg verwirklichte, indem sie ein *okesa* [Priestergewand] anlegte, obwohl beide einfältige und törichte Kreaturen waren.[59] Jedoch sobald Unterstützung durch echtes Vertrauen vorhanden ist, existiert ein Pfad, der aus der Verblendung herausführt.[60] Und überdies erfuhr eine tief gläubige Frau Satori beim Anblick eines senilen, alten Mönches, der still dasaß, nachdem sie ihm eine Mahlzeit dargebracht hatte. Dies war weder geistiger Begabung noch Wissen geschuldet, sondern ohne auf Worte oder Predigten zu warten, half ihr nur ihr wahres Vertrauen.[60]

Es ist zudem nur ungefähr zweitausend und ein paar Jahre her, dass Shakyamunis Lehre die dreitausend Welten durchdrungen hat.[62] Von all diesen verschiedenen Ländern sind nicht notwendigerweise alles Länder wohlwollender Güte und Weisheit, und die Menschen sind nicht notwendigerweise alle nur klug und hervorragend. Der wahre Dharma der Tathāgatas jedoch, von Beginn an mit der unfassbar großen Energie von Verdienst und Tugend versehen, gedieh in diesen Ländern, als die Zeiten dafür heranreiften. Wenn Menschen mit echtem Vertrauen authentisch praktizieren, erlangen sie ohne Unterscheidung zwischen Klugen oder weniger Klugen alle gleichermaßen den WEG. Unser Land mag kein Land der Tugend und Weisheit sein und das Verständnis der Menschen mag mangelhaft sein, aber denkt nicht, dass sie nicht den Buddha-Dharma verwirklichen können. Ohne Frage sind alle Menschen im Überfluss mit den wahren Prajna-Samen ausgestattet, nur wird sie [prajna] lediglich selten angenommen und auch bis jetzt noch nicht wirklich empfangen und umgesetzt.

Der oben stehende wechselseitige Austausch von Fragen und Antworten zwischen Gast und Gastgeber ist ungeordnet gewesen und mag Verwirrung stiften. Wie viele Blüten sind am blütenlosen Himmel geschaffen worden? Die grundlegende Bedeutung eines Eintauchens in den Zen-Weg ist jedoch bis jetzt noch nicht in dieses Land übermittelt worden. Menschen, die es danach verlangt, ihn [den

Weg] zu erlernen, muss das bekümmern. Aus diesem Grund habe ich einiges von dem, was ich in fernen Ländern gehört und gesehen habe, zusammengestellt und habe die wahre Essenz meines hervorragenden Lehrers niedergeschrieben und aufbewahrt, um sie ernsthaft suchenden Praktizierenden zu verdeutlichen. Darüber hinaus habe ich hier jetzt keine Gelegenheit, auch die Maßstäbe für Klöster oder die Regularien für Tempel darzulegen, besonders auch deshalb, weil mit ihnen nicht schludrig verfahren werden sollte.

Fürwahr, obwohl unser Land östlich des Drachen-Ozeans liegt, weit abgeschieden durch Wolken und Nebelfelder, hat sich der Buddha-Dharma seit der Zeit der Kaiser Kinmei und Yōmei sehr zu jedermanns Glück vom Westen nach Osten ausgebreitet.[63] Und doch gab es Wildwuchs und Verhedderung durch philosophisches Kategorisieren und religiöse Aktivitäten, so dass die Praxis der Menschen kränkelt. [Stattdessen] wird nun durch das Verwenden verschlissener Gewänder und alter, geflickter Schalen bis zum Ende des Lebens, durch das Zusammenzurren einer Strohhütte an den blauen Klippen und weißen Felsen und durch das Praktizieren des aufrechten Sitzens die Angelegenheit, die Buddha übersteigt, auf der Stelle offenbart und die große Angelegenheit eines dem Studium gewidmeten Lebens findet unverzüglich Erfüllung. Das ist präzise die eindringliche Unterweisung von Ryūge und die Art und Weise, die in Kukkutupada weitergegeben wird.[64] Die Methode dieses Zazens sollte mit dem *Fukanzazengi* übereinstimmen, das ich in der Ära Karoku (1225-1227) formuliert habe.[65]

Hinzu kommt: Obwohl die Ausbreitung des Buddha-Dharmas durch das ganze Land die Zustimmung des Herrschers abwarten sollte, [ist es doch so,] dass, wenn wir uns aufs Neue das Anliegen [Shakyamunis] auf dem Geiergipfelberg vor Augen führen, die Herrscher, Adligen, Minister und Generäle, die heutzutage in hundert

Millionen von Gefilden erscheinen, alle voll Dankbarkeit Buddhas Billigung empfangen haben, und sie sind geboren worden, weil sie durch viele Leben hindurch in ihrem hingebungsvollen Einsatz zum Schutz des Buddha-Dharmas nicht nachgelassen haben. Welche der Regionen, auf die sich ihre Herrschaft ausgedehnt hat, ist kein Buddha-Land?

Wenn wir daraus die Konsequenzen für die Verbreitung des Weges der Buddhas und Vorfahren ziehen, sollten wir in Bezug auf die Orte oder das Abwarten von [günstigen] Bedingungen nicht unbedingt wählerisch sein. Glaubt nur nicht, dass wir erst heute damit beginnen, den Dharma zu verbreiten!

Deshalb habe ich diese Schrift erstellt, um sie begabten Schülern, die den Buddha-Dharma verwirklichen möchten, und aufrichtig Praktizierenden, die den WEG suchend wie Wolken oder Wasserlinsen von Ort zu Ort ziehen, zu hinterlassen.

Im dritten Jahr der Ära Kangi (1231)
am Tag der Herbstmitte,
niedergeschrieben von Shamon Dōgen,
der nach China reiste und der den Dharma übermittelt.[66]

Anmerkungen

1. *Tathāgata* ist einer der zehn Beinamen von Buddha. Er bedeutet wörtlich „so gekommen, so gegangen". Er wird zur Betonung zusammen mit *buddha* verwendet.

   „Einfaches Übermitteln" ist *tanden* (単伝), wörtlich einschiftige oder einfache Übermittlung, was impliziert, dass die direkte Übertragung unmittelbar zwischen Buddhas stattfindet und dass ausschließlich und vollumfänglich der Dharma übermittelt wird.

Anuttara samyak sambodhi ist unvergleichliches Bewusstsein, die höchste Erleuchtung Buddhas. „Wundersamer Dharma" ist *myōhō* (妙法); *myō* bedeutet „wundersam, subtil, exzellent, ungreifbar"; *dharma* bezieht sich auf Wahrheit oder Wirklichkeit, die Elemente oder Objekte von Wirklichkeit oder die Lehre von der Wirklichkeit. *Myōhō* ist eine Übersetzung von *saddharma. Saddharma* wird auch mit *shōbō* übersetzt, wahrer Dharma, der *shōbō* von Dōgens Meisterwerk *Shōbōgenzō.*

Die „wundersame Methode", *myōjutsu,* könnte auch mit „subtile Fertigkeit" übersetzt werden. Obwohl von dieser Praxis gesagt werden könnte, sie verfüge über eine Methode, ein Geschick oder ein Merkmal, ist die Verwendung des Ausdrucks, so wie hier von Dōgen vorgelegt, provokativ und sogar paradox, da sie keine Methode oder Technik ist, um irgendein dualistisches Ergebnis zu erzielen, das bislang noch nicht vorhanden war; auch existiert sie nicht getrennt vom „wundersamen Dharma" selbst.

2. *Jijuyū zanmai* bedeutet wörtlich „Samadhi der Selbst-Erfüllung" oder „Selbst-Freude" oder „Samadhi des Empfangens des Selbst oder seine Funktion bejahen". *Ji* ist „Selbst", *juyū* als eine häufige Kombination bedeutet „Erfüllung oder Freude". *Ju* allein ist „empfangen" oder „annehmen"; *yū* allein ist „Funktion" oder „Verwendung". *Zanmai* ist Samadhi oder Sammlung. Somit können wir dieses Samadhi der Selbst-Erfüllung und Freude als Samadhi oder Sammlung bezogen auf das Selbst verstehen, wenn es ganz ohne Aufhebens seine Funktion oder auch seine spirituelle Stellung in der Welt empfängt und akzeptiert. Der springende Punkt ist, dass das nicht das Selbst ist, das ein Objekt hat. Es gibt nichts anderes als dieses Selbst oder etwas

außerhalb dieses Selbst. Die Freude, Erfüllung oder Befriedigung ist der Samadhi des Selbst, von dem es kein weiteres gibt. Dies ist keine Erfahrung, die irgendwo anders als hier und jetzt ist; es ist nicht etwas, das angeeignet oder erworben werden kann. *Jijuyū* wird oft als Gegensatz zu *tajuyū* verwendet; andere, die die Freude des Dharmas empfangen. Historisch betrachtet bezieht sich *tajuyū* auf andere Wesen, die die Wohltaten der Bodhisattva- Praxis empfangen. Im Fall von Dōgen Zenjis *jijuyū* gibt es kein *ta. Ta* ist in *ji* inbegriffen. Jedes wird zu jedem, alles wird zu allem. *Jijuyū* Samadhi ist Buddhas Praxis. Im *Shōbōgenzō Genjōkōan* sagt Dōgen Zenji: „Den Buddha-Weg zu studieren heißt, das Selbst zu studieren; das Selbst zu studieren heißt, das Selbst zu vergessen; das Selbst zu vergessen heißt, durch Myriaden von Dharmas erleuchtet zu sein; durch Myriaden von Dharmas erleuchtet zu sein heißt, Körper und Geist des Selbst und der anderen fallen zu lassen." Das ist *jijuyū zanmai.* Dies ereignet sich in Zazen.

3. „Sich frei vergnügen", *yuge* (遊戯), auch „frei spielen". Die Schriftzeichen in einer späteren Version des Textes sind *yuke* (遊化), was bedeutet, „sich hinausbegeben und die Lehre darlegen".

4. „Es füllt deinen Mund" könnte auf zwei Arten verstanden werden: Der Dharma füllt deinen Mund, so dass du nicht sprechen kannst, oder der Dharma füllt deinen Mund, so dass, was immer du auch sagst, Ausdruck des Dharmas ist.

5. Bodhi-Geist – *bodhicitta* in Sanskrit, *bodaishin* (菩提心) in Japanisch – bedeutet: der Geist, der nach Erwachen strebt.

6. Butsuji Myōzen (1184-1225) war Dōgens erster Zen-Lehrer. Myōzen begleitete Dōgen zum Studium nach China und starb dort vor Dōgens Rückkehr. Myōan Eisai (1141-1215) brachte als Erster Rinzai-Zen nach Japan.

7. Tendō Nyojō (1163-1228, Tiantong Rujing in Chinesisch) übermittelte die Sōtō-Linie (Caodong auf Chinesisch) an Dōgen.

8. Sheting, der chinesische Name einer Epoche, wird auf Japanisch *shōtei* ausgesprochen.

9. Shakyamuni Buddha (fünftes Jahrhundert v. Chr.); Mahakashyapa, ein Anhänger von Shakyamuni, wurde als Erster Vorfahr des Zen betrachtet. Der Geiergipfelberg war der Ort in Nordindien, wo Shakyamuni das Lotus-Sutra vortrug. Bodhidharma (fünftes, sechstes Jahrhundert n. Chr.), Achtundzwanzigster Vorfahre nach Mahakashyapa, wird als Erster Vorfahre des Zen in China betrachtet.

10. Taiso Eka (487-593, Dazu Huike auf Chinesisch).

11. Daikan Enō (638-713, Dajian Huineng auf Chinesisch).

12. Nangaku Ejō (677-744, Nanyue Huairang in Chinesisch); Seigen Gyōshi (660-740, Quingyuan Xingsi). Die Rinzai-Linie leitete sich später von Nangaku ab, die Sōtō-Tradition von Seigen.

13. *Mudra* steht in Sanskrit für „Siegel", wie in Siegel oder Stempel der Bestätigung. Dieser Ausdruck wird auch für bestimmte Haltungen oder Gesten verwendet. Hier steht er für die Verkörperung des erwachten Geistes.

14. Die klassischen fünf Häuser des Zen sind Hōgen, Igyō, Sōtō, Unmon und Rinzai in Japanisch, und Fayan, Guiyang, Caodong, Yunmen und Linji in Chinesisch.

15. Der Abschnitt, der mit diesem Satz beginnt: „Für alle Vorfahren und Buddhas, die im Buddha-Dharma verweilen und ihn bewahren...", bis zur ersten Frage weiter unten wird täglich als separater Text in Sōtō-Zen-Tempeln rezitiert und wird in Bezug zu Jijuyū Zanmai oder Samadhi der Selbst-Erfüllung gesetzt.

16. Nembutsu war ursprünglich die Praxis des Rezitierens des Namens und die Visualisierung des Bildes irgendeines Buddhas oder Buddha-Landes und erst später, im Reinen-Land-Buddhismus, wurde es üblich, den Namen von Amitabha zu rezitieren; Reue, *shusan* (修識) in Japanisch, bezieht sich auf *fusatsu* (*posadha* in Sanskrit), eine Zeremonie der Reue, des Ablegens der Gelübde und der Zufluchtnahme, die zum regelmäßigen Geschehen in buddhistischen Gemeinden gehört. „Körper und Geist fallen lassen" ist eine wichtige Wendung für Dōgen. Dōgen weist hier darauf hin, dass diese [weiter oben genannten] Praktiken von *shinjin datsuraku* (Körper und Geist fallen lassen) herrühren sollten, mit anderen Worten Zazen; sie sollten Ausdruck von *shikantaza* (einfach sitzen) sein; andernfalls seien sie bedeutungslos.

    Dies könnte auch wörtlich gelesen werden als „Von der Zeit an, an der du beginnst, mit einem Lehrer zu praktizieren, verwende [diese Praktiken] nicht mehr; sitzt einfach, Körper und Geist fallenlassend...". Das will heißen, dass solche Praktiken nicht *als Werkzeuge verwendet* werden sollten, um spirituelles Vorankommen zu erzielen. Vielmehr sollten sie als Ausdruck des sich selbsterfüllenden Samadhis auftreten. In seiner eigenen

Praxis setzte Dōgen regelmäßig all diese konkretenHandlungen aus dieser Haltung heraus ein.

17. „Gesamter Körper und Geist" heißt wörtlich „Körper, Sprache und Geist". Dieser komplexe Abschnitt, beginnend mit „Wenn jemand das Buddha-Mudra einnimmt..." spiegelt die nicht-anthropozentrische Basis buddhistischen Denkens und buddhistischer Praxis wider. Die lebendige, im sich selbsterfüllenden Samadhi verkörperte und bekräftigte Verwirklichung betrifft nicht nur Menschen und andere Wesen, sondern sogar auch das Land und den Erdboden, die „Gräser und Bäume, Zäune und Mauern, Ziegel und Kieselsteine", die Dōgen weiter unten erwähnt. Sogar Dinge, die in westlicher Philosophie für gewöhnlich als unbelebte Gegenstände betrachtet werden, haben entscheidenden Anteil an diesem Erwachen und harmonisieren sich miteinander, um das subtile, geheimnisvolle Buddha-Geleit oder die Buddha-Einflussnahme in uns allen zu bestärken. Diese buddhistische Sicht, nach der unsere Umwelt und alle Dinge, aus denen sie besteht, nicht bloß eine Ansammlung toter Objekte, sondern lebendig und innig mit uns verwoben ist, hat das große Interesse moderner Denker geweckt. Diese Denker sind nämlich angesichts der Bedrohungen durch die schleichende Umweltzerstörung und der dieser zugrunde liegenden Einstellungen, die dazu beigetragen haben, unser ökologisches System zu gefährden, tief besorgt.

18. Die sechs Bereiche sind die Hölle, die Bereiche der hungrigen Geister, der Tiere, der *asuras* (Titanen), der menschlichen und der himmlischen Wesen. „Höchste Erleuchtung" in diesem Satz ist *shōgaku* (正覚) in Japanisch. Dies bezieht sich auf anuttara samyak sambodhi.

19. „Jeder Ort" ist *dōjō* (道場), ein Ort, wo Buddha-Tathāgatas praktizieren und den Buddha-Dharma manifestieren.

20. Die etwas zweideutige Formulierung „Es würde möglich für sie sein, sich gegenseitig wahrzunehmen", könnte interpretiert werden mit „Es sollte möglich sein, Praxis und Erleuchtung gesondert voneinander wahrzunehmen".

21. „Geist und Objekt" könnte verstanden werden als Subjekt und Objekt. „Auftauchen und verschwinden" ist eine Übersetzung von *shō nyū go shutsu* (証入悟出), wörtlich „erleuchtetes Eingehen und erleuchtetes Hinausgehen".

22. Dōgen sagt wörtlich: „Gleiche Praxis und gleiche Erleuchtung für sowohl dies als auch das." Das handelt von Zazen oder der gesamten Aktivität des Buddha-Wirkens, das Dōgen beschrieben hat. Wir haben „dies und das" oder „es, es" mit „der sitzende Mensch und alle Dharmas" übersetzt. Jedoch könnten diese Worte sowohl die Unterscheidung zwischen gewöhnlichen Menschen und Weisen implizieren als auch die von Subjekt und Objekt, verkörpert durch den sitzenden Menschen und alle Phänomene.

23. *Shunyata* heisst wörtlich „leerer Raum". Dōgen bezieht sich auf die buddhistische Lehre von *shunyata.* Dieses Wort wird manchmal mit Leerheit übersetzt. Eigentlich bedeutet es jedoch die gesamte wechselwirkende Verbundenheit aller Dinge. Mit diesem Bild erinnert Dōgen an das Gedicht „Windglocke", verfasst von seinem Lehrer Tendō Nyojō:

Der gesamte Körper einer Windglocke wie ein Mund,

Der in der Leerheit hängt (shunyata),
Ohne zu wählen, aus welcher Richtung der Wind weht,
Verkündet auf gleiche Weise zum Wohle anderer prajna
(Weisheit) ...... [unsere Übersetzung]

24. Dies ist ein Zitat aus dem Abschnitt des Lotus-Sutra, in dem es heißt, dass die Anhänger Buddhas, die nicht bereit waren, die Mahayana-Lehre zu vernehmen, weggingen.

25. Die sieben Buddhas sind die menschgewordenen Buddhas, die zurück in die vorausgegangenen Äonen [Ewigkeiten] datieren. Shakyamuni wird als der siebte von diesen betrachtet.

26. Das Hokke-(Lotus-)Sutra ist der wichtigste Text der Tendai-Schule und das Kegon-(Blumen-Ornament-)Sutra ist der wichtigste Text der Kegon-Schule, zwei der größten buddhistischen Schulen in Japan zu Zeiten Dōgens.

27. Die Shingon-(Wahres-Mantra-)Schule, die andere große japanisch-buddhistische Schule dieser Zeit, gründet auf dem Dainichi- oder Mahavairocana-Sutra, in dem der kosmische Buddha Vairocana diese Lehre dem Bodhisattva Vajrasattva übermittelt. Dies ist die japanische Vajrayana-(Tantrische-)Schule.

28. Die fünf Buddhas sind diejenigen, die in den Mandalas abgebildet sind, die in der Shingon-Praxis verwendet werden, platziert in den vier Richtungen und im Zentrum. Ein *kalpa* ist eine unüberschaubar lange Zeiteinheit.

29. Ein Arhat ist jemand, der die höchste Frucht der Praxis im Theravada-Buddhismus erlangt hat. Diese Frucht ist die Erleuchtung, nachdem alle Befleckungen fortgewischt worden sind. Arhats

werden in wörtlichem Sinne als würdig betrachtet, Opfergaben zu empfangen.

30. Die zwölffache Kausalkette ist die frühbuddhistische Lehre von dem zwölfstufigen Prozess in der kreisförmigen Verkettung von Leben und Tod, das bedeutet Samsara.

    Die drei Fahrzeuge sind Shravakas (diejenigen, die den Lehren lauschen), Pratyeka Buddhas (Aus-sich-selbst-heraus-Erleuchtete) und Bodhisattvas. Es gibt auch Fünf-Fahrzeuge-Systeme, die sowohl die Drei-Fahrzeuge-Systeme einschließen als auch Menschen, göttliche Wesen und Buddhas in jeweils verschiedenen Kombinationen.

31. Dōgen meint damit nicht, dass buddhistische Lehren nicht studiert werden dürfen, sondern dass sie sowohl tatsächlich praktiziert als auch studiert werden müssen.

32. „Großes Erwachen" ist hier wörtlich „Großer Bodhi", die Erleuchtung, die über die Unterscheidung zwischen Verblendung und Illusion hinausgeht.

33. Die drei Studien sind Gebote (*shila*), Sammlung (*samadhi*) und Weisheit (*prajna*). Die sechs Vollkommenheiten (*paramita*) sind Großzügigkeit (*dana*), ethisches Verhalten oder Gebote (*shila*), Geduld oder Toleranz (*kshanti*), Anstrengung oder Fleiß (*virya*), Meditation (*dhyana*) und Weisheit oder Einsicht (*prajna*).

34. Die Schatzkammer des Wahren Dharma-Auges ist *Shōbōgenzō*, der Titel von Dōgens Meisterwerk.

35. Der Shōrinji Tempel auf dem Berg Su ist in Chinesisch der Shaolin Tempel auf dem Berg Song. „Essenz" ist eine Übersetzung von *shu* (宗), das auch das Wort für Schule in „Zen-Schule" ist.

36. „Weltliche Menschen" bezieht sich auf diejenigen, die blind in weltliche Aktivitäten verstrickt sind.

37. „Die Schatzkammer des Wahren Dharma-Auges des wundersamen Nirvana-Geistes" ist *Shōbōgenzō nehanmyoshin* (正法眼蔵程架妙心).

38. Nagarjuna (zweites, drittes Jahrhundert n. Chr.) war ein früher Mahayana-Lehrer, der die Lehre von der Leerheit (*shunyata*) ausarbeitete. Er wird als einer der Vorfahren in der Zen-Linie betrachtet. Im *Shōbōgenzō Zanmai Ō Zanmai* (Der Samadhi des Königs der Samadhis) erörtert Dōgen außerdem die Sitzhaltung.

39. Das Schriftzeichen für Erleuchtung ist hier *shō* (証), das auch Nachweis, Beweis oder Echtheitsbestätigung bedeutet. Dieses Schriftzeichen wird in der gesamten Erwiderung Dōgens für Erleuchtung verwendet.

40. Dies bezieht sich auf einen Dialog zwischen dem Sechsten Vorfahren und Nangaku (siehe Anmerkung 12). Der Sechste Vorfahre fragte: „Was ist dies, das so kommt?" Nach acht Jahren war Nangaku fähig zu antworten: „Jedwede Erklärung verfehlt es." Der Sechste Vorfahre fragte: „Wenn das so ist, gibt es dann Praxis und Erleuchtung?" Nangaku antwortete: „Es ist nicht so, dass es keine Praxis und Erleuchtung gibt, es ist aber so, dass sie nicht befleckt werden können." Der Sechste Vorfahre stimmte

zu, indem er sagte: „Es ist genau dieses Nicht-Beflecken, das alle Buddha-Vorfahren bewahren."

41. Eine Feststellung von Shikū Honjō (667-761, Sikong Benjing in Chinesisch), ein weiterer Schüler des Sechsten Vorfahren.

42. Senika war ein indischer Philosoph und Zeitgenosse Shakyamuni Buddhas.

43. Nanyō Echū (dat. 775, Nanyuan Huizhong in Chinesisch) war ein Schüler des Sechsten Vorfahren.

44. „Tor" bezieht sich auf die Dharma-Tore oder Eintrittspforten in die Wirklichkeit.

45. „Gesichtspunkt" oder „Erscheinung" ist *sō* (相), das im Gegensatz zu „Essenz", *shō* (性), steht. Es wird auch manchmal als „Natur" einer Sache übersetzt. Dōgen bezieht sich hier auf *Erwachen des Glaubens*, wo es heißt: „Der Geist betrachtet als Absolutes ist die Eine-Welt-der-Wirklichkeit (dharma-dhatu) und die Essenz aller Existenzphasen in ihrer vollständigen Gesamtheit. Das, was die `grundlegende Natur des Geistes´ genannt wird, ist ungeboren und unvergänglich." (Yoshito Hakeda, *The Awakening of Faith Attributed to Asvaghosha [New York: Columbia University Press, 1967], S. 32)* Dōgens Kommentar ist, dass die Geist-Natur oder Essenz untrennbar von ihrem Auftauchen oder ihren verwirklichten Aspekten ist.

46. „Heilige Praxis" ist *bongyō* (梵行); *gyō* bedeutet Praxis. *Bon* ist eine Transkription für Brahma, die indische Gottheit. *Bongyō* wird für *brahmacarya* verwendet, die Praxis des Abschneidens aller verdorbenen Begierden.

47. *Shingon* und *shikan* waren zwei traditionelle Praktiken in Japan vor Dōgen. Shingon ist die Esoterische- oder Mantrayana- Praxis der Shingon-Schule (siehe Anmerkung 27). *Shikan* ist die Übersetzung von *shamatha-vipasyana* (Anhalten oder Sammlung; und Einsicht). Dies war die traditonelle Meditation, die von der Tendai-Schule entwickelt wurde, die Gemeinschaft vom Berg Hiei, wo Dōgen ordiniert wurde. Die Tendai-Schule zu Dōgens Zeit schloss auch zu großen Anteilen esoterische Praktiken ein.

48. Unmon Bun´en (864-949, Yunmen Wenyyan in Chinesisch) sagte: „Wenn du nicht auf eine einzige Sache setzt, wirst du auch nicht eine Weisheit erschließen.” Yunmen war Begründer eines der fünf klassischen Häuser des Chinesischen Zen. Er war berühmt für seine markigen Kommentare zum Dharma.

49. Daisō (dat. 762-779, in Chinesisch Daizong) und Junso (dat. 805, in Chinesisch Shunzong) waren Herrscher während der Tang-Dynastie.

50. Premierminister Ri (dat. 844, Li in Chinesisch) war ein Schüler von Yakusan Igen (Yaoshan Weiyen in Chinesisch). Premierminister Bo (Fang in Chinesisch) könnte ein Schüler von Ōbaku Kiun (Huangbo Xiyun in Chinesisch), Rinzai-Lehrer, gewesen sein.

51. Hyoshu (dat. 1153, Fenji in Chinesisch) studierte mit Daie Soko (1085-1163, Dahui Zongkao in Chinesisch).

52. „Schlimmste Kriminelle” bezieht sich auf diejenigen, die die fünf übelsten Verbrechen begehen: Seine eigene Mutter umbringen,

seinen Vater umbringen, einen Arhat (Heiligen) umbringen, das Blut eines Buddhas vergießen und Disharmonie in der Sangha verursachen. King Ajatasatru zum Beispiel, der den Tod seines Vaters, König Bimbisara, verursachte, war später ein erleuchteter Förderer des buddhistischen Ordens. Beispiele von Jägern und Holzfällern sind Sekkyō Ezō (Shigong Huican in Chinesisch), ein Jäger, der ein Anhänger des großen Baso (Mazu) wurde, und Daikan Enō (Huineng), der Holzfäller, der der Sechste Vorfahre wurde.

53. Das „verdorbene Zeitalter des Niedergangs" bezieht sich auf die buddhistische Theorie der drei Zeitalter des Dharmas: Der Wahre Dharma: Lehre, Praxis und Erleuchtung sind gleichzeitig gegenwärtig; der Scheinbare Dharma: nur Lehre und Praxis existieren; und der Letztendliche Dharma (*mappō*): nur die Lehre bleibt übrig. Die Überzeugung, dass das letzte, dekadente Zeitalter gekommen war, war weit verbreitet und einflussreich zu Dōgens Zeit, obwohl er dies zurückwies.

54. Hō´on Gensoku (neuntes, zehntes Jahrhundert; Baoen Xuanze auf Chinesisch) wurde später ein Dharma-Nachfolger von Hōgen Mon´eki (885–958, Fayan Wenyi in Chinesisch); er wird als der Begründer der Fayan-Schule betrachtet. Ein Direktor ist der Oberverwalter eines Klosters.

55. Über Seihō weiss man nichts Genaues, aber es könnte sich auf Hakuchō Shien (neuntes Jahrhundert, Baizhao Zhiyuan auf Chinesisch) beziehen.

56. „Feuer-Junge" ist *heiteidōji* (内 T 童字), was auch als „Lehrling des Feuer-Geistes" gelesen werden könnte, und bezieht sich auf

Feuer als eines der fünf Elemente in der chinesischen Kosmologie. Der *heiteidōji* war der Novize im Kloster, der für die Laternen zuständig war.

57. Hōgens Antwort betont die Notwendigkeit des tatsächlichen „Suchens" des Selbst nach dem Selbst.

58. Diese Frage bezieht sich auf vier Geschichten zu Erleuchtung. Kyogen Chikan (dat. 898, Xiangyan Zhixian in Chinesisch), ein Schüler von Isan (Guishan), erwachte beim Fegen, als er einen Kieselstein an Bambus anschlagen hörte. Reiun Shigon (neuntes Jahrhundert, Lingyun Zhiqin in Chinesisch), ein weiterer Schüler von Isan, erwachte beim Anblick von Pfirsischblüten. Ananda, Shakyamunis Bediener und Anhänger, fragte später Mahakashyapa: „Was übertrug dir der Buddha außer seinem Gewand?" Mahakashyapa sagte: „Ananda!" Ananda fragte: „Ja?" Mahakashyapa sagte: „Hol den Fahnenmast vor dem Tor herunter." Ananda erwachte. Zu Reiuns Geschichte, siehe Robert Aitken, Übers., *The Gateless Barrier*: The Wu-men Kuan (*Mumonkan*) (San Francisco: North Point Press, 1990), Fall 16. Zu Anandas Geschichte, siehe Thomas Cleary, Übers., *Transmission of Light: Zen in the Art of Enlightenment* von Zen-Meister Keizan (San Francisco: North Point Press, 1990), S. 10.

59. Dies bezieht sich auf Geschichten über zwei von Shakyamunis erleuchteten Anhängern. Ein alter Mann, der nicht einmal die einfachsten der Unterweisungen verstehen konnte, wurde von einem schelmischen, jungen Mönch veralbert, der ihm sagte, er könne erleuchtet werden, wenn er von einem Ball getroffen werde. Aufgrund des tiefen, obwohl einfach gestrickten Glaubens des alten Mannes ging er, als er zum ersten Mal von einem

geschleuderten Ball getroffen wurde, in die erste Stufe (im Theravada-System) der in den Strom-Eintretenden ein; beim zweiten Mal in die Stufe der Einmal-Zurückkehrenden; beim dritten Mal in die Stufe der Niemals-Zurückkehrenden und als er das vierte Mal getroffen wurde, wurde er ein regelrechter Arhat.

Die zweite Geschichte bezieht sich auf eine Frau, die in einem vergangenen Leben eine Prostituierte war und scherzeshalber ein *okesa* (Priestergewand) anlegte. Das Verdienst dieser Handlung, obwohl nur aus Spaß vollzogen, ermöglichte es ihr bei der nächsten Wiedergeburt, eine Nonne zu werden, und zu einer späteren Zeit war sie eine Nonne, die unter der Anleitung Shakyamunis zum Arhat wurde.

60. Im Buddhismus ist Vertrauen nicht der Glaube an irgendeine äußerliche Glaubenslehre oder Gottheit, sondern das Vertrauen und Handeln aus der eigenen Erfahrung und Verwirklichung von Dharma-Wahrheit heraus.

61. Diese Geschichte stammt aus dem *Zōhōkyo* (Schatzkammer der verschiedenartigen Sutras), Teil der Theravada-Agama-Sammlung von Sutras. Nachdem sie dem Mönch eine Mahlzeit gespendet hatte, schloss die tiefgläubige Frau die Augen, den üblichen Dharma-Vortrag nach einer Opfergabe erwartend. Dem Mönch fiel absolut nichts ein und er floh, aber die Frau erwachte dank ihres Glaubens. Sie fand den Mönch und dankte ihm, worauf wiederum er ebenso Erleuchtung erfuhr.

62. Diese „dreitausend Welten" sind eine Abkürzung für „dreitausend große tausend Welten" oder „eintausend zur dritten Potenz",

was eine Milliarde Welten bedeutet. Dies ist der Bereich eines Buddhas.

63. Der japanische Herrscher Kinmei regierte von 540 bis 571. Kaiser Yōmei regierte von 586 bis 588 und war der Vater von Prinz Shōtoku, dem verehrten frühen Förderer des Buddhismus in Japan.

64. Ryūge Koton (835-923), Longya Judun in Chinesisch) war ein Dharma-Nachfolger von Tōzan Ryokai (807-869, Dongshan Liangjie in Chinesisch), dem Begründer der Sōtō-Linie in China. Dōgen zitiert Ryūge im *Shōbōgenzō Zuimonki* 4-14: „Um den WEG zu studieren, müsst ihr zuallererst Armut lernen. Nachdem ihr Armut erfahren habt und arm geworden seid, werdet ihr inniglich vertraut sein mit dem WEG." Von Shohaku Okumura, Übers., *Shōbōgenzō Zuimonki* (Kyoto: Kyoto Sōtō Zen Center, 1987), S.162.

65. *Fukanzazengi* (Die Form für universell empfohlenes Zazen) wurde von Dōgen im Jahr 1227, als er aus China zurückkam, geschrieben, um die wahre Bedeutung und den Ablauf von Zazen zu übermitteln.

66. Der „Tag der Herbstmitte" ist der Tag des Vollmonds des zweiten Herbstmonats, der fünfzehnte Tag des achten Mondmonats. *Shamon* kommt von dem Sanskrit-Wort *shramana*, was einen praktizierenden Bettelmönch oder Mönch bezeichnet.

Kommentar zu Bendōwa von Uchiyama Roshi

Erster Teil

DAS, WAS NICHT ÜBERMITTELT WERDEN KANN, DAS SELBST, DAS NUR DAS SELBST IST, WIRD ÜBERMITTELT DURCH ZAZEN. DESHALB WIRD ZAZEN DER WUNDERBARE DHARMA GENANNT.

Für gewöhnlich beginnen wir den Buddha-Weg mit der Idee zu praktizieren, dass Praxis bedeutungslos ist, es sei denn, wir erlangten Erleuchtung und würden zu wichtigen Leuten. Dies steht jedoch vollständig im Gegensatz zum wahren Buddha-Weg. Wir müssen uns über den Unterschied zwischen dieser Art von weltlicher Vorstellung und dem tatsächlichen Buddha-Weg klar werden. Anschließend müssen wir all unsere Energie darangeben, ihn zu praktizieren. Das ist die Bedeutung von *ben* in *Bendōwa.*

Was aber ist der wahre Buddha-Weg? Jijuyu Zanmai. Ich werde das in Bezug auf den nächsten Teil des Textes erläutern.

Alle Buddha-Tathāgatas haben zusammen einfach wundersamen Dharma übermittelt und anuttara samyak sambodhi verwirklicht, wofür es eine unübertroffene, unfabrizierte, wundersame Methode gibt.

Wann auch immer ich in einem Text dem Wort *Buddha* begegne, bin ich nicht eher zufrieden, bis ich erläutert habe, was es wirklich bedeutet. Ich werde jedoch später darauf eingehen und jetzt erst einmal zum nächsten Ausdruck „wundersamer Dharma" (*myōhō*) kommen, weil er noch mühseliger zu verstehen ist.

Unter all den Kapiteln, die in der späteren *Honzan*-Version für einen Teil des *Shōbōgenzō* gehalten werden, sind, glaube ich, *Bendōwa* und *Genjōkōan* die beliebtesten. Die anderen Kapitel scheinen ziemlich schwierig zu verstehen zu sein, aber *Bendōwa* und *Genjōkōan* sind relativ einfach. Und ich glaube, deshalb werden sie gerne von so vielen Menschen gelesen.

Möglicherweise werdet ihr jedoch bemerken, dass ihr sie nicht einmal nach mehrmaligem Lesen wirklich versteht. Sie scheinen gut verständlich zu sein, aber es ist nicht so einfach, ihre wahre Bedeutung zu erfassen. Sowohl verschiedene Ausgaben in modernem Japanisch als auch erläuternde Kommentare sind in jüngster Zeit veröffentlich worden. Auch wenn ihr diese alle lesen würdet, würdet ihr nicht verstehen, was Dōgen wirklich sagen wollte. Warum ist das so? Das ist nur ganz natürlich. Keine Erläuterung oder Niederschrift von *teishō* zu diesen beiden Kapiteln erklärt Dharma oder, in diesem Fall, „wundersamer Dharma". Ich habe niemals irgendetwas gefunden, was diesen Begriff in modernem Japanisch wiedergibt. Hinzu kommt noch, dass wir im einleitenden Kapitel des *Genjōkōan* Ausdrücke wie *shōhō* oder *banpō* finden, die beide Myriaden von Dharmas einbeziehen. Keiner dieser beiden Begriffe wird in irgendeinem Kommentar erläutert. Manche Erläuterungen zum *Bendōwa* sagen einfach, dass Dharma Buddha-Dharma bedeutet. Diese Fachbegriffe werden nur unter Verwendung weiterer Fachbegriffe abgehandelt.

Da es keine Erläuterungen zu dem Begriff Dharma gibt, das im *Bendōwa* das wichtigste Wort ist, wird es niemand verstehen. Unnötig zu sagen, dass Dharma nicht mit dem Intellekt erfasst werden kann. Aber wenn er vollständig unbegreiflich ist, sollten wir am besten gleich darauf verzichten, uns überhaupt zu ihm zu äußern. Gleichwohl sollten wir aber wenigstens intellektuell verstehen, warum Buddha-Dharma nicht mit der Ratio erfassbar ist. Alles andere führt zu komplettem Unsinn. Was um Himmels willen bedeutet hier also Dharma? Anstatt einfach zu sagen: „Worte können es nicht erklären" oder „der Buddha-Dharma ist kostbar", müssen wir damit beginnen, eine gründliche Nachforschung über Dharma in Gang zu setzen, als etwas, das engen Bezug zu uns selbst hat.

Als erste [von drei Bedeutungsebenen des Begriffes Dharma] heißt es im *Abhidharma Kosha*, dass ein Dharma etwas ist, das seine eigene Natur bewahrt und sich nicht verändert. Es wird zu einer Chiffre, um Dinge zu erkennen. Zum Beispiel: Hier ist eine Tasse und diese Tasse scheint ihre eigene Natur zu haben. Dies war gestern eine Tasse und ist heute immer noch eine Tasse. Es scheint so, als verändere sich ihre Eigennatur nicht. Doch tatsächlich verändert sich ständig alles. Auch diese Tasse wird keine Tasse mehr sein, wenn sie auf den Boden fällt und zerbricht. Sie bewahrt also nicht ihre Eigennatur.

Das *Abhidharma Kosha* wurde mit den Begrifflichkeiten der Philosophen einer indisch-buddhistischen Schule namens Sarvastivadin verfasst. [Dieser Name bezieht sich auf diejenigen, die darauf bestehen, dass alle Dharmas existieren und wirklich sind.] Eine der Basistheorien im *Abhidharma Kosha* ist, dass jedes Phänomen und individuelle Ding leer ist, aber Dharmas existieren und real sind. Das ähnelt der Vorstellung in der griechischen Philosophie, dass die Vergangenheit, die Gegenwart und die Zukunft tatsächlich und Entitäten ewiglich existieren. Die Sarvastivadins glaubten, dass jedes Phänomen ohne Substanz ist, aber Dharmas und Daseinselemente Substanz besäßen. Dieser Philosophie zufolge existiert diese Tasse nicht als eine Substanz und doch verbleibt sie im Bereich des Existierens als eine Entität. Das wird materieller Dharma genannt (*shikihō* oder *rupa dharma)*. Die Sarvastivadins glaubten, dass alles auf diese Weise existiert. Sie benannten die Objekte unserer Sinne und unseres Bewusstseins „Dharmas als Objekte" (*hōshō oder hōkyō*). Das bedeutet, dass, wenn unsere Sinne und unser Bewusstsein mit etwas außerhalb von uns zusammentreffen, wir erkennen, dass es existiert. Deshalb nannten sie alles, was uns begegnet, die „Myriaden Dharmas“ (*shōhō oder banpō*). In diesem Sinne bedeutet Dharma alles, was existiert. Sie verwendeten das Wort *dharma* auch wie in Buddha-Dharma, um die Unterweisungen des Buddhas zu bezeichnen (im Sinne von der Wirklichkeit oder Wahrheit der Myriaden Dharmas) und um die Methode zu bezeichnen, der wir folgen müssen, wenn wir handeln. In dieser dritten Interpretation bedeutet *dharma* auch Vorschriften, Regularien, Moralvorstellungen, Bräuche und Gesetze.

Ich habe eine kurze Erläuterung zu den verschiedenen Bedeutungen von Dharma, dem *Abidharma* folgend, gegeben, aber was ich als Nächstes sagen möchte, ist viel wichtiger. Im Mahayana Buddhismus und besonders in den Lehren Dōgen Zenjis erlangt die Bedeutung von Dharma viel größere Tiefe. Den von uns übernommenen Konzepten folgend nehmen wir an, dass alles als Objekt außerhalb des Selbst existiert. Wir glauben für gewöhnlich, dass alle Phänomene, die vor unseren Augen auftauchen, wie zum Beispiel diese menschliche Gesellschaft des zwanzigsten Jahrhunderts, auch außerhalb unseres individuellen Selbst Existenz besitzen. Wir glauben, dass wir auf dieser Weltbühne erscheinen, wenn wir geboren werden, und dass wir diese Bühne verlassen, wenn wir sterben. Wir denken alle so. Aber in Wahrheit ist diese Allerweltsvorstellung fragwürdig.

Mahayana Buddhismus begann mit einer Überprüfung dieser Sichtweise des so genannten gesunden Menschenverstandes. Hier eines meiner liebsten Beispiele dazu: Ich schaue mir jetzt diese Tasse an. Ihr seht ebenfalls die Tasse. Wir glauben, dass wir alle exakt dieselbe Tasse sehen, aber das stimmt nicht. Ich sehe sie aus meinem Blickwinkel, mit meiner Augen-Wahrnehmung, in dem Licht, das auftritt, wenn ich hier sitze, und mit meinen eigenen Empfindungen und Emotionen. Des Weiteren verändert sich der Blickwinkel, mein Gefühl und alles andere auch von Moment zu Moment. Diese Tasse, die ich gerade anschaue, ist nicht dieselbe, die ich im nächsten Moment anschauen werde. Jeder von euch schaut genauso aus seinem eigenen Blickwinkel, mit seiner eigenen Augen-Wahrnehmung, mit seinen eigenen Gefühlen und auch diese verändern sich ständig.

Das ist die Art und Weise, wie sich die tägliche Lebenserfahrung vollzieht. Wenn wir jedoch auf unserem Allerweltsverständnis basierend denken, glauben wir, dass alle exakt dieselbe Tasse sehen. Dies ist aber eine Abstraktion und nicht die Lebensrealität. Abstrakte Denkkonstrukte und lebendige Wirklichkeit sind völlig verschieden. Die buddhistische Sichtweise unterscheidet sich vollständig von diesem unserem gewöhnlichen Denken.

Die Art und Weise des Denkens in der westlichen Philosophie basiert auf Abstraktionen. Sie nimmt als gegeben an, dass alle von uns dieselbe Tasse sehen. Griechische Philosophen trieben ihre Abstraktionen auf die Spitze, bis sie das Denkkonstrukt von der Vorstellung hervorbrachten, die nicht gesehen oder gefühlt werden konnte. Ein Beispiel ist Venus, die Göttin der Schönheit. In der realen Welt ist keine Frau so gut proportioniert wie Venus oder verkörpert perfekte Schönheit so wie sie. Und doch idealisierten die Griechen Schönheit und schufen eine Statue der Venus, genauso wie sie eine Idee von einem Kreis erdachten, der von etwas Rundem abstrahiert ist. Mit anderen Worten: Die griechische Art und Weise des Denkens ist Abstraktion auf dem höchsten Niveau. Buddhismus ist anders. Buddhismus betont schwerpunktmäßig das Leben, die tatsächliche Lebenserfahrung der Wirklichkeit des Selbst.

In der Mathematik ist eins plus eins gleich zwei. Keiner von uns bezweifelt das. Aber eigentlich stimmt das nur vom Standpunkt der Mathematik aus. Im Leben macht man die Erfahrung, dass, wenn mein Auto in ein anderes kracht, die Kühlerhauben eingebeult sind, die Reifen abfallen und die Scheiben in Bruchstücke zerfallen. Kein

Wagen bleibt übrig. Bei den Autos ist eins plus eins gleich null. Oder wir könnten sagen, dass eins plus eins unendlich ist, weil zwei Autos in eine unermesslich große Anzahl von Stückchen zerfallen.

Das folgende Beispiel ist noch deutlicher. Ein Mann plus eine Frau ergeben drei oder vier, wenn sie Kinder bekommen.

Einmal habe ich in den Ozean gepinkelt. In diesem Moment verstand ich ganz klar, dass eins plus eins nur eins macht. Das Eine war der Ozean. Nichts hatte sich verändert, sogar nachdem mein Pipi hinzugefügt worden war. Der Ozean hat sich kein bisschen um mein Pipi geschert.

Worum es dem Buddhismus geht, ist nichts Abstraktes, sondern die ganz konkrete und tatsächliche Wirklichkeit des Lebens. Alle Wesen existieren durch die Lebenserfahrung des Selbst. Das Selbst lebt sich selbst in der lebendigen Erfahrung des Lebens aller Wesen. Die Lebenserfahrung des Selbst und der Myriaden Wesen, die wir erfahren, sind eins. Das ist die Lebenswirklichkeit. Die Lebenserfahrung des Selbst und die Lebenserfahrung aller Wesen kann niemals in Subjekt und Objekt aufgeteilt werden. Das, was die Erfahrung ausmacht, und das, was erfahren wird, kann nicht in zwei zerlegt werden. Diese Wirklichkeit, die nicht in zwei geteilt werden kann, wird Dharma oder Geist genannt. Das ist die Bedeutung des Ausdrucks „Dharma und Geist sind eine Wirklichkeit" (*shinpō ichinyo*).

Deshalb können wir nicht behaupten, dass wir auf der Weltbühne erscheinen, wenn wir geboren werden, und sie verlassen, wenn wir sterben. Wir wurden mit dieser Welt geboren, in der wir unser Leben als Lebenserfahrung leben. Wir leben diese gesamte Welt. Wenn wir sterben, wird unsere ganze Welt auch mit uns sterben. Wenn ihr das falsch interpretiert, könnte es als experimenteller Idealismus missverstanden werden [Die Vorstellung von Erfahrung, die durch unser Bewusstsein erschaffen wird]. Diese Philosophie ist die Grundlage von

Seichō no ie, einer der neuen japanischen Religionen. Doch das, worüber ich spreche, ist etwas völlig anderes.

Menschen, die in *Seichō no ie* verwickelt sind, glauben, dass materielle Existenz der Schatten unseres Geistes ist. Sie behaupten, dass es keine Krankheit gibt, wenn wir glauben, dass sie nicht existiert. Was wird dann also passieren, wenn ein Kipplaster auf dich zukommt? Wenn du denkst, dass der Lastwagen ein Schatten deines Geistes ist, wird der Lastwagen dann verschwinden? Wenn du Glück hast, brüllt der Lastwagenfahrer: „Du Idiot! Hast du keine Augen im Kopf?" Wenn du kein Glück hast, wirst du überfahren und getötet. Das ist die Wirklichkeit. Worüber ich spreche, ist aber nicht experimenteller Idealismus. Wir erkennen Dinge durch Abstraktionen in unserem Geist oder Bewusstsein, aber diese konzipierten Dinge sind nicht die Lebenswirklichkeit. Wenn wir das Wort *Feuer* aussprechen, wird unsere Zunge nicht angesengt. Die treibende Kraft, die reflektiert, imaginiert, abstrahiert und Dinge konzipiert, ist die Lebenswirklichkeit.

Die Wirklichkeit des Lebens als menschliche Wesen, die über rationale Fähigkeiten verfügen, umfasst Vernunft. Wenn wir die rationalen Fähigkeiten abtrennen, gibt es keine Wirklichkeit menschlichen Lebens. Das ist der Punkt, an dem die Lebenswirklichkeit sich komplett von der Theorie, dass materielle Existenz nur ein Schatten des Geistes ist, unterscheidet.

Die Lebenswirklichkeit besitzt eine multidimensionale Struktur, und da sie viele Teilaspekte hat, ist sie nur schwerlich in Worten zu erklären. Und doch ist die Lebenswirklichkeit nur eine einzige und kann niemals zerteilt werden. Sie ist nicht zwei.

Dōgen Zenji drückte diese nicht-dualistische Wirklichkeit in *Shōbōgenzō Sokushin Zebutsu* (Geist selbst ist Buddha) auf die folgende Art und Weise aus: „Der Geist, der in rechter Art und Weise übermittelt wurde, ist ein Geist, der Myriaden Dharmas ist, und Myriaden Dharmas sind ein Geist." Heutzutage glauben Menschen, dass Geist das Funktionieren von psychologischem Bewusstsein ist. Wenn du jedoch so denkst, bist du nicht in der Lage Buddhismus zu verstehen. Wenn das Wort *Geist* in buddhistischen Texten verwendet wird, bedeutet es oft die lebendige Lebenserfahrung, über die ich gesprochen habe. Das ist die Bedeutung von *Geist,* wenn Dōgen über das spricht, was im Buddhismus ohne Abweichung übermittelt wurde. „Ein Geist ist Myriaden Dharmas" bedeutet, dass ein Geist die Myriaden Dharmas inkludiert, beziehungsweise meine Lebenserfahrung der Welt. Das ist die Bedeutung von Geist und Dharma im Buddhismus.

Im *Shōbōgenzō Beppon Butsukōjōji* (Eine weitere Version von „Die Weiterentwicklung jenseits von Buddha") finden wir: „Buddha-Dharma ist die Myriaden Dharmas, die hundert Gräser." Buddha-Dharma ist alle Myriaden Dharmas, was die Wirklichkeit ist, die meine eigene Lebenserfahrung einschließt. Ich wurde geboren. Ich lebe. Ich werde sterben. Das ist das Leben eines Buddhas. Dōgen Zenji sagt im *Shōbōgenzō Shōji* (Leben und Tod), dass Leben und Tod das Leben Buddhas ist. Im Grunde genommen ist für jeden Einzelnen von uns, geboren worden zu sein, zu leben und zu sterben der vollständige Ausdruck unserer Lebenserfahrung. Nichts ist kostbarer! Die einzige Grundlage für jedwedes potentielle Wertesystem muss die Tatsache sein, dass ich genau jetzt, genau hier lebendig bin. Diese Buddha-Lebendigkeit hat den höchsten Stellenwert.

Deshalb ist eine so unbedarft niveaulose Vorstellung wie die, dass Geld am Wichtigsten ist, unter aller Kritik. Ihr könnt natürlich denken, Geld sei wichtig oder sozialer Status begehrenswert, nur weil ihr am Leben seid. Jemand sagte, dass der Kaiser der wichtigste Mensch in diesem Land ist, aber er vertritt diese Meinung nur, weil er als Japaner in Japan lebt. Wenn er in Amerika als ein Amerikaner geboren worden wäre, gäbe es keinen Grund, den japanischen Kaiser für so wichtig zu halten.

Etwas, das auf verschiedene Arten und Weisen und abhängig von beliebigen Bedingungen eingeschätzt bzw. beurteilt werden kann, ist nicht wirklich wertvoll. Die wertvollste Sache ist die Tatsache, dass wir genau hier und jetzt lebendig sind, und dies muss die Grundlage aller Gewichtung sein. Diese Lebenserfahrung ist das Fundament aller Existenz und die Grundlage der Welt. Und aus genau diesem Grund nennen wir es Buddha-Dharma und verleihen ihm absoluten Wert.

Wenn wir das Wort *Buddha* hören, denken wir für gewöhnlich an die Buddha-Statuen in der Haupthalle eines Tempels, aber das sind nur Puppen. Der wirkliche Buddha ist nichts anderes als das Zazen, das wir praktizieren. Die Buddha-Statuen, die in Tempeln verehrt werden, sind nichts weiter als Vorbilder für Zazen. Wenn du das glasklar verstehst, solltest du einmal mehr über den Ausdruck „alle Buddha-Tathāgatas zusammen haben einfach wundersamen Dharma übermittelt" nachdenken. Was bedeutet das?

Wenn Menschen hören „wundersamen Dharma übermitteln", sind sie geneigt zu glauben, dass wundersamer Dharma so etwas wie eine Schriftrolle ist, auf die irgendeine Art von verstecktem Mysterium geschrieben steht. Sie stellen sich vor, dass diese Dharma-Schriftrolle heimlich von einem Menschen an einen anderen weitergegeben wurde. Und wenn sie in Empfang genommen wird, wird der Empfänger wichtig. Nichtsdestotrotz hat das nichts damit zu tun, was Dōgen Zenji mit der Übermittlung wundersamen Dharmas meint. Im Kern bedeutet „ein Geist ist die Myriaden Dharmas, und Myriaden Dharmas sind der eine Geist", dass das absolute Selbst die Lebenserfahrung des Selbst ist. Deshalb ist es unmöglich, ihn von einer Person an eine andere weiterzugeben. Wie Sawaki Roshi zu sagen pflegte, können wir nicht einmal so viel wie einen Pfurz mit einem anderen Menschen tauschen. Dies ist die Natur des wirklichen Selbst.

Trotz der Tatsache, dass der Dharma nicht weitergegeben werden kann, wird er irgendwie weitergegeben. Er wird wundersam genannt, weil der Dharma, der nicht weitergegeben werden kann, in der Tat genau bis zum jetzigen Moment übermittelt wurde und genau jetzt gegenwärtig ist.

Deshalb ist für uns beim Lesen von *Bendōwa* die wichtigste Sache, wundersamen Dharma auf diese Weise zu verstehen. Wenn ihr *Bendōwa* lest, nachdem ihr verstanden habt, was Dharma ist, dann könnt ihr vielleicht den Kern dessen, was Dōgen Zenji lehrte, verstehen. Wenn ihr nicht versteht, was Dharma ist, werdet ihr nicht in der Lage sein, die wahre Bedeutung zu begreifen, egal wie viele Male ihr *Bendōwa* oder auch Erläuterungen dazu lest.

„Alle Buddha-Tathāgatas haben *anuttara samyaku sambodhi* verwirklicht." *Anuttara samyak sambodhi* ist eine Wendung aus dem Sanskrit, die im Japanischen mit *mujō shōtō kaku* (das höchste rechte Bewusstsein) wiedergegeben wird. *Mujō* (höchstes) bedeutet „unvergleichbar oder absolut", und *shō* (rechtes/richtiges) bedeutet „eins sein". Es gibt nur eine absolute Wirklichkeit, nicht zwei; anders gesagt: Sie liegt vor jeder Unterteilung. Es wird für immer nur eine Wirklichkeit geben. *Jitsubutsu* (Wirklichkeit) ist meine Bezeichnung dafür und es bedeutet „lebendig sein". *Tō* (Gleichheit) in *shōtō* bedeutet „alle Wesen sind gleich und ohne Unterschiedenheit". Gewöhnlich glauben wir, dass dieses Ding und jenes Ding voneinander verschieden sind, aber ihre Grundlage ist die Wirklichkeit unserer Lebenserfahrung, die Wirklichkeit vor jeglicher Unterteilung. Obwohl es jedoch nur eine Wirklichkeit von Lebenserfahrung gibt, nehmen wir menschlichen Wesen Unterscheidungen vor und sagen

„Dies ist eine Kiefer" oder „Dies ist eine Mauer". Solche Unterscheidung ist einfach die Szenerie des Lebens. Diese eine Wirklichkeit klar zu erkennen wird *kaku* (Erwachen) genannt.

Im *Honyaku myōgishu* [ein Text, der übersetzte buddhistische Bezeichnungen erläutert] heißt es, dass dies [*kaku*] Erwachen aus dem Traum von Samsara (Leben und Tod) bedeutet. Es gibt einen berühmten Vers: „Heute, die abgrundtiefen Berge menschlichen Fabrizierens überschreitend, bin ich jenseits von Traum und Rausch." Dieses Aufwachen aus dem Traum von Samsara wird *kaku* genannt. Fabrizieren bedeutet, dass man sein Leben auf Ansichten gründet, die der menschliche Geist konstruiert hat. Die Abwesenheit von Fabrizieren bedeutet, die Lebenswirklichkeit so zu leben, wie sie ist, ohne sich auf irgendetwas zu verlassen, was dem menschlichen Geist entspringt. Das ist die höchste Art und Weise zu leben, und doch kann das niemals in Worten ausgedrückt werden. Und darum wird der Dharma wundersam genannt.

Es gibt eine unübertroffene, unfabrizierte, wundersame Methode. Dieser wundersame Dharma, der allein nur von Buddha zu Buddha ohne Abweichung übermittelt wurde, ist durch jijuyū zanmai gekenn zeichnet.

Dharma ist die Wirklichkeit des Lebens und jede und jeder von uns lebt absolutes Leben, egal in welcher Lage wir uns wiederfinden. Wir leben das Selbst, das nichts als das Selbst ist. Niemand kann zu einer anderen Person werden. In gewisser Weise sind wir von unserer Geburt bis zu unserem Tod vollständig allein. Selbst wenn du glaubst, du hast gute Freunde, Familie oder eine liebende Frau: Tatsache ist, dass deine Frau niemals du sein kann. Du und deine Frau haben verschiedene Träume und denken unterschiedlich. Manchmal sagen wir, dass wir alles über einen vertrauten Freund wissen, aber das ist wirklich nur etwas, was wir uns ausgedacht haben. Es ist unmöglich, einen anderen Menschen wirklich zu verstehen. In diesem Sinne lebt jeder Einzelne von uns das Selbst, das nur das Selbst ist, und lebt die Gegenwart, die nur die Gegenwart ist. Das ist eine absolute Wahrheit. Heutzutage, vielleicht als das Ergebnis der Entwicklung von Planierraupen und anderen kraftstrotzenden Gerätschaften, graben Archäologen hier und da alte Artefakte aus wie Töpferwaren und Schwerter. Sie behaupten, dass sie vor tausend oder zehntausend Jahren hergestellt worden seien, aber es ist nicht absolut möglich, das genau zu beweisen (über unseren derzeitigen Standpunkt hinaus). Buddhistische Gelehrte diskutieren darüber, ob Shakyamuni Buddha im vierten oder fünften Jahrhundert v. Chr. geboren worden ist. Auch das ist unmöglich [eindeutig] nachzuweisen. (Den Ansichten von Historikern zufolge) ist es nicht einmal wirklich gesichert, dass Shakyamuni Buddha überhaupt gelebt hat. Alles in der Vergangenheit ist mit Unsicherheit behaftet.

Mit anderen Worten, Zeit selbst ist ungewiss. Wir sagen, dass dieser Tempel ziemlich alt ist, aber das bedeutet nur, dass wir uns die Vergangenheit aus dem gegenwärtigen Moment heraus vorstellen. Andere Menschen sind nichts [anderes] als ich selbst und die Vergangenheit ist nichts [anderes] als die Gegenwart. Niemand glaubt, dass dieser Tempel erst kürzlich gebaut wurde. Er wirkt in der Gegenwart ganz offensichtlich alt, aber diese Schiebetür sieht im Hier und Jetzt neu aus.

Wie wir an diesem Beispiel sehen können, ist, ob etwas alt oder neu ist, einfach das Wesen der Wirklichkeit, wie wir ihr jetzt in diesem Moment begegnen. Aus dem Wesen der Wirklichkeit unserer aktuellen Lebenserfahrung heraus behaupten wir, die Schiebetüren seien neu oder die Decke sei alt. Wir stellen uns vor, dass diese Decke vor mehreren Jahrzehnten oder mehreren Jahrhunderten hergestellt worden ist, weil ihr gegenwärtiges Wesen sie alt erscheinen lässt. In

Wirklichkeit existiert jedoch nur die Gegenwart. Vergangenheit und Zukunft existieren nicht [getrennt von der Gegenwart].

Alle ohne Ausnahme leben das Selbst, das nur das Selbst ist und die Gegenwart, die nur die Gegenwart ist. Dies ist die Lebenswirklichkeit, ganz egal, ob wir daran glauben oder nicht.

Doch trotzdem denken wir normalerweise, dass Dinge in der Vergangenheit existierten oder dass es Dinge außerhalb unseres Selbst gibt. Solange wir so denken, bleiben wir in einer Illusionsblase, die unser Geist hervorbringt, von der Wirklichkeit abgesondert. Tatsächlich lebt jeder von uns das Selbst, das exakt das Selbst ist, und lebt genau die Gegenwart, die haargenau die Gegenwart ist.

Das ist es, was *jijuyū zanmai* bedeutet. Sawaki Roshi, mein verstorbener Lehrer, drückte *jijuyū zanmai* immer mit „das Selbst, das das Selbst zum Selbst macht" aus. Dieses *jijuyū zanmai* ist die Grundlage für die Wirklichkeit von Lebenserfahrung und aus diesem Grund ist das Kennzeichen des Dharmas *jijuyū zanmai.*

Um sich uneingeschränkt an diesem Samadhi zu erfreuen, ist das Praktizieren von Zazen in einer aufrechten Haltung das wahre Tor.

Die Praxis von Zazen ist das wahre Tor, um sich in diesem *samadhi* des Selbst, das nur das Selbst ist, spielerisch zu bewegen. Die andere Seite dieser Behauptung ist, dass nur das Praktizieren des Zazen des absoluten Selbst und der absoluten Gegenwart *jijuyū zanmai* ist. Und doch ist es so, dass, wenn du die Zazen-Haltung einnimmst und glaubst, dass Satori oder Buddha außerhalb von dir liegen, es nicht möglich sein wird, in *jijuyū zanmai* einzugehen.

Obwohl dieser Dharma in jedem Menschen von Natur aus überreichlich angelegt ist, wird er ohne Praxis nicht verwirklicht, wird er ohne Verwirklichung nicht erlangt.

Dieses Selbst, das nur das Selbst ist, die strahlend lebendige Lebenswirklichkeit, ist im Übermaß jedem Menschen innewohnend. Es gibt niemanden, dem es daran mangelt. Du kannst in Zazen weder versagen noch erfolgreich sein. Diese Wahrheit ist offensichtlich. Niemand kann etwas anderes tun als das Selbst zu leben. In manchen vorgeschriebenen Praxis-Wegen ist es dennoch notwendig, die Bestätigung eures Lehrers zu empfangen, nachdem ihr eine bestimmte Zeitspanne praktiziert habt. Wenn euer Lehrer sagt, dass eure Verwirklichung richtig ist, kommt ihr voran. Wenn nicht, seid ihr durchgefallen. Obwohl viele Menschen es mit aller Macht versuchen, schätze ich mal, dass der Durchschnitt der Menschen, die Satori erlangen, niedrig ist. Das Tor zur Erleuchtung muss für sie enger sein, als es für japanische Studenten das Tor zu japanischen Universitäten ist.

Das Zazen, das Dōgen Zenji lehrte, ist nicht so; es ist Zazen als wahre Religion. Es ist nicht Zazen als eine Art Disziplin oder Training. Alle von uns können gerettet werden. Das ist nur ganz natürlich, weil wir einfach die Lebenswirklichkeit praktizieren, die im Überfluss jedem Menschen innewohnt.

Die Lebenswirklichkeit wird jedoch nicht verwirklicht, ohne Zazen zu praktizieren, und sie wird nur verwirklicht, insofern ihr Zazen praktiziert. Die Lebenswirklichkeit wird nicht ohne Verwirklichung erlangt. Wenn ihr die Lebenswirklichkeit nicht verwirklicht, wird sie auch nicht erlangt.

Wenn du loslässt, füllt der Dharma deine Hände; er liegt nicht innerhalb der Grenzen von Eines oder Vieles. Wenn du versuchst zu sprechen, füllt er deinen Mund; er ist nicht beschränkt auf vertikal oder horizontal.

Wenn wir das Zazen praktizieren, das die Lebenswirklichkeit verwirklicht, werden wir zum universellen Selbst nur, wenn wir alles illusorische Denken fallen lassen, das von der Wirklichkeit abschweift. Mein Ausdruck für „loslassen" ist „die Hand des Denkens öffnen".

Wenn wir die Hand des Denkens öffnen, füllt der Dharma unsere Hände; die universelle Lebenswirklichkeit ist genau hier. Diese Lebenswirklichkeit füllt euren Mund, wenn ihr sprecht. Sie kann nicht auf Vertikale oder Horizontale begrenzt werden und sie kann auf unermesslich viele Arten und Weisen ausgedrückt werden.

Buddhas verweilen unentwegt in diesem Dharma und bewahren ihn unausgesetzt, und doch verbleibt keine noch so kleine Spur von begrifflichem Erfassen.

Alle Buddhas verweilen in diesem *jijuyū zanmai* und bewahren es. Doch obwohl sie in ihm verweilen und es bewahren, nehmen sie Samadhi niemals wahr; diese Bewusstseinslage existiert nicht.

Das ist vergleichbar mit dem Steuern eines Wagens. Wenn du einen Wagen steuerst, werden die Fußgänger und Autos, die dir entgegenkommen, in deiner Sicht reflektiert. Du drehst das Lenkrad nach rechts oder links und trittst auf Brems- oder Gaspedal, indem du diese Handlungen durchführst, ohne dir ihrer bewusst zu sein. Du fährst den Wagen genau so wie du deinen Körper bewegst. Wenn du auf diese Weise fährst, fährst du frei. Es findet sich keine Spur von Gedankenkonstruktionen. Wir fahren frei in *jijuyū zanmai*.

Lebende Wesen funktionieren in diesem Dharma und nutzen ihn ständig, und doch taucht er in ihrer Wahrnehmung nicht auf.

Wir lebende Wesen haben von Beginn an das Selbst gelebt, das nur das Selbst ist, und das Leben, das nur das Leben ist, und doch erscheint nichts davon in unserer Wahrnehmung. In unseren alltäglichen Handlungen schaffen wir es nicht, uns frei zu steuern.

Die aus tiefstem Herzen entspringende Praxis des WEGES, von der ich spreche, erlaubt es allem, in Erleuchtung zu existieren und ermöglicht es uns, Einssein auf dem Weg der Befreiung zu leben. Wenn wir die Barriere durchbrechen und alles Grenzen Setzende abfallen lassen, kümmern uns konzeptionelle Unterscheidungen nicht mehr.

„Erleuchtung" ist die Lebenswirklichkeit; „alles" bezeichnet all die verschiedenen Arten von Szenarien unseres Lebens. So ermöglicht uns die Praxis des Weges, über die wir sprechen, allen verschiedenen Arten von Lebenssituationen, im Gewahrsein der Lebenswirklichkeit existent zu sein. Der Pfad der Befreiung bedeutet das Verwirklichen unteilbaren Lebens (eine absolute Realität) ohne durch irgendein „Anderes" beirrt zu werden.

„Die Barriere durchbrechen und alles Grenzen Setzende abfallen lassen" heißt, dass wir für gewöhnlich eine Barriere zwischen uns und der Außenwelt aufbauen. Wir separieren uns von anderen, wir unterscheiden zwischen Subjekt und Objekt. Wenn wir die Barriere durch Loslassen des Denkens überschreiten, dann sind alle konzeptionellen Unterscheidungen und verbalen Erläuterungen, wie die, die ich gegeben habe, nicht mehr vonnöten.

ERLEUCHTET SEIN HEIẞT, DIE FÜẞE AUF DEN BODEN DER LEBENSWIRKLICHKEIT ZU STELLEN

Nachdem Dōgen Bodhi-Geist erweckt hatte und danach strebte, den Buddha-Dharma zu suchen, suchte er in Japan verschiedene Lehrer auf. Einer dieser Lehrer war Meister Myōzen, ein älterer Schüler des berühmten Zen-Meisters Eisai. Bei ihm studierte und praktizierte er neun Jahre lang. Zu einem späteren Zeitpunkt reiste Myōzen mit Dōgen Zenji nach China, wo er starb. Myōzen muss ein großartiger Mensch gewesen sein. Dōgen rühmte ihn, wann immer er konnte. Auch hier preist er Myōzen, indem er sagt, dass "Meister Myōzen ein herausragender Schüler von Zen-Meister Eisai war, von dem nur er allein die Übermittlung des unübertrefflichen Buddha-Dharmas ohne Abweichung empfing", und dass ihm keiner glich.

Später reiste ich während der Song [Dynastie] nach China und suchte verschiedene Meister in der Provinz Zhejiang auf, wo ich die Gepflogenheiten der fünf Schulen des Zen kennenlernte.

Dōgen Zenji war nicht zufrieden mit seiner Praxis in Japan und zog mit seinem Meister in das China der Song Dynastie. Sie besuchten in der Provinz Zhejiang verschiedene Meister und Dōgen Zenji lernte die Gebräuche der fünf Schulen des Zen kennen. Der Fluss Quiantong, der von Westen nach Osten fließt, unterteilt die Provinz in Nord und Süd. Deshalb sagt Dōgen Zenji, dass er "Lehrer in beiden Teilen der Provinz Zhejiang aufsuchte". Zu dieser Zeit stand Zen-Buddhismus in China in voller Blüte und diese Region war das Zentrum des Zen-Buddhismus. Dōgen Zenji reiste umher, besuchte verschiedene Meister und studierte die Gepflogenheiten der fünf Schulen des Zen: Hōgen, Igyō, Unmon, Rinzai und Sōtō.

Er war jedoch nicht zufrieden mit dem, was er sah, und entschied sich nach Japan zurückzukehren. Auf seinem Rückweg hörte er von Zen-Meister Nyojō, der gerade Abt eines Klosters am Berg Tendo (Tiantong in Chinesisch) geworden war, in dem sich Dōgen Zenji einst aufgehalten hatte. Dōgen Zenji suchte Nyojō auf und entschied sich, unter seiner Leitung zu praktizieren; schließlich klärte er vollkommen den WEG der Praxis während dieses gesamten Lebens. Er erlangte den Buddha-Weg.

Wenn ihr hört "klärte vollständig die große Angelegenheit lebenslanger Praxis", glaubt ihr vielleicht, das bedeutet, nicht mehr praktizieren zu müssen, aber das ist nicht wahr. Des Lebens große Angelegenheit abschließen, den Weg erlangen oder Satori erlangen, bedeutet nur, dass ihr die wahre Bedeutung von Praxis geklärt habt, glasklar versteht, in welche Richtung ihr euch bewegen müsst und auf was ihr höchsten Wert im Leben legen solltet.

Wir leben für gewöhnlich unser Leben ohne ein Gefühl dafür, worum es wirklich geht. Wir werden alle Gefangene unserer eigenen Begierden und schweifen ohne klare Richtung hierhin und dorthin. „Den WEG klären" bedeutet, dass wir uns auf einen Lebenskern fokussieren, basierend auf dem Selbst, das nur das Selbst ist und Leben, das nur Leben ist. Dies ist die alleinige große Angelegenheit und dies ist, was „die alleinige große Angelegenheit seines Lebens abschließen" bedeutet. Wahre Praxis beginnt an diesem Punkt.

Dōgen Zenji kehrte nach Japan zurück, [nachdem er den Buddha-Weg verwirklicht hatte]. Es war zu seinem Gelübde geworden, diesen Dharma zu verbreiten und alle lebenden Wesen zu retten. Dieses Gelübde ist das Wichtigste für buddhistisch Praktizierende.

Den Dharma zu verbreiten und alle lebenden Wesen zu retten ist keine so einfache Sache in unserer heutigen Zeit. Auch wir kommen nicht umhin zu fühlen, dass uns eine schwere Last aufgebürdet ist.

Es ist zeitgemäß zu versuchen, durch die Massenmedien berühmt zu werden, Vorträge im ganzen Land zu halten oder eine Menge Bücher zu schreiben und zu verkaufen. Aber der Buddha-Dharma unterscheidet sich von kommerziell beworbenen Produkten. Wenn du wirklich das Selbst verstehst, das nur das Selbst ist, und Leben, das nur Leben ist, verbreitest du es nicht auf diese Weise.

Einige buddhistische Schaumschläger gehen nach Amerika oder Europa und sammeln Geld. Es scheint so, dass es einige Millionäre gibt, die willig sind, ihnen große Spenden zukommen zu lassen. Diese buddhistischen Blender bauen dann eindrucksvolle Tempel und versuchen die Menschen dazu zu bewegen, zu ihnen zu kommen.

Das Zazen der Anhänger von Bodhidharma und Dōgen Zenji hat nichts damit zu tun, ob wir ein prachtvolles Gebäude haben oder nicht. Was wirklich wichtig ist, ist die Förderung authentisch Praktizierender. Um das zu erreichen, müssen wir in kleinen Schritten unermüdlich lehren. Die Anhänger von Bodhidharma dürfen davon nicht abweichen, egal wohin sie gehen.

In meinem Fall war es so, dass ich für gewöhnlich für mich ganz allein ohne mit jemandem zu sprechen *sesshin* [Ganztags-Zazen, häufig für fünf oder sieben Tage] saß, als ich unter der Leitung von Sawaki Roshi praktizierte, da er oft von Ort zu Ort unterwegs war, um zu lehren. Wenn Sawaki Roshi zurückkam, saß ich zusammen mit ihm und anderen, die dazukamen. Ich setzte dieses Praktizieren ohne Mitpraktizierende vom Zeitpunkt meiner Ordination zum Mönch im Jahr 1941 bis ungefähr 1955 fort. Im Jahr 1957 schloß sich mir Satō Myōshin an und ungefähr im Jahr 1960 kam Honda Tekifu. Watanabe Kōhō, der später Antaiji übernahm, kam im Jahr 1962. Danach begann die Anzahl der Menschen, die mit mir saßen, langsam zuzunehmen und nach einer Weile begannen sich Dutzende von Menschen im Antaiji zum Sesshin einzufinden.

Bevor ihr irgendetwas anderes tut, habt euer Ziel vor Augen und sitzt allein. Es ist wie das Aussäen von Samen. Die Samen keimen, wenn der Frühling kommt. Während eines kalten Winters jedoch können die Pflanzen ihre Wurzeln nur ganz allmählich ausbreiten. Wenn Pflanzen nicht tief genug wurzeln, wachsen sie nach dem Ankeimen nicht. In der Förderung von Praktizierenden sollten wir nicht in Zeiträumen von fünf oder zehn Jahren denken. Ich denke in Zeiträumen von mehreren Jahrhunderten. Wir müssen die Anzahl von Menschen, die sich wirklich der Praxis von Dōgen Zenjis Zazen widmen, einen nach dem anderen anwachsen lassen. In diesem Sinne ist der Frühling noch nicht gekommen; jetzt herrscht der Winter, in dem Zazen gerade erst begonnen hat zu wurzeln.

Das meinte Dōgen Zenji, als er sagte:

Dennoch stellte ich die Durchführung meines Gelübdes zurück, auf Umstände wartend, unter denen mein Vorhaben gedeihen konnte.

Vorerst würde ich allein leben, von Ort zu Ort ziehen wie eine Wolke oder Wasserlinse und dem Weg der alten Weisen folgen.

Während er *Bendōwa* schrieb, zog Dōgen Zenji von Ort zu Ort. Das war im Jahr 1231, als er 32 Jahre alt war. Dōgen Zenji kam aus China im Jahr 1228 zurück und blieb zuerst im Kenninji Tempel in Kyoto, wo er praktiziert hatte, bevor er nach China ging. Zwei Jahre später jedoch musste er in den Anyoin Tempel in Fukakusa, außerhalb von Kyoto, umziehen, weil von Seiten der Tendai-Schule am Berg Hiei Repressionen erfolgten.

Der Weg der alten Weisen bedeutet auf die Art und Weise eines Menschen zu leben, der keinen bestimmten Platz hat, an dem er sich niederlassen kann, und so von Ort zu Ort weiterzieht. Bodhidharma, der Erste Vorfahr aus China, kam von Indien nach China, wanderte hierhin und dorthin, zog in das Shaolin Gebirge und profitierte von einem Kloster der Ritsu-(Gebote)-Schule. Er suchte sich keinen eigenen Wohnsitz. Das ist der Lebensstil einer Wolke oder einer Wasserpflanze.

Es könnte jedoch sein, dass es einige ernsthaft Praktizierende gibt, die ganz aus sich selbst heraus nicht nach Ruhm oder Profit streben und dem Geist, der nach dem WEG strebt, Vorrang einräumen.

Da er auf die beschriebene Weise lebte, würden aufrichtig Praktizierende, die sich um Ruhm und Profit nicht scherten und wahrhaft danach strebten, den WEG zu suchen, selbst wenn es sie denn überhaupt gäbe, nicht den WEG durch ihn finden können.

Wenn wir die Biografiesammlungen berühmter Priester lesen, entdecken wir, dass nahezu alle Priester, die zu dieser Zeit für berühmt oder verehrungswürdig gehalten wurden, von Herrschern oder Adeligen gefördert wurden und Zugang zum kaiserlichen Palast hatten. Sie besuchten die Kaiserin oder die kaiserlichen Konkubinen, wenn diese krank waren, und brachten Gebete zu ihrer Genesung dar. Im

Gegenzug erhielten sie eine bevorzugte Stellung oder ihnen wurden schöne Gewänder geschenkt. Sie suchten nach Ruhm oder Profit und machten aus Bodhi-Geist Licht. Sie waren allesamt unaufrichtig Praktizierende. Wenn niemand den wahren Buddha-Weg aufzeigte, würden alle Mönche diesen Priestern unterstellt, auch wenn einigen der Mönche zunächst wahres Bestreben innewohnte. Das wäre das unvermeidbare Resultat gewesen.

Diese könnten sinnlos durch falsche Lehrer in die Irre geführt werden. Sie würden ahnungslos rechtes Verständnis vernebeln und trunken durch ihre eigene Verwirrung für lange Zeit in Selbsttäuschung versinken. Wie könnte es für [diese aufrichtig Praktizierenden] möglich sein, den wahren Samen von prajna zu nähren und eine geeignete Gelegenheit zu finden, den WEG zu erlangen?

Deshalb wurde Dōgen Zenji von der folgenden Erwägung mitgerissen:

Wie würden sie den Berg oder Fluss finden, wo sie mich aufsuchen können, jetzt, da dieser unwürdige Umherziehende [Dōgen] lebt wie eine Wolke oder eine Wasserlinse?

Aus diesem Grund:

Weil mir diese Menschen am Herzen liegen, habe ich gesammelt und niedergeschrieben, was ich mit meinen eigenen Augen von der Art der Praxis in den Zen-Klöstern des Song Chinas gesehen und als die tiefgründige Lehre meines Lehrers empfangen habe und bewahre. Ich hinterlasse dies [diese Schriften] für hingebungsvoll Praktizierende des Weges der heiteren Gelassenheit, um sie von dem wahren Dharma der Buddhas wissen zu lassen.

Hier nun die wahre Bekundung der Essenz.

Er schrieb nieder, was er in chinesischen Klöstern die wahre Zazen-Praxis und den wahren Buddha-Dharma betreffend gesehen und gehört hatte, so wie Nyojō Zenji es gelehrt hatte: den Buddha-Weg verwirklicht durch die ganz konkreten Alltagsaktivitäten. Er hinterließ diese Worte, so dass ernsthaft Praktizierende des WEGES den wahren Dharma des BUDDHAS verstehen können.

Der Große Lehrer Shakyamuni Buddha gab während der Versammlung auf dem Geiergipgelberg den Dharma an Mahakashyapa weiter und dieser [Dharma] wurde ohne Abweichung von Vorfahr zu Vorfahr übermittelt, bis er den ehrwürdigen Bodhidharma erreichte.[9] *Bodhidharma selbst reiste nach China und übertrug den Dharma an den Großen Lehrer Eka.*[10] *Dies war die erste Übermittlung des Buddha-Dharmas im Osten (China).*

Hier verfolgen wir den Dharma zurück bis Shakyamuni Buddha.

Es gibt folgende Begebenheit zwischen Shakyamuni und Mahakashyapa zu erzählen: Vor den Augen der großen Versammlung pflückte Shakyamuni eine Blume und drehte sie ein bisschen [zwischen seinen Fingern]. Niemand verstand die Bedeutung dessen und alle verharrten schweigend. Nur der Ehrwürdige Mahakashyapa lächelte. Es heißt, dass in diesem Moment der wahre Dharma des BUDDHAS an den Ehrwürdigen Mahakashyapa übermittelt wurde.

Danach wurde der Dharma durch verschiedene Vorfahren Generation für Generation übermittelt und schließlich empfing der Ehrwürdige Bodhidharma den Dharma als Achtundzwanzigster Vorfahr. Der große Meister Bodhidharma zog nach China und übermittelte den Dharma an den großen Meister Eka. Das war die erste Übermittlung des Dharmas von Indien in den Osten.

Zu jener Zeit breitete sich der authentische Buddha-Dharma tatsächlich über ganz China aus und Wirklichkeit jenseits konzeptioneller Unterscheidungen wurde offenbar.

Buddhistische Schriften wurden zum ersten Mal in der letzten Han-Dynastie (erstes Jahrhundert v. Chr.) nach China eingeführt.

Auch wenn die Begrifflichkeiten durch Schriften dargelegt und Lehrinhalte mittels Worten studiert wurden, war die Darstellung nicht schlüssig. Das Ganze wirkte steif und unbeholfen.

Das lebendige menschliche Wesen, das Erleuchtung verkörpert und das ein echtes Beispiel für Buddha-Dharma ist, wäre nicht so ungehobelt. Buddha-Dharma wurde [jedoch] zweifelsohne vom großen Meister Bodhidharma an den großen Meister Eka übermittelt und an einen nach dem anderen weitergegeben, Generation für Generation, bis zum Sechsten Vorfahren Enō.

Es gab zwei überragende Schüler unter dem Sechsten Vorfahren, Seigen Gyoshi und Nangaku Ejo. Beide hielten das Buddha-Mudra und beide waren gleichermaßen Lehrer aller lebenden Wesen. *Mudra* bedeutet „Kennzeichen oder Siegel", was für Zazen steht. Aus den Strömungen dieser beiden Meister, die Zazen übermittelten und bewahrten, entstanden später die fünf Tore: Das sind Hogen, Igyō, Sōtō, Unmon und Rinzai. Zur Zeit von Dōgen Zenji florierte nur die Rinzai-Schule im gesamten China der Song Dynastie.

Jede einzelne der fünf Schulen hatte ihre eigenen Charakteristiken, doch im Wesentlichen bewahrten sie alle nur ein einziges Buddha-Geist-Mudra. Jede einzelne von ihnen verwirklichte gleichermaßen nur die eine Buddha-Lehre durch das Geist-Mudra, das bedeutet Zazen. Bevor diese lebenden Beispiele existierten, wusste in China niemand, was genau die wahre Lehre des BUDDHA war. Buddhismus als eine Religion hat verschiedene Aspekte. Wir könnten sagen, dass Buddhismus jeden Aspekt unseres Lebens einbezieht. Was ist das Wahre und Grundlegende unter diesen verschiedenartigen Bestandteilen? Diese Frage wurde nicht eindeutig beantwortet. Der große Meister Bodhidharma kam nach China und durchschnitt die Wurzel dieser komplizierten Fragestellung, als ob er eine Glyzinie beschnitte. Die Essenz des Buddhismus wurde durch das Auftreten eines echten, lebendigen Beispiels offenbar.

Deshalb sagte Dōgen Zenji,

Wir können gar nicht anders, als uns danach zu sehnen, dass dies auch in unserem Land geschehe.

Für alle Vorfahren und Buddhas, die im Buddha-Dharma verweilt und ihn bewahrt haben, ist das Praktizieren aufrechten Sitzens in jijuyū zanmai der wahre Weg, um Erleuchtung zur Entfaltung zu bringen.[15] *Sowohl in Indien als auch in China sind diejenigen, die Erleuchtung erlangt haben, diesem Weg gefolgt. Dies ist so, weil jeder einzelne Lehrer und jeder einzelne Schüler tief vertraut und ohne Abweichung diese subtile Methode übermittelt, ihren wahren Geist empfangen und bewahrt hat.*

In diesem Teil bekräftigt Dōgen Zenji erneut, was er ganz am Anfang gesagt hat: „Alle Buddha-Tathāgatas haben einfach wundersamen Dharma übermittelt und anuttara samyak sambodhi verwirklicht, wofür es eine unübertreffliche, unfabrizierte, wundersame Methode gibt. Dieser wundersame Dharma, der nur von Buddha zu Buddha ohne Abweichung übermittelt wurde, ist durch *jijuyū zanmai* gekennzeichnet." Der Buddha-Dharma ist durch die Übermittlung des Buddha-Mudras des *jijuyū zanmai* oder des Sitzens von Zazen bewahrt worden. Dies ist der zentrale Punkt, den Dōgen Zenji in *Bendōwa* zu verdeutlichen sucht.

Dōgen Zenji legt für gewöhnlich die wichtigsten Dinge direkt am Anfang seiner Schriften dar und wiederholt sie dann zur Betonung im weiteren Text. Das ist auch hier der Fall. Der Dreh- und Angelpunkt im *Bendōwa* ist dieses *jijuyū zanmai.* Deshalb würde ich gern noch einmal darüber sprechen, um seine Bedeutung noch ein bisschen mehr zu betonen. Am Anfang dieses Vortrags erörterte ich detailliert den Begriff Dharma. Er ist weit von dem entfernt, wofür wir ihn im Alltagsdenken in der gewöhnlichen Welt halten. Ihr denkt vielleicht, dass ihr ihn versteht und annehmen könnt, wenn ihr mir beim Vortrag darüber zuhört, aber sobald ihr in euer alltägliches Leben zurückkehrt, geratet ihr durcheinander und vergesst ihn langsam.

Wir sollten dem Buddha-Dharma nicht auf eine oberflächliche Weise lauschen. Wir müssen dem Buddha-Dharma auf eine solche Art und Weise lauschen, dass der Dharma den Kern unseres Geistes durchflutet und unsere Knochen und unser Mark wird, so dass wir ihn nicht vergessen, egal, was uns zustößt. Das ist der Dreh- und Angelpunkt im *Bendōwa.* Solange wir das nicht erfasst haben, werden wir nicht in der Lage sein, *Bendōwa* als Buddha-Dharma zu verstehen.

Obwohl wir ständig denken, dass wir wirklich leben, leben wir tatsächlich die Lebenswirklichkeit nicht. Es ist ganz und gar wesentlich, sich dieser Tatsache bewusst zu werden. Nun denn, auf welche Art und Weise leben wir [stattdessen]? Kurz gesagt, jede und jeder einzelne von uns lebt und verwechselt dabei abstrakte Denkkonstruktionen mit der Wirklichkeit.

Wir behandeln abstrakte Denkkonstruktionen, als ob sie wirklich seien, und leben in einer Welt, die von diesen abstrakten Denkkonstruktionen erschaffen wird. Wie ich vorhin schon sagte, gehen wir davon aus, dass jeder von uns genau dieselbe Tasse sieht. Aber in Wirklichkeit sehen wir nicht dieselbe Tasse. Jeder Mensch sieht sie aus seinem eigenen, individuellen Blickwinkel.

Das japanische Wort für abstrakt ist *chūshō. Chū* bedeutet herausziehen und *shō* bedeutet Gestalt oder Form. Wir halten die abstrakte Idee von einer Tasse für eine real existierende Erfahrung und glauben, da würde eine einzige Tasse existieren, die wir alle gleichermaßen anschauen. Das bedeutet abstrakte Denkkonstruktionen mit der

Wirklichkeit zu verwechseln und wir sollten das glasklar verstehen. Nicht nur, wenn wir eine Tasse anschauen, sondern durchweg während des gesamten Lebens machen wir den gleichen Fehler. Wenn wir zum Beispiel das Wort Gesellschaft verwenden, nehmen wir an, dass wir alle in der gleichen Gesellschaft leben. Aber das ist weit entfernt von jeder Realität. Jeder Mensch hat sein eigenes Bild von Gesellschaft, das sich von dem jedes anderen Menschen unterscheidet. Und doch halten wir es für selbstverständlich, dass wir alle unter Gesellschaft dasselbe verstehen. Hier entsteht eine gewaltige Abweichung von der [wirklichen] Wirklichkeit. Jedes Individuum lebt in ihrer oder seiner speziellen Gesellschaft.

Als ich im Jahr 1949 begann von Takuhatsu zu leben, schätzten die Menschen Fünf-Sen- oder Zehn-Sen-Banknoten äußerst gering. Doch für mich waren diese Banknoten mein Rettungsanker. Ich erhielt selten Zehn-Yen-Münzen. Wenn mir also hintereinander vier Zehn-Yen-Münzen gegeben wurden, konnte ich nicht anders, als mich spitzbübisch darüber zu freuen. Und wenn mir jemand eine Einhundert-Yen-Banknote gab, verlor ich meine gesamte Motivation, beendete Takuhatsu für diesen Tag und kehrte schnurstracks zum Tempel zurück.

Mir fehlt die Vorstellung für die Kaufkraft von Geld heutzutage, aber ich habe oft gehört, dass eine Zehntausend-Yen-Banknote verschwunden ist, bevor du es mitbekommst, wenn du derzeit einkaufen gehst. Kürzlich las ich einen Zeitungsartikel über Taschendiebstahl. Einer jungen Frau wurde die Handtasche, die ihren Bonus – 300,000 Yen – enthielt, gestohlen. Mich überraschte dabei, dass eine junge Frau einen solch großen Bonus bekam. Für sie muss es eine Menge Geld gewesen sein, aber für mich war es eine unvorstellbare Summe. Auf der anderen Seite gibt es bestimmt einige reiche Menschen, für die solch ein Geldbetrag nichts bedeutet.

Geld ist nur ein Beispiel für einen Gegenstand, auf den bezogen es unzählige Gesichtspunkte gibt. Wenn da hundert Menschen sind, gibt es bestimmt hundert Meinungen zu jedem Thema. Jede und jeder Einzelne von uns lebt auf seine spezielle Art und Weise der Sicht der Dinge in seiner speziellen Welt das Selbst, das nur das Selbst ist. Trotz dieser Tatsache sind wir überzeugt, dass das gleiche Geld und die gleiche Gesellschaft objektiv außerhalb von uns existieren. Wir akzeptieren weltliche Konventionen wie, dass Menschen jedes Jahr eine bestimmte Summe Geld als Bonus bekommen. Mit anderen Worten, wir leben, indem wir mit verschiedenen Ebenen von abstrakten Denkkonstrukten umgehen, als ob sie wirklich existierten. Geld, die Tasse, Gesellschaft; wir gehen mit jeder nur vorstellbaren Sache so um. Die Anzahl der Denkkonstrukte, die wir fabrizieren, beträgt nicht ein oder zwei, sondern hunderte oder tausende.

Das Fabrizieren abstrakter Denkkonstrukte ist wie Wolken am Himmel. Die Wolken existieren nicht auf die Weise, wie wir uns das einbilden, und doch können wir nicht sagen, dass es Wolken nicht gibt. Obwohl das Leben himmlischer Wesen bequem ist, heißt es in der buddhistischen Kosmologie, dass sie traurig sind, weil es fünf Dinge gibt, die sie von den Wolken fallen lassen. Wenn sie alt werden, nutzt sich ihr Federkleid ab. Manchmal werden auch die Wolken dünner und dann stürzen sie auf die Erde hinunter.

Menschen, die in Wolken leben, können nur fallen, wenn die Wolken verschwinden. Solange sie in den Wolken von Denkkonstrukten verweilen, leben sie unter dieser Art von prekären Bedingungen.

Sawaki Roshi sagte häufig: „Jeder rennt chaotisch in dem gigantischen Tohuwabohu dieser Welt umher. Aber das ist nichts anderes als der Versuch, auf Wolken zu klettern." Das ist eine interessante Art und Weise der Beschreibung. In unserer Gesellschaft besteht das Leben in dem Versuch, auf Wolken zu klettern. Die Wolken werden unausweichlich früher oder später verschwinden. Wenn die Menschen dann fallen, ist der Schock je größer, desto höher sie gelangt sind. Seht euch den Schah von Persien an. Er hielt sich für den großen Herrscher eines reichen Landes, das eine Unmenge an Geld durch sein Öl verdiente. Und doch wurde ihm sein Thron genommen und er ging ins Exil und zog von Land zu Land: Amerika, Panama, Ägypten. Er muss wirklich zutiefst schockiert gewesen sein.

Die sechs Bereiche von Samsara sind einfach die Art und Weise, wie Menschen den Kontakt zu der Lebenswirklichkeit verlieren und leben, als trieben sie im Weltraum umher. Diese sechs Bereiche sind Hölle, der Bereich der hungrigen Geister, Tiere, Titanen, menschliche Wesen und himmlische Wesen. Menschen verlieren ihren Verstand, wenn sie abstrakte Denkkonstrukte für real halten. Die sechs Bereiche sind ein Maßstab für das Ausmaß dessen.

Satori holt uns auf den Boden der Realität zurück, bevor wir aus den Wolken fallen. Darauf beziehen sich die Wendungen „Erleuchtung verwirklichen" und „anuttara samyak sambodhi verwirklichen".

Wie leben wir konkret auf dem Boden der Lebenswirklichkeit statt mit unseren Köpfen in den Wolken von Denkkonstrukten? Wir sehen eine Tasse, Gesellschaft und Geld in unserer eigenen, speziellen Welt. In dieser gesamten Welt, im Norden, Osten, Süden und Westen, egal, wohin wir auch schauen, sehen wir nichts als unser Selbst. Anstelle in der Welt zu leben, die wir alle miteinander teilen, lebt das Selbst in einer Welt, in der es nichts gibt als das Selbst. Dieses Einssein der Welt und des Selbst ist Dharma. Darauf beziehen sich sowohl „wundersamer Dharma" als auch „Buddha-Dharma".

Aus dem Blickwinkel der absoluten Wirklichkeit wird jeder von uns mit einer eigenen Welt geboren. Sobald wir geboren worden sind, haben wir eine Welt, in der es nichts anderes mehr gibt als unser eigenes Selbst. Wir werden geboren und leben, unsere eigene

Welt innehabend. Wenn wir sterben, stirbt die Welt, in der es nichts anderes als unser Selbst gibt, mit uns.

Im Buddhismus wird so ein Leben, das nur Selbst ist, *shin* genannt. Deshalb sind Geist (*shin*) und Dharma (*ho*) niemals zwei. Die Welt, die wir erfahren (Dharma), und das Erfahren unseres Lebens (Geist) sind nicht zwei, nicht-dualistisch. Geist und Subjekt (*shin*) und Dharma oder Objekt (*ho*) sind eine Wirklichkeit. Mit anderen Worten ist EinGeist alle Dharmas und alle Dharmas sind EinGeist.

Wir verknüpfen das Wort *Geist* automatisch mit dem psychologischen [Verständnis] von Geist oder Bewusstsein. Manchmal wird das Wort auf diese Weise verwendet, aber in vielen Fällen bedeutet es, dass der Geist des EinGeist alle die Myriaden von Dharmas ist und alle die Myriaden von Dharmas EinGeist. Ich verwende das Wort *Leben* im modernen Sinne des Wortes *Geist*. Dieses Leben ist nicht physiologisches Leben, sondern das fundamentale Leben, das alles physiologische Leben beseelt, antreibt, ob es nun psychologisch oder physisch sei. Das ist der EinGeist.

Mit anderen Worten erlangen alle Dinge in meiner eigenen Welt Existenz, indem ich mein eigenes Leben lebe. Indem ich mein Leben lebe, wird es allen Dingen möglich zu existieren, und ich erschaffe eine Welt, in der ich lebe. Aus diesem Grund ist EinGeist (mein Leben) all die Myriaden von Dharmas (alle Wesen). Zur gleichen Zeit lebe ich mein Erfahren des Lebens dieser Welt. Deshalb sind all die Myriaden Dharmas dieser EinGeist.

In diesem Moment schaue ich mir all eure verschiedenen Gesichter an und sie spiegeln sich in meinen Augen wider. Die Grundlage dieser Operation ist jedoch einfach, dass, da ich lebe, ihr existieren könnt und in meinen Netzhäuten reflektiert werdet.

Letztendlich gibt es nichts als mein Selbst. Ihr alle lebt genauso euer Selbst, das nur euer Selbst ist.

Das wird *jijuyū zanmai* genannt. Das Selbst empfängt und verwendet das Selbst. *Jijuyū zanmai* bedeutet die Fülle des Selbst, das nichts als das Selbst ist, ohne dieses *jijuyū* aus dem Blick zu verlieren (das Selbst, das das Selbst empfängt und benutzt).

IHR SEID AUF DEM HOLZWEG, WENN IHR GLAUBT, „ICH WERDE WIRKLICH JEMAND SEIN, WENN ICH ZAZEN PRAKTIZIERE UND ERLEUCHTUNG ERLANGE".

Wenn wir es logisch betrachten, ist *jijuyū zanmai* das Selbst, das nur das Selbst ist, und kann also grundsätzlich nicht von einem Menschen zum anderen übermittelt werden. Ich bin einfach nur ich. Du bist einfach nur du. Shakyamuni ist einfach nur Shakyamuni. Es war unmöglich, den Dharma von Shakyamuni an Mahakashyapa zu übermitteln. Und doch ist das Wunder von Zazen dergestalt, dass, obwohl Shakyamuni das Selbst sitzt, das nur das Selbst ist, Mahakashyapa auch das Selbst wird, das nur das Selbst ist, wenn Mahakashyapa auf genau die gleiche Weise Zazen sitzt.

Das ist der Grund, warum Dōgen Zenji im ersten Abschnitt sagt: „Alle Buddha-Tathāgatas zusammen haben einfach wundersamen Dharma und anuttara samyak sambodhi übermittelt, wofür es eine unübertroffene, unfabrizierte, wundersame Methode gibt. Dieser wundersame Dharma, der ohne Abweichung nur von Buddha zu Buddha übermittelt wurde, ist gekennzeichnet durch *jijuyū zanmai.*" Zazen ist der Maßstab.

Das Gleiche meint er auch, wenn er sagt: „Für alle Vorfahren und Buddhas, die im Buddha-Dharma verweilt und ihn bewahrt haben, ist das Praktizieren aufrechten Sitzens in *jijuyū zanmai* der wahre Weg um Erleuchtung zur Entfaltung zu bringen."

Jijuyū zanmai, mit anderen Worten die Lebenswirklichkeit des Selbst, das nur das Selbst ist, entzieht sich jeden Vergleichs. Konsequenterweise bedeutet es nicht, dass ich erleuchtet bin und jemand anderes hingegen verblendet, auch wenn der Ausdruck „Erleuchtung verwirklichen" verwendet wird. Vergleiche wie dieser haben nichts mit *jijuyū zanmai* zu tun.

Man liegt auch falsch, wenn man sagt: „Ich war verblendet, aber erlangte Erleuchtung in dem Moment, als ich dies und das hörte." Das Selbst, das nur das Selbst ist, die Gegenwart, die nur die Gegenwart ist, übersteigt jedweden Vergleich.

Sawaki Roshi sagte immer: „Satori ist nichts, was erlangt wird." Menschen, die *kensho*-Zen praktizieren, halten daran fest, dass alles zu nichts nütze ist, solange man keine Erleuchtung erlangt, ganz egal, was andere dazu sagen. In *Bendōwa* verwendet auch Dōgen Zenji den Ausdruck „verwirklichen" oder „Erleuchtung erlangen". Menschen, die mit der Absicht praktizieren, mittels *kensho*-Zen Erleuchtung zu erlangen, zitieren diesen Ausdruck häufig.

Buddhistische Begriffe sind jedoch jenseits jeglichen Vergleichens. Im Buddhismus werden Worte in einer endgültigen und absoluten Art und Weise verwendet.

Wenn wir zum Beispiel im Buddhismus „groß" sagen, meinen wir auf eine absolute Art und Weise groß. Ein Elefant ist größer als ein menschliches Wesen. Ein Wal ist größer als ein Elefant. Aber *groß* im Sinne buddhistischer Terminologie ist anders. Ein Wal schwimmt einfach nur auf der Erde in einer Pfütze. Ist die Erde groß? Nein! Die Erde ist nur ein Staubkörnchen, das um die Sonne herumschwebt. Nun, ist das Sonnensystem groß? Das Sonnensystem ist nur ein Tupfen in der Milchstraßen-Galaxie. Und man geht von einer unbegrenzten Anzahl von Galaxien im Universum aus. Man liegt grundsätzlich daneben, wenn man im Buddhismus Vergleiche heranzieht.

Dieser Tage fand ich endlich den Andromeda-Nebel mit einem Fernglas. Ich schaute ihn jede Nacht voller Inbrunst an. In alten Zeiten war die Welt viel größer, doch neuerdings ist sie viel kleiner geworden. In der Vergangenheit spielten Tiere wie Waschbären und Füchse eine aktive Rolle in japanischen Fabeln und wir erfreuten uns an ihnen. Wir hatten damals eine Menge romantischer Träume. Aber heutzutage ist das in Japan nicht mehr möglich. Japan ist mit Autos vollgestopft. Länder außerhalb Japans, wie Tibet, waren geheimnisvolle Gefilde und Arktis und Antarktis waren unbekannte Welten. Der Mount Everest wurde für unbezwingbar gehalten und Sonne und Mond waren Gegenstand von Verehrung. Aber jetzt ist aufgrund der Entwicklung von Wissenschaft und Technik kein Ort mehr übrig, den wir nicht erreichen könnten. Die Dinge haben sich in den letzten fünfzig Jahren völlig verändert. Heutzutage gibt es die Option, alles wissen zu können, deshalb haben wir unsere Träume verloren. Ich spüre, dass die Erde kleiner geworden ist und unser Leben trist. Deshalb war ich so entzückt, als ich mit meinem Fernglas den Andromeda-Nebel gefunden hatte. Er ist nur ein trübes, entferntes Gebilde, aber ich war so glücklich ihn zu sehen. Man geht von Milliarden solcher Nebel im Universum aus, deshalb erleben wir das Weltall als wirklich ungeheuer groß.

Und doch ist es, wenn wir es überdenken, nicht so einfach. Der Weltraum ist nur gigantisch groß, wenn wir ihn dafür halten und ihn mit anderen Dingen vergleichen. Auf diese Weise können wir nicht beurteilen, was groß und was klein ist.

„Grenzenlos und uneingeschränkt" bedeutet im Buddhismus absolut grenzenlos und uneingeschränkt jenseits jeglichen Vergleichens. Der häufig verwendete Ausdruck *maha* (groß) bedeutet das Übersteigen jeglichen Vergleichs.

Das trifft auch zu, wenn wir über alt sein nachdenken. Wir können nicht einfach behaupten, dass etwas Altes etwas Gutes ist. Im Kloster Eiheiji wird zum Beispiel Wert auf alte, traditionelle Rituale gelegt.

Wenn wir jedoch das Denkkonstrukt von Altsein in einer vergleichenden Art und Weise verwenden, hat es nichts mehr mit dem Buddha-Dharma zu tun. Wenn sie in Eiheiji essen, beachten sie alte Bräuche und verwenden lackierte Holzschalen (*oryoki*). Aber wenn sie tatsächlich glauben „je älter desto besser", sollten sie große eiserne Schalen verwenden wie die Mönche in südasiatischen Ländern. Auch benutzen sie Holzlöffel und Essstäbchen, wenn sie essen. Doch diese Sitte nahm ihren Anfang in chinesischen Klöstern oder vielleicht fing Dōgen Zenji sogar damit an. Wenn „je älter desto besser" wahr ist, sollten sie auf indische Art und Weise mit ihren Fingern essen. Es heißt, dass Menschen in Indien mit ihren Fingern schmecken können, noch bevor sie das Essen in ihren Mund stecken. Doch in Japan essen wir mit Holzlöffeln und Essstäbchen. Wenn sie in Eiheiji wirklich glauben, dass alte Traditionen an sich wichtig sind und nicht geändert werden sollten, sollten sie mit ihren Fingern essen, so wie es der Buddha tat. Wenn sie darüber hinaus noch ältere Arten und Weisen auftreiben wollen, können sie einfach auf die Art von Schimpansen und Gorillas mampfen. Ich geh mal davon aus, dass sich die ältesten Tischmanieren bei den Amöben finden.

Solange wir in Vergleichen denken, ufern die Diskussionen aus und wir können zu keiner endgültigen Schlussfolgerung kommen. Das ist nicht Buddhismus. Wenn wir das Wort *alt* im buddhistischen Sinne verwenden, muss es alt jenseits jeglichen Vergleichens sein.

Es gibt zum Beispiel im *Shōbōgenzō* ein Kapitel namens *Kokyō* (Alter Spiegel). Dieser alte Spiegel bedeutet nicht alt sein im Sinne von Zeit oder Alter. Er bedeutet ewiglich sein jenseits jeglichen Vergleichs.

Wir müssen gleichermaßen vorsichtig sein, wenn wir Wörter wie *kaigo* (Erleuchtung erlangen) oder *genjō* (verwirklichen oder manifestieren) gebrauchen. *Gen*, wörtlich „erscheinen", bedeutet nicht, dass plötzlich etwas erscheint, was vorher nicht da war. Es bedeutet, dass ewige Wirklichkeit, die weder versteckt noch offenbart werden kann, die weder existiert noch aufhört zu existieren, genau hier, genau jetzt, verwirklicht werden muss. *Kai* (öffnen) bedeutet nicht, dass etwas, das geschlossen war, geöffnet wird. Sogar wenn wir den Ausdruck „Erleuchtung erlangen" gebrauchen, bedeutet es nicht, dass jemand, der verblendet war, erleuchtet wird. Wir verwirklichen, was jedem Menschen von Natur aus innewohnt. Das ist die Bedeutung von Erleuchtung erlangen. Die buddhistische Verwendung dieses Ausdrucks ist wirklich schwer zu verstehen.

Beliebten Autoren der Meiji Ära wie Kato Totsudo (1872-1949) zufolge lehrt Buddhismus uns, Erleuchtung durch die Transformation von Verblendung zu erlangen. Das ist jedoch nicht richtig. Es mag leichter nachzuvollziehen sein, aber es ist nicht das, was der Buddhismus lehrt. Wir haben Schwierigkeiten diesen Aspekt im Buddha-Dharma zu begreifen, wenn wir ihn auf unsere gewöhnliche, vergleichende Art und Weise betrachten. Doch wenn wir uns das Erfassen der Sache zu einfach machen wollen, geht es am Buddhismus vorbei. Die Vorstellung, Verblendung umzuwandeln, um Erleuchtung zu erlangen, ist leicht verständlich, wenn wir auf unsere gewöhnliche Art und Weise denken. Doch das stimmt nicht mit dem Buddha-Dharma überein. Im Buddhismus ist die Dichotomie von Verblendung und Erleuchtung gleich von vornherein überschritten. Wir müssen den Buddha-Dharma (Lebenswirklichkeit), der sowohl Verblendung als auch Erleuchtung übersteigt, genau jetzt, genau hier, praktizieren und verwirklichen. Das ist Große Erleuchtung (*daigo*).

Deshalb sind wir von vornherein weder verblendet noch erleuchtet. Wirklichkeit existiert, bevor wir unterscheiden und Verblendung und Erleuchtung benennen. Diese Wirklichkeit praktizieren wir genau hier und genau jetzt. Das wird Erleuchtung erlangen oder verwirklichen genannt (*kaigo*). Wir praktizieren mit Erleuchtung als unserer Basis. Praxis und Erleuchtung sind einfach eins (*shushō ichinyo*).

Demzufolge ist eine verworrene Geisteshaltung wie die, dass ich verblendet oder erleuchtet bin oder verblendet war und nun erleuchtet bin, nicht *jijuyū zanmai*. Da wir das Selbst sind, das nur das Selbst ist, die Dichotomie von Verblendung und Erleuchtung übersteigend, sitzen wir in dem Selbst, das nur das Selbst ist. Das ist *jijuyū zanmai*. Das ist die wahre Bedeutung von „Erleuchtung verwirklichen". Dōgen Zenji sagt im *Shōbōgenzō Genjōkōan:* „Wenn du einen Dharma erlangst, bist du in einem Dharma bewandert; wenn du auf eine Praxis triffst, führst du eine Praxis aus." Da wir jetzt der Lebensrealität begegnen, leben wir sie genau hier. Das ist die Geisteshaltung von *jijuyū zanmai* und wir setzen unsere Praxis mit dieser Geisteshaltung bis zum Ende fort.

Warum ist Zazen die Lebenswirklichkeit bzw. *jijuyū zanmai*? In unserem Alltagsleben gehen wir einfach von der Art von Denkkonstrukten aus, die ich vorhin erwähnt habe. Das beenden wir, wenn wir Zazen sitzen und das Denken loslassen.

Im *Shōbōgenzō Zuimonki* finden wir, dass Zazen selbst die Praxis Buddhas ist. Zazen selbst ist Nicht-Tun (*fui*). Dieses Zazen selbst ist die wahre Form des Selbst. Zazen zu sitzen beendet das Überzeugtsein von Denkkonstrukten, ist Nicht-Tun oder Nicht-Fabrizieren. Das ist das wirkliche Selbst, das du erkennen wirst, wenn du wirklich Zazen praktizierst.

Menschen fragen oft: „Sind die Begierden ausgelöscht, wenn wir Zazen sitzen?" Es gibt keinen Zeitpunkt, an dem unsere Begierden oder Gedanken aufhören hervorzuquellen. Solange wir menschlich sind, tauchen verschiedene Arten von Gedanken auf, egal wie unnachgiebig wir auch Zazen praktizieren. Da es still ist, wenn wir sitzen, tauchen mehr Gedanken auf als gewöhnlich. Wenn du ein wohlhabender Mensch bist, denkst du vielleicht, dass du deinen Kontostand überprüfen solltest. Wir, die wir weder etwas mit Geld noch mit gesellschaftlicher Stellung im Sinn haben, denken an Frauen. Meine Schüler im Antaiji sind noch jung, es muss besonders hart für sie sein. Wenn sie sitzen, denken sie vielleicht mehr an Frauen als an Koans. Das Gesicht einer Frau taucht auf, als ob es real wäre; wir sprechen mit ihr, wir stellen uns vor, wie wir ihre Hand halten, und so weiter. Doch wenn wir uns der Realität bewusst werden, dass wir Zazen üben, kehren wir zu Zazen zurück. Dann verschwinden die Gedanken, die in unserem Kopf auftauchen, im Nu. Es ist interessant, weil die Fantasien sofort verschwinden und nur die Wand vor unseren Augen bleibt. Ihr werdet das erleben, wenn ihr sitzt. Das zu erfahren ist Zazen.

Deshalb werdet ihr erkennen, dass vom Standpunkt der Lebenswirklichkeit aus die Gedanken, in denen wir verfangen waren, nichts anderes sind als Absonderungen unseres Gehirns. Es ist einfach Szenerie, gemalt durch die Absonderungen unseres Gehirns.

Nur wenn wir Zazen sitzen, können wir das genau verstehen, doch ist es schwierig, dies in unserem gewöhnlichen Alltag zu erkennen. In der Regel sind wir überzeugt, dass diese Gedanken in unserem Kopf die Herren unseres Selbst sind. Wir abstrahieren und verdinglichen die von unserem Gehirn abgesonderten Gespinste und sind überzeugt, dass sie substantiell sind. Wir halten es für selbstverständlich, dass das, was wir denken, Realität ist. Das Ergebnis ist, dass unser ursprüngliches Leben durch die Hirngespinste in Ketten gelegt wird.

Es ist tatsächlich so, dass das, was uns fesselt, nichts anderes ist als verdinglichte Gedankenkonstrukte oder Absonderungen unseres Hirns. Aus diesem Grund verschwinden unsere Gedanken sofort, wenn wir sie loslassen. Es wäre interessant, wenn wir irgendwie einen Film daraus machen könnten. Ein Mensch, der sich in Geld, Frauen, gesellschaftlichem Status oder Macht verfangen hat und an Händen und Füssen gefesselt ist, wird frei, sobald er seine Gedanken loslässt. Das Seil, das ihn fesselt, ist auf der Stelle durchtrennt und er ist frei.

Das ist eine Tatsache. Wenn ihr Zazen sitzt und die Gedanken loslasst, verschwinden alle Arten von Gedanken. Alle Arten von Gedanken können freigelassen werden, wenn wir sie nicht ergreifen. Wenn wir die Dinge von der Grundlage dieses Loslassens der Gedanken her sehen, erkennen wir, dass alle Gedanken nichts anderes sind als Absonderungen unseres Gehirns.

Menschen haben eine vorgefasste Meinung über das Erlangen von Erleuchtung dergestalt, dass jemand, der verblendet war, durch eine Art plötzliche Erfahrung erleuchtet wird und niemals wieder verblendet ist. Das ist nicht wahr. Wenn ihr sitzt und genau in diesem Moment die Gedanken loslasst, könnt ihr das sicherlich tun. In diesem Augenblick verschwinden auf der Stelle alle euch fesselnden Einschränkungen. Das ist Erleuchtung erlangen. Am nächsten Tag jedoch erscheint die Gestalt der Frau aufs Neue. Sie wird wieder und wieder erscheinen, nicht erst am nächsten Tag, sondern heute oder sogar im nächsten Moment. Es trifft also nicht zu, dass ihr die große Angelegenheit [endgültig] abgeschlossen habt und nicht mehr praktizieren müsst, wenn ihr erst einmal eine Erleuchtungserfahrung hattet. Solange es Leben gibt, funktioniert scheinbar gebrauchsfertige Erleuchtung von der Stange nicht. Getrocknete, gefrorene oder konservierte Erleuchtung bringt nichts. Die Erleuchtung, die ihr gestern erlangt habt, zählt heute nichts mehr. Ihr verwirklicht Erleuchtung also nur, wenn ihr unermüdlich, genau hier, genau jetzt, Augenblick für Augenblick praktiziert. Genau dieses Praktizieren ist bis ans Ende aller Zeiten unerlässlich.

Uns gewöhnliche Menschen verlangt es jedoch danach, sogar diese Erleuchtung zu abstrahieren und zu verdinglichen. Wir möchten ein bisschen Erleuchtung erzielen, die wirksam ist, bis wir sterben. Also möchten die Menschen irgendeinen Roshi aufsuchen und *inka* empfangen, eine Bestätigung, dass sie ihre Praxis abgeschlossen haben, damit sie sie auf ihre Visitenkarte drucken lassen können, um anderen zu zeigen, dass sie Erleuchtete sind. Doch wenn ihr solch ein Begehren nach irgendeiner unveränderlichen Erleuchtung hegt, seid ihr raus aus jijuyū zanmai.

Die Lebenswirklichkeit ist nicht festgeschrieben; sie ist lebendig, frisch und kraftstrotzend. Wir praktizieren und verwirklichen sie immer genau jetzt, genau hier. Wir sollten das Konstrukt von Erleuchtung nicht verdinglichen.

Wir können übrigens nicht sagen, dass wir als Ergebnis einer Praxis, die nach Erleuchtung strebt, niemals irgendeine Wirkung erwarten dürfen wie wagemutig oder beherzt zu werden. Es ist das Gleiche wie im Fall eines Athleten, der trainiert; natürlich wird er dadurch ganz selbstverständlich leistungsfähiger.

Ich mache es zur Regel, jeden Tag einen Spaziergang am Ufer des Flusses Uji entlang zu machen. In letzter Zeit sehe ich viele Menschen joggen. Unter ihnen sind Menschen, die so fett sind wie ein Suppenhuhn, und andere, die so mager sind wie eine Gottheit der Armut. Ich habe ein Haiku verfasst:

> *Sogar Suppenhühner und Gottheiten der Bedürftigkeit*
> *joggen*
> *in diesen Zeiten.*

Ich frage mich, ob es gut für sie ist zu joggen oder nicht. Menschen, die so fett wie Suppenhühner sind, sollten etwas Sport machen, bevor sie so fett werden. Und Menschen, die so mager sind wie eine Gottheit der Bedürftigkeit, müssen irgendetwas an ihrer Lunge oder am Herzen haben, so dass sie sich besser nicht so antreiben sollten zu laufen. Doch da es heutzutage heißt, dass Joggen gut für die Gesundheit ist, hat jeder damit angefangen. Das ist fleischgewordenes Gedankenkonstrukt.

Andererseits ist es so, dass, wenn junge Menschen sich für einen Marathon vorbereiten und so hart wie möglich trainieren, ihre Beine und ihr Herz kräftiger werden, und insofern zeigt die Disziplin ihre Wirkung.

Genauso ist es durchaus möglich, dass wir uns beherzter oder wagemutiger fühlen, wenn wir Zazen zu unserer eigenen Verbesserung praktizieren. Das ist jedoch wie bei dem Athleten. Obwohl hartes Training ihn leistungsfähiger macht, hat die Wirkung ihre Grenzen. Es hat nichts mit dem Leben zu tun, das lebt und stirbt. Es hilft dir nicht, wenn du dich der Angelegenheit von Leben und Tod stellen musst.

Überlegt mal, ob Athleten für immer mit dieser Art Training fortfahren können. Zum Beispiel wurde ich als Kind zum Kōdōkan, dem Hauptsitz von Judo, mitgenommen. Ich sah Kanō Jigorō vor dem Dōjō sitzen. Er sah einfach wie ein kleiner alter Mann aus, war aber ein Judokämpfer zehnten Grades und wurde „der große Meister" genannt. Das war in der Taisho Ära [1912-1926]. Obwohl ich ein Kind war, dachte ich, dass er der Größte und Stärkste sein müsste, weil er die riesigen Männer beaufsichtigte, die dort auf so würdevolle Weise Judokämpfe austrugen. Später erfuhr ich jedoch, dass sowohl im Judo als auch im Kendo (japanischer Schwertkampf) die Kämpfer des fünften oder sechsten Grades (in den mittleren Zwanzigern oder bestenfalls Dreißigern) die stärksten sind. Diejenigen des siebten, achten oder neunten Grades werden aufgrund ihrer Laufbahn geachtet, doch sie sind nicht mehr stark. Ich nehme an, dass zu dem Zeitpunkt, als ich ihn sah, Kanō Jigorō nicht mehr so stark war.

Als ich ein Kind war, waren Bilderbücher über Samurai sehr beliebt. Ich erinnere mich an eine Geschichte von Tsukahara Bokuden und Miyamoto Musashi. Bokuden, der alte Meister des Schwertkampfes, lebte allein für sich in einer Einsiedelei tief in den Bergen. Eines Tages, als Bokuden gerade Essen zubereitete, schlich sich Musashi, [damals] noch ein junger Samurai, an und attackierte Bokuden plötzlich von hinten mit einem Schwert. Bokuden parierte das Schwert mit einem Topfdeckel und hielt den jungen Samurai dann nieder. Ich bewunderte ihn und war überzeugt, dass nur ein Meister so ein Kunststück vollbringen kann. Und doch glaube ich, dass es nicht [unbedingt] wahr ist. Zuerst einmal ist es unmöglich, einen Schwertstreich mit einem hölzernen Topfdeckel abzufangen. Wenn er es versucht hätte, wäre er aufgeschlitzt worden. Aber in Bilderbüchern wird alles übertrieben und so dargestellt, als ob so ein Meisterstück das Ergebnis harten Trainings sei. Jedoch in der Realität verliert ein Mann seine Spannkraft, wenn er alt wird, egal wie stark oder geschickt er in seiner Jugend war. Es gibt ein Sprichwort, das lautet: „Letzten Endes durchbohrt ein von einem starken Bogen abgeschossener, fliegender Pfeil [nicht einmal] ein dünnes Seidentuch." Die Realität sieht so aus, dass Leistungsfähigkeit, die durch Training erlangt wird, ihre Kraft verliert, wenn ein Mensch alt und hinfällig wird.

Ich fühle dies zutiefst, wenn ich mich an Sawaki Roshis letzte Jahre erinnere. Sawaki Roshi hatte eine kräftige Stimme. Er sagte häufig, dass er niemals den Willen verloren habe, sein Leben auf dem Schlachtfeld zu opfern. Er war während des russisch-japanischen Krieges von 1904-1905 ein tapferer Kämpfer. Einst war das Gefecht so grimmig, dass sogar ein Batallionskommandant zurückwich. In diesem Moment stürmte Sawaki Roshi, damals ein einfacher Gefreiter ersten Ranges, mit dem gellenden Schrei „Vorwärts!" hervor. Da folgten ihm alle anderen, ihm, einem einfachen Gefreiten als Anführer eines Batallions. Sawaki Roshi war schon ein mutiger Mann, bevor er Zen-Mönch wurde. Seine Stimme war [auch damals schon] ungeheuer laut. Als ich unter seiner Leitung praktizierte, war er schon ziemlich alt, aber wenn er ärgerlich wurde und andere mit Donnerstimme zurechtwies, kam man nicht umhin zu denken, das gesamte Tempelgebäude wackele. In den letzten Jahren seines Lebens wurde seine Stimme jedoch sehr dünn. Wenn Besucher sich mit ihm unterhielten, konnten sie ihn nicht richtig verstehen und ich musste, was er gesagt hatte, wiederholen.

Letztlich zeigt sich so das Wesen menschlicher Leistungsfähigkeit. Deshalb ist es nicht schlecht, sich physisch oder mental zu trainieren, aber eine solche Art von Leistungsfähigkeit ist nicht sehr hilfreich, wenn eine Angelegenheit von Leben und Tod ansteht. Es hat nichts mit dem Leben zu tun, welches Geburt, Alter, Krankheit und Tod umfasst. Wir müssen erkennen, dass das Zazen, das Dōgen Zenji lehrte, sich klar und deutlich von solch einem Training zum Wohle unseres Gesamtbefindens unterscheidet. Ich sehe, dass Zazen als eine Trainingsmethode benutzt wird, um couragierter zu werden, um Verblendungen auszulöschen, und dass diese Fokussierung auf die Geisteskraft von Psychologen erforscht wird und als Technik in der Psychotherapie eingesetzt wird, was heutzutage sowieso schon in Amerika sehr beliebt ist. Das ist nicht schlecht.

Dōgen Zenjis Zazen hat jedoch mit solchen psychotherapeutischen Techniken nichts zu tun. Es ist eine Religion, die uns den wahren Weg des Lebens aufzeigt. Doch ich denke, die Zeit wird kommen, in einigen Jahrzehnten oder Jahrhunderten, in der auch das Wort *Religion* aussterben wird, denn sobald wir das Wort *Religion* verwenden, entsteht eine merkwürdige Atmosphäre. *Religion* ist irgendwie ein abstoßendes Wort. Ich hoffe, dass dieses Wort in Vergessenheit gerät.

Dōgen Zenjis Zazen ist schlichtweg die grundlegendste Angelegenheit unseres Lebens. Es handelt sich um die Angelegenheit des Lebens unseres Selbst, das geboren wird, lebt und stirbt. Deshalb ist es grundlegend verschieden von den Arten von Zazen, die für konventionelle und weltliche Zwecke zum Einsatz kommen. Ich möchte, dass ihr das durch und durch versteht. Diese Angelegenheit des Lebens, das geboren wird, lebt und stirbt, bezieht sich nicht auf Individuen, die sich getrennt von anderen Individuen denken. Dies ist die Angelegenheit des Selbst, das nur das Selbst ist, die Gegenwart, die nur die Gegenwart von jedem Einzelnen von uns ist, der sein eigenes Leben lebt.

Selbstermächtigungstraining ist eine individualistische Methode, in der ein „Ich" sich selbst trainiert. Ich werde erleuchtet und ein bedeutender Mensch. Shinran Shōnin, der Begründer der Jōdo Shin Schule, nannte solche Menschen *jajoshu* (diejenigen, die es sich falsch eingerichtet haben) und Menschen, die auf Andere-Kraft vertrauten, *shōjōshū* (diejenigen, die es sich richtig eingerichtet haben). Im Grunde genommen sagte er, dass Selbstermächtigungstraining nicht in Ordnung ist. Im gleichen Sinne bedeutet das Wort *kaigo* (Erleuchtung erlangen) nicht, dass irgendein „Ich" sich selbst trainiert und aus einer menschlichen Absicht heraus erleuchtet wird. Wahres *kaigo* bedeutet, dass wir das Leben verwirklichen, das Verblendung und Erleuchtung übersteigt.

In der Jōdo Shin Schule wird der Ausdruck *Entschlossenes Vertrauen* gebraucht. Ich glaube, es gibt einen Zeitpunkt, an dem man sich in vollstem Vertrauen niederlässt und niemals mehr zweifelt. Was bedeutet das? Unserem gesunden Menschenverstand zufolge sind wir fest überzeugt, dass unser eigenes Denken absolut richtig und der Maßstab aller Dinge ist. Aber stattdessen verwurzeln wir uns in dieses Vertrauen und zweifeln nicht mehr daran, dass unsere Gedanken nichts anderes sind als Absonderungen unseres Gehirns, die kein Maßstab sein können. Anstatt zu denken, dass unsere Gedanken wahr sind, können wir tatsächlich unsere Gedanken loslassen. In jener Welt sehen wir alles als diese Lebenswirklichkeit, die das Selbst umgestaltet. Das ist entschlossenes Vertrauen. Wenn wir die Wirklichkeit nach der Umformung bzw. Neuformung des Selbst sehen, ist die Welt, die wir durch die Brille unserer Gedanken sehen, eine illusorische Welt. Prinz Shōtoku (574-621), ein sehr wichtiger japanisch-buddhistischer Förderer, Gelehrter und Praktizierender sagte, dass die Welt illusionär und allein der Buddha wirklich ist. Das bedeutet, dass Wirklichkeit vom Grund des Loslassens des Denkens gesehen wird. Das heißt, dass nur das Leben selbst von höchstem Wert ist. Wenn ihr das versteht, sind eure Augen des Vertrauens geöffnet.

Wenn sich eure Augen für die Wirklichkeit öffnen, könnt ihr nicht anders als ein Gewahrsein aufkommen zu lassen, das von dieser schmutzigen, illusorischen Welt angewidert ist und nach dem Reinen Land strebt. Da diese Welt eine Illusion ist, ist sie von Natur aus beschmutzt und falsch. Menschen des Reinen Land-Buddhismus sehen die Welt aus der Perspektive, dass nur die Welt des Amitabha Buddhas wirklich ist. Sie beurteilen die Dinge, indem sie mit den Augen von Amitabha Buddha sehen. Das ist sehr wichtig.

Alle von uns haben viele verschiedene Probleme in ihrem alltäglichen Leben. Es gibt niemanden ohne Pein und Angst. Aber es ist notwendig, unseren Kummer und unsere Angst mit dem Buddha-Auge anzuschauen. Wenn wir die Dinge mit Buddhas Augen betrachten, entdecken wir, dass wir uns nur von Kleinigkeiten verwirren lassen. Wir leiden, woran wir nicht leiden müssten, und wir leiden nicht an etwas, woran wir leiden sollten. Wenn wir unsere Verwirrtheit oder unser Leiden aus diesem Blickwinkel überdenken, sind wir in der Lage Trost zu finden. Mit dem Auge Buddhas erkennen wir, dass gewöhnliche Menschen sich keine Sorgen um etwas machen, um das sich menschliche Wesen eigentlich sorgen sollten. Wir müssen immer wieder darüber nachdenken und diesen wesentlichen Kern unserer Praxis stets aufs Neue hin und her wenden.

Es gibt übrigens eine Sorte von Mensch mit sehr komplizierten Gehirnen. Sie würden sagen, dass es [grundsätzlich] nicht schlecht sei, solch eine Haltung gegenüber dem Glauben einzunehmen, und doch müsse gefragt werden, ob nicht der Gedanke, dass man mit dem Auge Buddhas schaut, nicht auch [einfach nur] eine Absonderung unseres Hirns ist. Dieser Zweifel könnte in ihnen aufkommen.

Jetzt werde ich über eine wirklich schwierige Angelegenheit sprechen. Wenn ihr lieber einem einfachen Vortrag zuhören wollt, geht ihr besser zu Seichō no Ie oder Sōka Gakkai [moderne, beliebte japanisch-buddhistische Gruppen]. Ihre Vorstellungen sind sehr einfach zu verstehen. Ich glaube, ihr seid hier, weil ihr mit solchen seichten Lehren nicht zufrieden seid. Ich spreche auch um der Menschen willen, die komplizierte Gehirne haben und sozusagen tiefgreifend verblendet sind. Sie glauben nicht, was man sie lehrt, ohne Fragen zu stellen. Infolgedessen wird mein Vortrag schwer zu verstehen sein. Bitte habt Geduld. Vertrauen zu haben bedeutet, davon überzeugt zu sein, dass die durch die eigenen Augen geschauten Dinge nicht wirklich sind, sondern dass nur die Dinge, die durch das Auge Buddhas geschaut werden, real sind. Wenn ihr jedoch glaubt, dass diese Überzeugung auch nichts anders ist als ein Gedankenkonstrukt, stellt ihr diese Idee auf den Kopf. Das ist bezweifeln. Aber die Idee davon ist wiederum aufgehoben, wenn ihr den Zweifel loslasst, weil solch ein Zweifel selbst nichts anderes ist als ein Gedankenkonstrukt. Es ist eine interessante Welt. Ihr könnt solche Zweifel auch loslassen. Das ist entschiedenes Vertrauen. Egal, welcher Gedanke auch immer, er wird abfallen, wenn wir loslassen. An diesem Punkt öffnet sich die ganze Welt des Zazen.

Es heißt im *Shōbōgenzō Zanmai Ō Zanmai* (Der Samadhi des Königs der Samadhis): „Wir müssen wissen, dass die ganze Welt des Zazen und die ganze Welt der anderen Dinge vollständig voneinander verschieden sind. Dies erkennend müssen wir das Erwecken von Bodhi-Geist, Praxis, Erwachen und das Nirvana von Buddhas und Vorfahren klären und bestärken."

Tiefgreifend verstehend und klärend wie verschieden die ganze Welt des Zazen und die ganze Welt der anderen Dinge voneinander sind, müssen wir als ein Buddha „das Erwecken des Bodhi-Geistes, Praxis, Erwachen und das Nirvana der Buddhas und Vorfahren klären und bestärken". Wenn wir Bodhi-Geist erwecken (Streben nach dem WEG), müssen wir es von der Grundlage des Loslassens des Denkens aus tun. Wir müssen die Praxis ausüben und Erwachen und das Nirvana des Loslassens von Gedanken verwirklichen.

Diese Praxis unterscheidet sich von Anfang an vollständig von der Praxis eines gewöhnlichen Menschen, der versucht, das egozentrische „Ich" bedeutender zu machen, von seiner Art des Strebens, seiner Praxis und seiner Suche nach Erleuchtung. Wenn ihr Zazen praktiziert, weil ihr belastbar und couragiert wie Saigō Takamori oder Katsu Kaishu (japanische Helden) werden wollt, ist eure Geisteshaltung gänzlich verschieden von dem Streben, der Praxis, dem Erwachen und dem Nirvana der Buddhas und Vorfahren. Im Grunde genommen muss *jijuyū zanmai* als ein Fundament für entschlossenes Vertrauen vorhanden sein, *jijuyū zanmai*, das die Lebenswirklichkeit durch einfaches Tun von Zazen verwirklicht. In diesem Sinne ist die Lehre der Andere-Kraft (*tariki*) von Shinran Shōnin eine gute

Grundlage für entschiedenes Vertrauen. Es ist im Buddha-Dharma verwurzelt.

Es gibt jedoch eine Menge Menschen, die tief verblendet sind und nicht in das Vertrauen von Andere-Kraft eingehen können. Für jene Menschen ist Zazen einfach die leichteste Praxis, weil sich für sie, sobald sie Zazen genau jetzt, genau hier sitzen, die Welt des Zazen öffnet. Doch selbst, wenn ihr Zazen sitzt, kann es in Selbst-Kraft (*jiriki*) umkippen, was ausschließlich von eurer Einstellung zu Zazen abhängig ist. Dies gründlichst begreifend müsst ihr Zazen auf der Grundlage des Loslassens von Gedanken praktizieren.

Für uns Zazen-Praktizierende sind Entschlossenheit und Vertrauen wichtig. Wir müssen, selbst wenn wir es nicht verstehen, davon überzeugt sein, dass Zazen die Lebenswirklichkeit ist. Und wenn wir dabei sind, Zazen zu sitzen, sollten wir nicht denken, dass wir gutes Zazen sitzen. Wenn ihr so denkt, ist das bloß ein Gedanke. Sitzen auf der Grundlage des Loslassens des Denkens heißt sogar die Gedanken loszulassen, dass wir gutes Zazen praktizieren. Infolgedessen können wir nicht wissen, ob wir gutes Zazen praktizieren oder nicht. Wenn wir in diesem Sinne Zazen sitzen, muss unser Vertrauen tief verwurzelt sein.

Es ist nicht notwendig, solche komplizierten Dinge wie die oben erwähnten zu erörtern. Es reicht, wenn ihr einfach Zazen sitzt. Dennoch glaube ich, dass ihr alle tiefgreifend verblendet seid und eine Menge Zweifel hegt, bevor ihr überzeugt seid, und so werde ich darüber sprechen, wie ihr mit diesen Zweifeln umgehen solltet.

Ich würde gerne ein bisschen mehr über eine bestimmte tiefgreifend verblendete Angelegenheit sprechen. Ich glaube, dass menschliche Wesen zwei Arten von Augen haben. Eins ist das Auge des Denkens; das andere ist das Auge, das über menschliches Denken hinausgeht. Der Blick durch das Auge des Denkens setzt auf das Denken als die Grundlage aller Dinge und ist fest davon überzeugt, dass das eigene Denken der Maßstab aller Dinge ist. Das ist das Auge gewöhnlicher menschlicher Wesen.

Wir hören oft von Problemen, die durch eine Heirat verursacht wurden, besonders auf dem Land. Ein Sohn einer reichen Familie zum Beispiel verliebt sich in eine Frau und bittet seine Eltern um die Erlaubnis sie zu heiraten. Seine Eltern sagen: „Nein! Eine Frau aus einer armen Familie wie ihrer passt nicht zu der gesellschaftlichen Stellung unserer Familie."

Diese im Geist der Eltern auftauchende Bewertung gewinnt für sie absoluten Charakter. Aus meiner Sicht ist das Ansehen einer Familie nicht so etwas Tolles, dass man stolz auf es sein sollte. Es ist keine so große Sache. Wenn die Eltern ihre Sichtweise erweiterten, wäre ihr Familienstand nicht so verschieden von der der Familie der Frau. Obwohl es keinen Grund gibt, gegen die Heirat ihres Sohnes zu sein, haften sie sich an ihre Vorstellung von ihrem familiären Ansehen. Als Endergebnis wird das Ungemach größer und größer, bis ihr Sohn seine Familie verlässt oder sogar Selbstmord begeht. Sie haben eine vorgefasste Meinung und halten es für selbstverständlich, dass etwas ohne objektiven Wert subjektiv ungeheuer wertvoll ist. Das ist der Weg, wie gewöhnliche menschliche Wesen die Dinge sehen. Solch eine subjektive Sichtweise auf die Dinge durch unsere eigenen, engstirnigen Augen ist nicht richtig. Die richtige Art und Weise, die Dinge zu sehen, muss objektiv und vernünftig sein. Das ist die Art und Weise, wie moderne Wissenschaft die Dinge betrachtet. Sie wurde von den griechischen Philosophen dargelegt. Was liegt objektiver Beobachtung zugrunde? Laut Kant ist es das Ego als generelles Denkmodell. Die wissenschaftliche Art und Weise die Dinge zu sehen basiert auf dieser Denkvorstellung. Was ist das Ego in der generellen Denkvorstellung? Es ist nicht bloß ein individuelles „Ich", sondern ein universelles „Ich". Ich bezeichne mich zum Beispiel mit „Ich"; du bezeichnest dich mit „Ich"; wir konstituieren das Denkmodell von „Ich" oder „Ego". Der wissenschaftliche Weg die Dinge zu sehen gründet in generellen Denkmodellen, der Wurzel moderner Wissenschaft. Aus der Sicht der Wissenschaft werden mit steter Verbesserung derselben alle Probleme, die wir jetzt noch haben, gelöst. Das ist eine Vorstellung, an der viele Menschen in dieser wissenschaftsorientierten Gesellschaft festhalten. In Wirklichkeit ist dies aber nicht wahr.

Denkmodelle sind Abstraktionen. Wenn abstrakte Gedanken der Lebenswirklichkeit nachjagen, verliert sich das in Endlosigkeit. Sogar wenn sie bis ins Atom verfolgt werden, wird kein Ende gefunden. Ihr könnt etwas in die Hälfte teilen und dann wieder in die Hälfte und wieder und wieder endlos damit fortfahren. Sogar wenn es so klein wird wie ein Atom, könnt ihr es immer noch halbieren. Es wird niemals null. Ihr könntet eine unendliche Anzahl von Nullen an die Nachkommastelle anfügen, es würde dennoch niemals null. So lange es noch eine weitere am Ende einer unendlichen Anzahl von Nullen gibt, kann es immer noch einen riesigen Unterschied machen, wenn wir die Anzahl vergrößern. Vielleicht gehen Wissenschaftler heutzutage davon aus, dass, wenn sie die Dinge bis hinunter zum Atom zerlegen, sie die Wirklichkeit des Lebens erreichen können. Egal jedoch, wie sich die Wissenschaft entwickelt, die Wissenschaftler werden sich beim Suchen nach ihr in der Lücke zwischen Null und der einen Null weit hinter dem Komma verfangen. Das ist alles, was sie zuwege bringen.

Es ist für ein generelles Konzept von „Ich" unmöglich, alle Probleme zu lösen. Sowohl die Augen eines subjektiven „Ich" als auch die Augen eines objektiven und rationalen „Ich" sind die gleichen, weil sie beide die Augen des Denkens sind.

Es gibt aus den alten Zeiten ein weiteres Auge, nämlich das Auge, das nicht davon ausgeht, dass egozentrisches Denken absolut zu setzen ist. Das ist das Auge der Religion, das überzeugt ist, dass anstelle unseres Denkens nur GOTT das wahre Auge ist. Da dieses Auge jedoch alles Denken und die menschliche Vernunft verneint, wird es möglich, dass es mit abergläubischen, abwegigen Überzeugungen in einen Topf geworfen wird. Menschen denken vielleicht: „In der Bibel heißt es, dass Lepra und Lähmungen durch Gebet geheilt wurden. Die Bibel hat absolut Recht. Deshalb sollten wir, wenn wir schwer krank sind, nicht in ein Krankenhaus gehen. Wir sollten die Krankheit durch Gebet heilen." Sogar die Art und Weise die Bibel zu lesen kann, abhängig von unserer Einstellung, in Fanatismus ausarten. Ich denke, das ist auch nicht der richtige Weg.

Im Buddhismus jedoch verhält es sich anders. Das Auge des Buddhas ist das des Loslassens des Denkens. Es macht Gedanken nicht zunichte. Wir lassen sie einfach ungehindert kommen und gehen. Das ist eine Praxis, die tatsächliches Handeln darstellt. Wenn wir das Loslassen des Denkens in Worten ausdrücken wollen, könnte jemand, der ein Philosoph ist, sagen, dass das auch nur eine Art von Denken ist. Wir müssen jedoch auch solche zweifelnden Gedanken loslassen. Die Praxis des Zazen als Loslassen von Gedanken ist ein tatsächliches Handeln, das im Leben anstatt in Gedanken oder Denkmodellen verwurzelt ist.

Wie ich zuvor schon gesagt habe, haben wir zwei Arten von Augen. Eines ist das Auge des Denkens; das andere ist das Auge, das Gedanken negiert. Wenn wir diese beiden Augen mittels Gedanken oder Denkmodellen betrachten, sind sie vollständig gegensätzlich. Und doch widersprechen sie sich niemals, wenn wir sie aus der Praxis des Loslassen des Denkens, das im Lebensgrund verwurzelt ist, betrachten.

Aus dem Grund der Lebenswirklichkeit heraus praktizierend gehört unser Gehirn zum Leben dazu. Das Leben belebt unser Gehirn und versetzt es in die Lage zu funktionieren. Demzufolge sollten wir in unserer Zazen-Praxis unsere Gedanken weder ablehnen noch auslöschen, weil unsere Gedanken einfach nur Absonderungen unseres Gehirns sind.

Das Christentum und andere Religionen lehnen unsere Gedanken oder unser logisches Denken ab, weil sie glauben, dass unsere Gedanken schlecht sind und nur GOTT wahr ist. Darin liegt die Gefahr, Aberglauben oder falschen Überzeugungen anheimzufallen. Im Gegensatz dazu lassen wir jedoch in unserer Zazen-Praxis, verwurzelt im Lebensgrund, der unser Gehirn belebt und es in die Lage versetzt zu funktionieren, die Gedanken einfach los.

Wenn wir einen Wagen sicher steuern, benutzen wir Lenkrad und Bremspedal nicht, indem wir denken, dass wir viele verschiedene Sachen gleichzeitig zu tun haben. Natürlich und ganz automatisch halten wir von anderen Autos auf der Gegenspur Abstand oder drücken das Bremspedal, wenn wir einen Fußgänger sehen. So funktioniert unser Gehirn im täglichen Leben.

Wir sollten unser Leben auf die gleiche Weise wie das Auto sicher steuern. Das Auge des Denkens ist wie angespannt Auto zu fahren. Da ich zum Beispiel keine Erfahrung darin habe, wäre ich verspannt, wenn ich einen Wagen steuern würde, und vielleicht sogar verängstigt, voller Furcht vor dem, was gerade abläuft. Es ist gefährlich, also fahre ich kein Auto. Auf der anderen Seite, wenn ihr euer Denken für nichtig erklärt und alles GOTT überlasst, ist das wie Autofahren mit geschlossenen Augen. Das ist genauso gefährlich.

Einen Wagen zu fahren, indem ihr das Denken loslasst, bedeutet, dass ihr euer Gehirn als Ausdruck des Lebens zu voller Funktion bringt. Wenn wir Zazen sitzen, muss unser Gehirn hellwach sein anstatt entrückt. Wir sollten das Denken loslassen und frei umherfahren. Auf diese Weise müssen wir unserem Leben Richtung geben.

Ich meine mit dem allem nicht, dass ihr nicht Zazen praktizieren sollt, bis ihr verstanden und auswendig gelernt habt, was ich sage, und dass ihr das im Kopf haben sollt, wenn ihr sitzt. Vielmehr müsst ihr, wie ich es dargelegt habe, einfach sitzen und die Gedanken loslassen. Das ist alles.

DIE GRUNDLAGE ALLER WERTE LIEGT IN DER TATSACHE: „ICH LEBE." WAS ALSO IST DIE LEBENSWIRKLICHKEIT DES SELBST?

Was wir genau genommen tun, wenn wir in Zazen als *jijuyū zanmai* sitzen, ist ein Loslassen des Denkens, das abstrakte Denkmodelle verdinglicht. Wir leben das eigentliche Leben, das das Einssein des Selbst und der Welt unserer eigenen Lebenserfahrung ist.

Wir müssen darauf achten zu verstehen, dass das Selbst, das nur das Selbst ist, nicht bloßes Ichbewusstsein ist. Versteht das nicht falsch! Dies ist das Selbst, auch wenn wir [unser] Ichbewusstsein loslassen. Das ist interessant, nicht wahr? Mit unserem gesunden Menschverstand glauben wir, dass wir nur existieren, weil wir uns unserer selbst bewusst sind. In Wirklichkeit jedoch existiert das Selbst sogar, wenn wir das Sich-seiner-selbst-bewusst-Sein loslassen. Es wäre interessant, wenn das Selbst, während wir Zazen sitzen und das Denken loslassen, auf die gleiche Weise wie Schnee auf einem Heizofen schmelzen würde. Stattdessen erscheint nur [dann] das wahre Selbst, wenn wir das Denken loslassen. Das ist wichtig. Zazen üben ist nichts anderes als das tatsächlich zu erfahren. Somit sind während des Übens von Zazen das Selbst, das die Lebenserfahrung lebt (Geist), und die Welt, die als Lebenserfahrung gelebt wird

(Dharma), nicht zwei, sondern eins. Das ist die absolute EINE Wirklichkeit vor jeder Unterteilung in zwei.

Das ist die Bedeutung von „EinGeist ist all die Myriaden von Dharmas; all die Myriaden von Dharmas sind EinGeist." Das ist die Lebenswirklichkeit des Selbst.

Während des bloßen Praktizierens dieser absoluten Lebenswirklichkeit bin ich einfach nur ICH. Shakyamuni ist einfach Shakyamuni. Mahakashyapa ist einfach Mahakashyapa. Wenn sie Zazen sitzen, sind sie einfach nur sie selbst und doch werden sie eins aufgrund der Tatsache, dass beide von ihnen [in diesem Moment] einfach [nur] das Selbst leben, das nur das Selbst ist. Das ist die Art und Weise, wie der wundersame Dharma der Lebenswirklichkeit ohne Abweichung übermittelt wird. Auf genau die gleiche Weise ist er von einem zum anderen bis zum heutigen Tage übermittelt worden. Das ist der Buddha-Dharma. Deshalb sagt Dōgen Zenji, dass „entsprechendes Sitzen in *jijuyū zanmai* der wahre Weg gewesen ist, Erleuchtung zu verwirklichen".

Gemäß der unmissverständlich überlieferten Tradition -

Das japanische Wort für Tradition ist *shūmon*. Das chinesische Schriftzeichen *shu* bedeutet die Essenz oder die wichtigste Sache. *Mon* bedeutet ein Tor. Im allgemeinen Sprachgebrauch ist *shūmon* eine Schule oder eine Sekte, das heißt ein Tor, um in die Wahrheit einzugehen. Doch hier bedeutet dieses *shūmon* oder diese Tradition nicht die Zen-Sekte als eine der Schulen des Buddhismus, sondern den Mittelpunkt des Buddha-Dharmas. Mit anderen Worten handelt es sich um Zazen, das unter den Anhängern von Bodhidharma als der Buddha-Dharma selbst übermittelt wurde.

Gemäß dieser Tradition heißt es:

Der eindeutige Buddha-Dharma, der ohne Abweichung übermittelt wurde, ist das Höchste vom Höchsten.

Der Buddha-Dharma wird von dem Selbst, das nur das Selbst ist, an das Selbst übermittelt, das nur das Selbst ist. Ein solch unmittelbar übertragener Dharma ist das unvergleichlich Höchste. Wir haften uns stets an etwas, das wir für relativ besser oder wertvoller halten als etwas anderes und dadurch sind wir blind für das wirkliche Leben. Wir müssen unser Wertesystem läutern. Um unser eigenes Leben zu leben, müssen wir zuerst vor allem klären, was absoluten Wert hat. Viele Menschen leben für die Erfüllung ihrer Begierden. Diese Menschen sind wie Hühner auf einer Hühnerfarm. Mir tun diese Hühner Leid, die einfach nur Tag und Nacht Mastfutter picken und so viele Eier legen wie möglich. Das ist alles, was sie in ihrem Leben tun. Die Hühnerhalter lassen das Licht die ganze Nacht im Hühnerstall an, um die Hühner ertragreich Eier produzieren zu lassen. Sie berechnen, wie viele Eier ein Huhn legen kann, und sie töten die Hühner, wenn sie alt und verbraucht sind.

Menschen, die Geld, Macht, Wirtschaftlichkeit, gutem Essen, Alkohol und Glücksspiel als den wertvollsten Dingen nachjagen, unterscheiden sich nicht von Hühnern. Es muss uns klar werden, was in unserem Leben von höchstem Wert sein soll. Das ist die entscheidende Angelegenheit.

Dieses Jahr schrieb ich auf meine Grußkarte zu Neujahr, dass das Leben des Selbst in Leben und Tod das A und O ist. Tatsache ist, dass „Ich", das lebt und sterben wird, als die Grundlage hier und jetzt nur existiert, wenn ich existiere und meine Lebenswelt, in der ich lebe, existiert. Solch eine Welt des Selbst, das nur das Selbst ist, ist die einzige Grundlage für eine Werteskala.

Ich sage meinen Schülern, dass sie unter allen Umständen zehn Jahre lang schweigend Zazen sitzen sollen. Wenn sie zehn Jahre hinter sich haben, werde ich sagen, sitzt weitere zehn Jahre. Wenn sie zwanzig Jahre lang gesessen haben, werde ich sagen, sitzt noch zehn

Jahre mehr. Wie auch immer, wir müssen mindestens zehn Jahre lang schweigend Zazen sitzen.

Eine Minute Zazen ist eine Minute Buddha. Euer erstes Zazen ist euer erstes Buddhasitzen. Das ist gutes Zazen. Ihr müsst keine Erfahrungen anhäufen, um wahres Zazen zu üben. Der Grund jedoch, warum ich ihnen sage, zehn Jahre lang schweigend zu sitzen, ist, dass wir für gewöhnlich geneigt sind zu glauben, dass Geld zu verdienen und Macht oder Ruhm zu erwerben erstrebenswert sind; wir müssen lang andauernd praktizieren, bevor wir uns aufrichtig selbst davon überzeugen können, dass solche Dinge überhaupt nicht wertvoll sind. Wenn ihr zehn oder zwanzig Jahre lang Zazen praktiziert habt, ohne euch um Geld, Macht oder Ruhm zu kümmern, werdet ihr erkennen, dass es etwas Wertvolleres als jene Dinge gibt. Andernfalls könnt ihr andere nicht dazu anleiten, Zazen zu praktizieren.

Wenn ihr nur für euch praktiziert, müsst ihr nicht auf so strenge Art und Weise praktizieren. Doch das ist es nicht, was ich von meinen Schülern erwarte, sondern ich erwarte von ihnen, dass sie Lokomotiven werden, die Menschen auf der ganzen Welt ziehen. Um eine Lokomotive zu sein, sollte man sein Wertesystem oder seine Lebensrichtung nicht mitten im Leben ändern. Aus diesem Grund müssen Mönche zwanzig oder dreißig Jahre sitzen und den höchsten Buddha-Dharma verkörpern, bis zu dem Punkt, wo sie erkennen können, dass [der] Dharma absolut unhinterfragbar ist. Deshalb ermutige ich meine Schüler zu sitzen, auch wenn das bedeutet, viele Schwierigkeiten bewältigen zu müssen.

Sobald ihr beginnt mit einem Lehrer zu praktizieren, ist die Praxis des Weihrauchverbrennens, der Verneigungen, des Nembutsu, des Fehlerbekennens und des Sutralesens gar nicht unbedingt notwendig.

Dōgen Zenji sagte, dass, wenn man einen Lehrer treffe, der wie die zuvor erwähnte Lokomotive ist, und anfange Unterweisungen bezüglich Zazen zu erhalten, Räucheropfer, Niederwerfungen, Nembutsu oder das Lesen von Sutras nicht mehr fortgesetzt werden müssten.

Genau genommen sagt Dōgen Zenji, dass Nembutsu zu rezitieren und Sutras zu lesen unwesentliche und unnötige Praktiken sind, die wir deshalb unterlassen sollten.

Es gibt viele Menschen, die reden, als ob sie um das Essen von braunem Reis willen leben, weil sie gehört haben, dass brauner Reis gut für die Gesundheit ist. Oder jemand sagt vielleicht, dass er sein Leben lang nur noch Gemüse essen will wie eine Seidenraupe, weil Vegetarismus gut für die Gesundheit ist. Aus der gleichen Argumentation heraus verbrennen Menschen Räucherwerk vor einer Buddha-Statue, werfen sich nieder, rezitieren Nembutsu, bereuen und rezitieren Sutras. Wenn wir diese Dinge tun, beruhigt uns das und manche Menschen sagen, es sei besser, solche Dinge zu praktizieren. Aber diese Art von Praxis vernebelt das unverfälschte Wertesystem. Wenn wir uns in solche Handlungen verstricken, neigen wir dazu, sie als Ziel unserer Praxis aufzufassen. Auf diese Weise sollten wir nicht praktizieren. Gleich von Beginn an sollten wir uns nicht mit derartigen Aktivitäten beschäftigen, weil das Klären unseres Wertesystems im Vordergrund steht.

Shinran warf alles außer Nembutsu von sich. In der Jōdo Shin Schule ist Nembutsu das unvergleichlich Höchste, daher wird dort nur Nembutsu praktiziert. Es ist die Hauptangelegenheit, unser Wertesysteme zu klären.

Sitzt einfach, Körper und Geist fallen lassend.

„Einfach" bedeutet unbeirrbar. Unbeirrbar Zazen praktizieren und Körper und Geist fallen lassen. In *Hōkyōki* (Dōgens Tagebuch aus seiner Studienzeit in China) heißt es, dass Zazen zu praktizieren bedeutet, Körper und Geist fallen zu lassen. Manche Menschen sagen, dass wir Satori erlangen sollten, um das Fallenlassen von Körper und

Geist in Erfahrung zu bringen. Körper und Geist fallen lassen sollte jedoch nicht mit einer Art Satori-Erfahrung verwechselt werden, in der unser Körper und Geist zu verschwinden scheinen. Später im *Hōkyōki* heißt es, dass Körper und Geist fallen zu lassen Zazen ist. Das wird ausdrücklich erwähnt. Einfach rückhaltlos sitzen ist das Fallenlassen von Körper und Geist. Wenn wir sitzen, lassen wir alle Gedanken, die abstrakte Konzepte verdinglichen, los, alle Dinge fallen ab. Das ist fallen lassen von Körper und Geist.

Wenn jemand das Buddha-Mudra mit seinem gesamten Körper und Geist einnimmt und selbst nur für kurze Zeit aufrecht sitzend in diesem Samadhi verweilt, dann wird alles in der gesamten Dharma-Welt zum Buddha-Mudra und aller Raum im Universum wird vollständig Erleuchtung.

Dieser Abschnitt ist Dōgen Zenjis Beschreibung des Verdienstes von Zazen als jijuyū zanmai. Der Verdienst des Buddha-Dharmas unterscheidet sich vollständig von dem Verdienst gemäß einer weltlichen Werteskala. Wie Sawaki Roshi es ausdrückt: Er ist zu nichts nütze. Das ist nicht so einfach zu verstehen.

Nishiari Zenji (Nishiari Bokusan, 1821-1910; ein berühmter neuzeitlicher Sōtō Zen-Meister) sagte häufig zu seinen Schülern: „Über den Buddha-Dharma zu euch zu sprechen ist das Gleiche wie der Versuch, mit einem Kind eine Liebesaffäre zu haben." Ich nehme an, dass viele seiner Schüler von ihren Eltern gezwungen wurden, Mönche zu werden und die Praxis des Buddha-Weges ablehnten. Wenn jemand das Noviziat antritt, muss er in ein Kloster eintreten und wird dort gezwungen, Zazen zu praktizieren und Vorträge über den Buddha-Dharma zu hören. Einen Vortrag zum Buddha-Dharma zu halten ist wirklich wie zu versuchen, mit einem Kind eine Liebesaffäre zu haben. Es ist unmöglich, ein Baby, das sexuell noch nicht erwacht ist, zu verführen.

In diesem Punkt habe ich Glück. Meine Schüler in Antaiji hatten alle Bodhi-Geist erweckt und praktizierten von sich aus. Es gab niemanden, der sich dort aufhielt, um eine Lizenz als Priester zu erhalten. Auch seid ihr alle, die ihr hierher kommt, um meinen Vortrag zu hören, zumindest am Buddha-Dharma interessiert und wollt Zazen aus eigenem Antrieb praktizieren. Von Menschen wie euch kann mein Vortrag verstanden werden.

Ausdrucksweisen wie „das Denken loslassen" oder „Körper und Geist fallen lassen" werden zu bloßen Denkkonstrukten oder Literatur, wenn die Zuhörerschaft den Geist, der den Weg sucht, noch nicht erweckt hat. Ich las die Abhandlung eines Gelehrten, der versuchte, die Bedeutung von „fallen lassen von Körper und Geist" zu erforschen, indem er sich auf viel Literatur bezog. Wenn du Literatur über das „Fallenlassen von Körper und Geist" heranziehen willst, reicht Dōgen Zenjis „Körper und Geist fallen lassen" völlig aus. Dann könnt ihr verstehen, dass es Unsinn ist, „Körper und Geist fallen lassend" erörtern zu wollen, ohne Zazen zu praktizieren. „Körper und Geist fallen lassen", „Shikantaza" und „das Denken loslassen" bleiben ohne tatsächliches Loslassen des Denkens im Praktizieren von Zazen genau jetzt, genau hier unverständlich.

„Wenn jemand mit seinem ganzen Körper und Geist das Buddha-Mudra einnimmt" bedeutet, dies mit seinen drei Arten von Handlungsmodalitäten zu tun: physisch, verbal und mental. Wir sitzen in der Voll-Lotus-Haltung, legen unsere Zunge gegen den Gaumen in unserem Mund, schweigen und streben geistig nicht danach, ein Buddha zu werden, sondern stellen jeden Einsatz unseres Intellektes, unseres Willens und Bewusstseins zurück. Das bedeutet das Einnehmen des Buddha-Mudras mit dem gesamten Körper und Geist.

Jenes „In diesem Samadhi aufrecht sitzend, auch wenn es nur für kurze Zeit ist, lässt die gesamte Dharma-Welt Buddha-Mudra werden" ist wirklich wundervoll. Wenn wir in der korrekten Haltung in Samadhi sitzen, eröffnet sich das gesamte Universum des Sitzens, die Welt von Zazen. Die Welt von Zazen ist völlig verschieden von der Welt anderer Dinge.

Für gewöhnlich denken wir nur daran, insgeheim zu unserem eigenen Wohl im Geldbeutel unseres Denkens ein bisschen Geld zurückzulegen. Es macht uns glücklich, wenn wir ein bisschen Erspartes in unseren Geldbeutel tun können und wir halten es insgeheim für unseren Besitz. Lasst diese geheimen Gedankenreserven los. Dann öffnet sich die Welt des Lebens. Das Selbst, das nur das Selbst ist, ist das Selbst, das das Denken loslässt. Wenn wir die Reserven unseres Denkens loslassen, sind wir in der Welt der Lebenswirklichkeit. Das ist gemeint mit „alles in der gesamten Dharma-Welt wird Buddha-Mudra". Das ist die Welt von „EinGeist ist all die Myriaden Dharmas; all die Myriaden Dharmas sind EinGeist".

„Aller Raum im Universum wird vollständig Erleuchtung." Das Wort Erleuchtung unterscheidet sich von dem üblicherweise verwendeten Wort *satori*. Wenn ihr von euch behauptet, dass ihr erleuchtet wurdet, ist eure Erleuchtung nichts anderes als eine Art persönlicher Rücklage.

Erleuchtung ist keine persönliche Rücklage; Erleuchtung ist das Loslassen des Denkens, das Dinge nur für sich allein beansprucht. Erst wenn wir die Unterscheidung von Erleuchtung und Verblendung abwerfen, offenbart sich die Lebenswirklichkeit als tatsächliche Erleuchtung. Wir müssen verstehen, dass, wenn Dōgen Zenji Worte wie *satori* oder *kaigo* (satori erlangen) verwendet, dies nicht „Erleuchtung" im Sinne einer persönlichen Reserve bedeutet.

Deshalb ermöglicht dies den Buddha-Tathāgatas, die Dharma-Freude, die ihr eigenes, ursprüngliches Gefilde ist, anwachsen zu lassen und den Glanz des Weges des Erwachens zu erneuern.

Das will sagen, dass alle Buddhas ganz natürlich in der Freude verweilen, Buddhas zu sein. Sie lassen ihre persönlichen Reserven los und wurzeln im Grund des Lebens. Wenn wir die Endabrechnung unserer Lebenswirklichkeitskonten einer genauen Betrachtung unterziehen, erkennen wir, dass das Leben der Lebenswirklichkeit durch Loslassen des Denkens die Lebenswirklichkeit reicher macht.

Das Folgende ist vielleicht kein so gutes Beispiel: Wenn eine Ehefrau vom Lohn ihres Mannes heimlich Rücklagen wegnimmt und vier oder fünf Prozent Zinsen dafür bekommt, während andererseits ihr Ehemann Geld zu viel höheren Zinsen verleiht, dann verlieren sie letztlich all ihr Geld und müssen vielleicht in der Nacht fliehen.

Als ich in Ogaki lebte, sah ich die Rote Flagge an einer großen Spinnerei, Daikōbō. Die Angestellten des Unternehmens streikten für höhere Löhne. Während sich der Streit hinzog, wechselten sie ihren Schlachtruf von der Forderung nach höheren Löhnen zu der Forderung, die Fabrik nicht zu verkaufen. Unglücklicherweise war das alles zu Zeiten des Tiefs in der Textilindustrie und da sich der Streit lang hinzog, löste das Unternehmen seine Wechsel nicht ein. Schließlich ging das Unternehmen bankrott und die große Fabrik wurde verkauft und das Grundstück lag brach. Wenn wir auf der Basis von persönlichen Rücklagen kalkulieren, passieren solche Dinge.

Unsere Geisteseinstellung sollte anders sein: keine persönlichen Reserven. Wenn jeder von uns alles Denken loslässt, werden sowohl die Familie als auch das Unternehmen wohlhabend. Auf gleiche Weise wird auf dem Loslassen des Denkens basierend die Lebenswirklichkeit als die Lebenswirklichkeit reich. Das ist die Bedeutung von „die Dharma-Freude, die ihr eigenes, ursprüngliches Gefilde ist, anwachsen zu lassen".

Die Dharma-Welt der Zehn Richtungen bezieht sich auf alle Welten im Osten, Westen, Süden, Norden, Nordosten, Nordwesten, Südosten, Südwesten, hoch und runter. Die sechs Bereiche sind die Bereiche von Hölle, hungrigen Geistern, Tieren, Titanen, menschlichen Wesen und himmlischen Wesen. Diese sechs Bereiche sind der Gradmesser, wie sehr wir menschlichen Wesen in Verblendung verfangen sind und von Begierden herumgestoßen werden. Als gewöhnliches menschliches Wesen ist jeder Einzelne von uns überzeugt, dass unser Denken unser Herr und Meister ist. Auf dieser Grundlage denkend werden wir von ihnen [den Begierden] gebunden und geknebelt. Der am stärksten durch sie Geknechtete ist der, der in der Hölle weilt; in den anderen fünf Bereichen variiert der Grad und das Wesen der Fesselung unter den jeweiligen Wesen.

„Klar und rein zu werden in Körper und Geist" meint, frei zu werden von solchem Unwissen und solcher Verblendung. „Sich großer Befreiung bewusst werden" bedeutet, von derart knechtenden Gedanken befreit zu sein.

Dieser Tage hörte ich, dass manche Kinder aus Trotz Selbstmord begehen, wenn ihre Wünsche nicht erfüllt werden. Von einem reifen Standpunkt aus betrachtet ist es lächerlich, sich wegen solcher Kleinigkeiten umzubringen. Für ein Kind jedoch mag es ganz selbstverständlich sein zu denken, dass es, wenn es dies und das haben will und die Eltern sich weigern, das zu kaufen, aus Trotz Selbstmord begehen sollte .

Diese Analogie zeigt den Unterschied zwischen einem Kind und einem reifen Erwachsenen, aber vom Standpunkt eines Buddha-Dharma reifen Menschens aus stellt es sich so dar, dass, obwohl wir uns alle für erwachsen halten, wir uns doch noch wie unreife Kinder benehmen. Wenn wir die Dinge mit wirklich gereiften Augen betrachten, müssen wir nicht um Geld oder Macht kämpfen. Das ist gemeint, wenn es heißt, „sich der großen Befreiung gewahr werden".

„Ihr eigenes ursprüngliches Gesicht verwirklichen" heißt, die wahre Lebenswirklichkeit zu verwirklichen. Diese wundervolle Lebenswirklichkeit wohnt uns allen inne, ohne dass man nach ihr suchen muss. Doch trotz dieser Tatsache machen wir ein großes Theater, weil wir durch unsere Gedankenwelten gefesselt sind. Das ist die Szenerie der sechs Bereiche, aber wenn wir in Zazen sitzen, lassen wir solches Denken los. Das bedeutet fallen lassen von Körper und Geist.

Ich habe bereits wiederholt, dass die Lebenswirklichkeit „der Ein-Geist ist all die Myriaden Dharmas; all die Myriaden Dharmas sind EinGeist" ist. Das heißt, dass in der Lebenswirklichkeit das Erfahren des Lebens (Geist) und die Welt, die erfahren wird (Dharma), nicht zwei sind, sondern eine einzige Wirklichkeit. Aber wenn wir die Dinge vom Standpunkt der Perspektive des Dharmas (Objekt) aus sehen, „erkennen alle Dinge (Dharmas) zusammen höchste Erleuchtung". All die Myriaden Dharmas sind selbst nichts anderes als absolute Erleuchtung.

Absolute Erleuchtung (*anuttara samyak sambodhi*) ist Shakyamunis Erleuchtung. Als Shakyamuni Erleuchtung erlangte, sprach er: „Ich und alle lebenden Wesen auf der großen Erde vollendeten den WEG gemeinsam. Berge, Flüsse, Gräser und Bäume, alle erlangten ohne Ausnahme Buddhaschaft." Er sagte nicht, dass er erleuchtet wurde, aber der Rest der Wesen weiterhin in Verblendung verblieb. Wenn ein Mensch Erleuchtung erlangt, ist „EinGeist all die Myriaden Dharmas, all die Myriaden Dharmas sind EinGeist" und das gesamte Universum der Lebenserfahrung dieses Menschen wird erleuchtet. Das ist der Grund, warum ich sage, dass die ganze Welt sich plötzlich und vollständig verändert, wenn wir Zazen sitzen und das Denken loslassen.

Als Shakyamuni Erleuchtung erlangte, wurden all die Myriaden Dharmas inmitten Buddhas Geist, das heißt, Berge, Flüsse, Gräser und Bäume alle Buddha. Alles sind Teilbereiche von Buddha.

In diesem Sinne sind alle ohne Ausnahme durch Shakyamuni Buddha erleuchtet worden. In der Jōdo-Shin-Schule wird das durch „Wir sind schon alle durch Amitabha Buddha gerettet worden" ausgedrückt.

Nichtsdestotrotz heulen wir gewöhnlichen menschlichen Wesen herum, dass wir verblendet sind. Unter meinen Schülern gab es jemanden, der eine manisch-depressive Psychose hatte. Eines Morgens, als er nicht aus seinem Raum kam, ging ich zu ihm. Er schrie: „Es ist dunkel! Es ist dunkel!" In Wirklichkeit hielt er sich mit seinen Händen die Augen zu. Auf die gleiche Art und Weise glauben wir, dass das Denken unser Herr und Meister ist und gefangen in unserem Denken fangen wir an zu schreien: „Wir sind verblendete menschliche Wesen!" Nur wenn wir das Denken loslassen, können wir Körper haben, die durch Shakyamuni Buddha erleuchtet sind und in der Welt leben, die von Shakyamuni Buddha erleuchtet ist. Das ist eine absolute Tatsache. Mit anderen Worten: „Alle Dinge zusammen erkennen ist höchste Erleuchtung und Verwenden des Buddha-Körpers." Das ist unbezweifelbar wahr.

Sie *überschreiten sofort den Kulminationspunkt des Erwachens und sitzen aufrecht unter dem königlichen Bodhi-Baum. Zur gleichen Zeit drehen sie das unvergleichliche große Dharma-Rad und beginnen, allerhöchste und unfabrizierte tiefgründige Weisheit zu verströmen.*

Ohne jeden Zweifel sind alle Dinge nichts anderes als Buddhas Körper, und doch gehen sie sogar über Buddhas Körper hinaus. Das meint Dōgen Zenji, wenn er sagt, dass „sie den Kulminationspunkt des Erwachens überschreiten".

In der Welt der Realität ist ein Veilchen ein Veilchen, eine Rose ist eine Rose, gut ist gut, schlecht ist schlecht, alles ist einfach so, wie es ist. Das bedeutet der Ausdruck *shōhō jisso* (all die Myriaden Dharmas sind die wahre Form). Wir alle als die Lebenswirklichkeit sind Buddhas Körper, der allerhöchstes Gewahrsein ist; aber niemand klammert sich an das allerhöchste Bewusstsein. Ein Veilchen ist einfach ein Veilchen, eine Rose ist einfach eine Rose, gut ist gut und schlecht ist schlecht.

Zazen ist nicht schlafen. Unser Hirn muss wach sein. Wir können nicht sagen, dass keine Gedanken aufkommen, doch wenn wir die Gedanken loslassen, können wir sie loslassen. Manchmal fangen wir einfach so an zu denken, zum Beispiel, dass wir Geld in dies oder das investieren sollten, weil wir damit mehr Profit erzielen könnten. Wenn wir uns jedoch des Gedankens bewusst werden und zu Zazen zurückkehren, gibt es nur die Wand vor uns.

Während der Zeit Shakyamunis wurde Zazen Baum-Beobachten genannt. Im alten Indien saß man einem großen Baum gegenüber. Ich glaube, nachdem die Sitz-Praxis in China Einzug gehalten hatte, begann man einer Wand gegenüber zu sitzen. Wenn wir das Denken loslassen, bleibt nur die Wand übrig. Das ist „Form ist Leerheit". Form (*rupa*) ist in buddhistischer Terminologie „Materie, Gegenstände". Wenn wir in Zazen sitzen, ist alles, was aufkommt, die Szenerie innerhalb Zazens. Verschiedene Arten des Denkens sprudeln auf, aber wenn wir sie loslassen, gibt es nur noch die Wand vor uns. Form ist leer. Innerhalb der Leerheit gibt es verschiedene Dinge. Das bedeutet „Leerheit ist Form".

Wenn wir diese Art Zazen unablässig praktizieren, erkennen wir, dass das, was wir in unserem Hirn denken, nichts anderes ist als eine Absonderung unseres Hirnorgans. Dies [selbst] zu erfahren ist wichtig, um zu verstehen, dass es um „das Verströmen höchster und unfabrizierter, tiefgründiger Weisheit" geht.

„Um unter dem königlichen Bodhi-Baum zu sitzen" bedeutet, in der Welt des Zazen zu sitzen mit nichts als einem Baum oder einer Mauer vor Augen. „Unvergleichlich zu sein" bedeutet, dass etwas jenseits von Vergleich oder Bewertung ist. Das heißt, es stimmt absolut überein. Ein Veilchen ist ein Veilchen, eine Rose ist eine Rose, ohne einen Vergleich anzustellen. Alles ist so, wie es ist. „Das Höchste und unfabriziert" bedeutet, dass es die subtilste Art und Weise zu leben erreicht, ohne von Menschenhand verursachte Befleckung aufzuweisen. Es ist Zazen: Das Denken loslassend leben wir die Lebenswirklichkeit.

Es gibt einen Weg, durch den das anuttara samyak sambodhi aller Dinge [auf den Menschen in Zazen] zurückwirkt, wobei sich [jener Mensch und die Erleuchtung aller Dinge] tief vertraut und unmerklich gegenseitig zuarbeiten. Deshalb lässt dieser Zazen-Mensch zweifellos Körper und Geist fallen, lässt frühere, befleckte Sichtweisen und Gedanken hinter sich, erweckt ursprünglichen Buddha-Dharma und unterstützt universal das Wirken Buddhas an jedweden Orten, die so zahlreich sind wie Atome, wo Buddha-Tathāgatas lehren und praktizieren. Dieser Zazen-Mensch nimmt weiten Einfluss auf Praktizierende, die über Buddha hinausgehen, und verherrlicht dabei kraftvoll den Dharma, der über Buddha hinausgeht.

Zazen als *jijuyū zanmai* praktizieren ist inmitten der Lebenswirklichkeit zu sitzen als „EinGeist ist all die Myriaden von Dharmas; all die Myriaden von Dharmas sind EinGeist". Wenn wir dies praktizieren, nehmen all die Myriaden Dharmas Einfluss auf den einen Geist. Das nimmt seinen Lauf, ob ihr es glaubt oder nicht. EinGeist (mein Erfahren des Lebens) und all die Myriaden von Dharmas (die Welt, die ich erfahre) sind nicht zwei, sondern eine Wirklichkeit. Deshalb unterstützen sich die beiden gegenseitig. Das ist die Bedeutung des „Weges, durch den das unvergleichliche Gewahrsein aller Dinge [zu dem Menschen in Zazen] zurückkehrt, und [jener Mensch und die Erleuchtung aller Dinge] unterstützen einander tief vertraut und unwahrnehmbar". Das trifft auch auf all die Myriaden von Dharmas zu, aber hier bezieht es sich auf den einen Geist.

„Körper und Geist abfallen lassen" bedeutet das Denken loszulassen. Wenn die Wirklichkeit all der Myriaden von Dharmas in ihrem Aspekt als Objekt klar wird, fallen unser Körper und Geist ganz natürlich ab und wertlose persönliche Ansichten oder Gedanken werden vollständig abgeschnitten.

Ihr haltet persönliche Ansichten oder Gedanken vielleicht für eine große Sache, aber eigentlich sind sie vernachlässigbar. Wert auf solchen Kleinkram zu legen führt euch in die Irre. In dieser Menschenwelt können wir nicht immer zu allen freundlich sein. Manchmal müssen wir streiken. Es gibt kein Argument dafür, nur Kapitalisten zu erlauben, Gewinn einzustreichen. Wenn Unternehmer also geizig sind, sollten wir in einen Streik treten, um ihnen eine Lektion zu erteilen.

Andererseits sollten wir erkennen, dass solch eine Auseinandersetzung eine Art Zeitvertreib ist. Das ist die Sichtweise eines reifen Menschen. Weder Arbeitnehmer noch Arbeitgeber sollten sie zu ernst nehmen. Wenn sie sich vollen Ernstes bekämpfen wie in dem Fall der Spinnerei, werden sie sich nur gemeinsam in den Ruin treiben. Sogar wenn wir in einen Streik treten, müssen und sollten wir ein reifes Auge bewahren, das „bislang befleckte Ansichten und Gedanken abschneidet". Ich halte das für sehr wichtig.

„Authentischen Buddha-Dharma erkennen" bedeutet, die ursprüngliche wahre Lebenswirklichkeit zu sein. „Unterstützt universal das Buddha-Wirken an allen Orten, die so zahlreich wie Atome sind, wo Buddha-Tathāgatas lehren und praktizieren", bedeutet, dass sogar eine so winzige Entität wie ein Atom zum Ort der Praxis von Buddhas und Tathāgatas wird.

Ihr wisst vielleicht, dass in das Podest und den Glorienschein des großen Buddha-Abbildes im Todaiji Tempel in Nara unzählige kleine Buddha-Abbilder eingearbeitet sind. Wisst ihr, was das bedeutet?

Buddha-Statuen sind künstlerischer Ausdruck unseres Zazen. Die kleinen Buddhas auf dem Podest und der Glorienschein des großen Buddhas bedeuten, dass jede einzelne Handlung des Zazen-Menschen Zazen wird und den Dharma lehrt. Wenn wir Zazen praktizieren, werden alle Handlungen zum Ausdruck des Dharmas.

Buddha überschreiten bedeutet, Buddha zu werden und doch niemals in der Buddhaschaft zu verweilen. Wenn jemand Buddha wird und für sich beansprucht ein Buddha zu sein, klammert er sich an eine Sichtweise von Buddha.

Obwohl sie Buddha sind, übersteigen sie Buddha fortlaufend und ohne Ende. Sie müssen ständig höchst lebendig sein und nicht in irgendeinem Zustand von Satori steckenbleiben, während sie behaupten, sie hätten Erleuchtung erlangt. Sie werden nicht zu leblosen, getrockneten Satori-Fischen.

WENN ES DIE KLEINSTE TRENNUNG IM ERLEBEN ZWISCHEN DER EIGENEN WIRKLICHKEIT UND DEN ERSCHEINUNGSFORMEN GIBT, KANN MAN KEIN MENSCH SEIN, DER RELIGIÖS LEBT.

Weil Erde, Gräser und Bäume, Zäune und Mauern, Ziegel und Kieselsteine, also alles im Dharma-Bereich in den zehn Richtungen, zu diesem Zeitpunkt das Buddha-Wirken ausüben, empfängt jeder die Wohltaten von Wind- und Wasserbewegungen, die durch dieses Wirken verursacht werden; und alle erfahren unmerklich Beistand durch das wundersame und unbegreifliche Einwirken Buddhas, um die [bereits] gegebene Erleuchtung zu verwirklichen.

In dem vorangegangenen Abschnitt wurde das Verdienst von Zazen inmitten des Dharmas (Objekt) und Geistes (Subjekt) eines Zazen-Menschen beschrieben. In diesem Abschnitt spricht Dōgen Zenji über das Verdienst von Zazen in der konventionellen Welt, die durch unser Denken erschaffen wird, die Welt, in der ihr und ich einander begegnen.

Sobald wir in Zazen sitzen, verändert sich unsere Umgebung tatsächlich und vollständig. Zum Beispiel seid ihr heute hier. Da mag es jemanden geben, der vorhatte, in eine Bar zu gehen, um mit seinen Freunden zu trinken, aber seine Meinung änderte und sich entschied, zum Sōsenji zu kommen. Wäre er jedoch trinken gegangen, hätte er vielleicht einige Gläser Sake genossen und wäre heiter geworden. Wenn eine Animierdame ihn bedient hätte, hätte er noch mehr getrunken. Er hätte also mehr und mehr getrunken und wäre nicht mehr damit zufrieden gewesen, von der Animierdame nur bedient zu werden und ihre Hand zu halten. Dann wäre er tiefer und tiefer in die Welt des Trinkens geglitten.

Zu Beginn trinkt ein Mensch Sake. Auf der nächsten Stufe trinkt Sake Sake und letztendlich trinkt der Sake den Menschen.

Doch wenn ihr nach Sōsenji kommt, um Zazen zu praktizieren, anstatt trinken zu gehen, und ihr sitzt tatsächlich, taucht die ganze Welt von Zazen auf.

Zazen ist wundersam. Wenn wir an Zazen im Zusammenhang mit der Welt denken, in der wir nicht sitzen (die Welt der anderen Dinge), erscheint es ziemlich mühselig. [Aber] wenn wir sitzen, müssen wir nur ein Kissen hinpacken und uns einfach draufsetzen; doch wir glauben, dass es ein ganz schön großer Aufwand ist, das zu tun. Aber sobald ihr zu sitzen beginnt, verändert sich euer Geist und Zazen fühlt sich gut an.

Ihr solltet einfach ohne irgendetwas zu denken sitzen. In einem Kloster zu leben ist zweckdienlich, um das zu unterstützen. Wenn die Zeit kommt, wird die Glocke für Zazen geschlagen und wir sitzen Zazen, ob wir es mögen oder nicht, unbekümmert alles andere hintanstellend. Wir haben keine Zeit zu denken, es sei lästig. Wenn wir sitzen, sind wir durch bewegungsloses Zazen blockiert. Auf genau die gleiche Weise wie Sake den Menschen trinkt, hält die bewegungslose Zazen-Haltung den Menschen am Platz. Wenn andere Menschen auch sitzen, ist es unmöglich, dass nur ich allein aufstehe und umhergehe. Dōgen Zenjis Ausdruck „blockiert durch bewegungsloses Sitzen" ist wirklich wundervoll. Sobald wir beginnen zu sitzen, verändert sich die ganze Welt.

In seinen letzten Tagen begleitete mich Sawaki Roshi einmal zum Ryūunji Tempel in der Präfektur Fukui. Er sagte: „Ich werde den Tempel besuchen, wo ich verehrt wurde, während ich saß. Begleite mich." Als Sawaki Roshi noch ein Novize war, hielt er sich in diesem Tempel auf. Nachdem eine *segaki*-Zeremonie während *obon* beendet worden war (die Zeremonie, die unruhige Geister während der Sommermonate, wenn sie wiederkehren, zur letzten Ruhe bettet), forderte der Oberpriester die Mönche auf, sich an dem Tag frei zu nehmen. Die anderen Mönche gingen in die Stadt Fukui, um sich eine gute Zeit zu machen, aber Sawaki Roshi wusste nicht, was er in der Stadt anfangen sollte, und beschloss, Zazen zu sitzen. Er ging dazu in einen Raum im Wohntrakt des Klosters und begann Zazen zu sitzen. Eine alte Frau, die für den Tempel arbeitete, kam herein. Sie war eine nörgelnde alte Frau, die hart mit ihren Männern umsprang. Solche alten Frauen gibt es überall. Sie ließ Novizen immer wie Pferde arbeiten. Als sie die Schiebetür öffnete und Sawaki Roshi sitzen sah, war sie vor Überraschung wie vor den Kopf geschlagen und warf sich sofort vor ihm nieder.

Obwohl Roshi noch ein Junge war, dachte er, dass Zazen wirklich wundersam sei. Diese Erfahrung war mit ein Grund dafür, dass Roshi sich später der Praxis von Zazen widmete und sein gesamtes Leben als Zen-Praktizierender verbrachte. Unzählige Menschen begannen durch Sawaki Roshis Einfluss Zazen zu praktizieren. Auch ich fing mit Zazen an, weil ich sein Anhänger wurde, und das Ergebnis ist, dass ich euch hier und jetzt ermutige, Zazen zu praktizieren. Seinen Anfang nahm alles zu der Zeit, als er, noch ein Junge, sich entschied zu sitzen. Die Tatsache, dass sich die alte Frau vor seinem Zazen niederwarf, ließ ihn sein ganzes Leben lang Zazen praktizieren und auch ich wurde durch ihn für den Rest meines Lebens in Zazen hineingelockt. Jetzt versucht ihr, angeregt durch meinen Vortrag, Zazen zu üben. Das setzt sich wirklich ohne Unterlass endlos dort.

Da diejenigen, die diese Wasser- und Feuerenergie empfangen und nutzen, das Buddha-Wirken ursprünglicher Erleuchtung ausweiten, teilen und entfalten universell auch alle, die mit diesen Menschen leben und sprechen, ebenfalls die grenzenlose Buddha-Tugend […].

Das entspricht der Wahrheit. Ich sitze in diesem Augenblick Zazen, aber es stirbt nicht aus. Da muss es Menschen geben, die praktizieren, weil sie von meiner Praxis angezogen wurden, und diese Menschen werden in der zukünftigen Welt wirken. Wenn Zazen auf diese Weise die Welt durchdringt, muss einst der Tag kommen, an dem alle menschlichen Wesen auf der Erde Zazen praktizieren. Das ist das Praktizieren des Gelübdes: „Wie unzählig viele fühlende Wesen es auch geben mag, ich gelobe sie alle zu retten."

Unbekümmert darum, ob ihr es glaubt oder nicht, ist der EinGeist all die Myriaden Dharmas; all die Myriaden Dharmas sind EinGeist. Die Handlung eines Menschen hallt in der gesamten Welt wider; der

Zeitgeist bestimmt die Handlung eines einzelnen Menschen. Das ist das Gerüst des Lebens.

Die Tatsache, dass ich allein Zazen sitze, ist eine sagenhaft großartige Angelegenheit.

Als ich zum ersten Mal im Antaiji war, wohnte ich dort zusammen mit Yokoyama Sodō-san. Eigentlich wohnten wir in getrennten Räumen. Sodō-san saß allein und ich saß allein. Das war die Realität.

Zu jener Zeit besuchten mich Schüler und fragten häufig: „Warum wirkst du nicht in der Gesellschaft? Warum sitzt du allein an so einem abgelegenen Ort?" Ich antwortete immer folgendermaßen: „Eine Gesellschaft ist immer orientierungslos in Bewegung. Innerhalb einer solchen Gesellschaft kann der größte Beitrag nur sein, bewegungslos für sich selbst zu sitzen."

Wenn eine Gesellschaft ohne Orientierung in Bewegung ist, wird alles noch verwickelter und verworrener, wenn ich mich auf die gleiche Weise bewege. Ohne durch solch ein Gewimmel beeinträchtigt zu werden, sitze ich einfach. Das ist der beste Beitrag für die Gesellschaft. Auf Grundlage dieser Überzeugung habe ich immer praktiziert.

Diese Überzeugung speiste sich aus der Lebensweise Bodhidharmas. Der große Meister Bodhidharma kam aus Indien nach China und saß ohne Wenn und Aber neun Jahre lang einer Wand gegenüber. Das war seine wichtigste Tätigkeit. Eigentlich ist Zazen dank seines schweigenden, unbeweglichen Sitzens weitverbreitet im Osten und es nimmt immer noch kein Ende. Ich bin überzeugt davon, dass Zazen eines Tages bis in alle Winkel der Erde dringt. Der Ursprung dieses Evolutionsprozesses ist die Tatsache, dass Bodhidharma nach China kam und schweigend allein saß.

Ich trug meinen Schülern in Amerika auf, zehn Jahre lang schweigend zu sitzen. Sie können sich in Amerika nicht durch Takuhatsu am Leben erhalten. Wenn sie das versuchen würden, würden die Menschen sie nur für Bettler halten. So praktizieren sie jetzt Zazen, während sie mit Teilzeitjobs für ihren Lebensunterhalt sorgen. Ich glaube, es ist ziemlich hart, in so einer Situation zehn Jahre lang zu praktizieren. Wenn sie jedoch noch zehn weitere Jahre damit fortfahren, muss sich die Situation verändern, da bin ich mir sicher.

Sie verbreiten den unerschöpflichen, endlosen, unfassbaren und unermesslichen Buddha-Dharma innerhalb und außerhalb der gesamten Dharma-Welt.

Das ist keine unwahre Behauptung. Ich lebe auf der Grundlage dieser Überzeugung.

Dieses verschiedene [wechselseitige Einflussnehmen] mischt sich jedoch nicht in die Wahrnehmung dieses sitzenden Menschen, weil es in aller Stille ohne jegliches Fabrizieren stattfindet; es ist die Erleuchtung selbst. Wenn Praxis und Erleuchtung voneinander getrennt wären, wie Menschen für gewöhnlich denken, wäre es ihnen möglich, sich gegenseitig wahrzunehmen.

Das oben erwähnte Verdienst von Zazen kann nicht mit unserem Intellekt erfasst werden. Wir können nicht voraussehen, welch bedeutsamen Beitrag Zazen in der Welt leisten wird.

Mit unserem gesunden Menschenverstand trennen wir Praxis und Erleuchtung in zwei Bereiche und glauben, dass wir als Ergebnis eines bestimmten Ausmaßes von Zazen-Praxis in einen irgendwie gearteten anderen Geisteszustand eintreten. Dann strahlen wir vor Befriedigung. Wenn Satori so etwas wie eine persönliche Reserve darstellt, ist es für unseren berechnenden Geist ziemlich verständlich.

Für die Anhänger Bodhidharmas und Dōgen Zenjis ist Zazen-Praxis jedoch nicht so etwas. Unser Zazen ist „Nicht-Fabrizieren in Stille" und „Zazen selbst ist Erleuchtung". Wir üben Zazen, ohne irgendeine Belohnung zu erwarten; wir sitzen einfach alles loslassend. Dōgens *Fukanzazengi* sagt: „Löst euch von allen Vorstellungen und legt alle Angelegenheiten beiseite. Denkt nicht an gut oder schlecht. Kümmert euch nicht um richtig oder falsch." Da unser Zazen des Einfach-Sitzens grenzen- und schrankenlos ist, kann das Verdienst von Zazen nicht mit unserer Wahrnehmung bemessen werden.

Ich selbst glaube aufgrund der Erfahrung meines langen Klosterlebens, dass das Verdienst von Zazen wirklich wundersam ist. Sogar in einer Gemeinschaft von Praktizierenden kommt es ohne besonderen Anlass zu Störungen, wenn wir nicht sitzen, so zum Beispiel während eines Monats in den Sommerferien. Da das Kloster eine Gemeinschaft von Menschen mit dem gleichen Bodhi-Geist ist, sollte es eigentlich keine Konflikte geben. Doch sobald der Bodhi-Geist ein bisschen schwächer wird, taucht die Welt der sich absondernden, sich misstrauisch beäugenden Individuen auf. Wenn wir Bodhi-Geist bewahren, uns der Praxis widmen und miteinander kooperieren, werden Praktizierende vertrauter miteinander als Eltern oder Geschwister. Wenn Bodhi-Geist schwächelt, erhebt sich die Welt der Konflikte.

Wenn wir Sesshin und den täglichen Zazen-Stundenplan wieder aufnehmen, schmelzen die Streitereien dahin. Das ist ein konkretes Beispiel für den Verdienst von Zazen, einer, den wir klar erkennen können. Das wahre, bedeutsame Verdienst von Zazen, das muss gar nicht mehr erwähnt werden, liegt jenseits unserer Wahrnehmung.

Das, was mit Wahrnehmung verknüpft ist, kann jedoch nicht die Erleuchtungsebene sein, weil verblendete, menschliche Empfindungswelt die Ebene von Erleuchtung nicht erreichen kann.

Obwohl sowohl Geist und Objekt in aller Stille auftauchen und verschwinden, werden darüber hinaus, weil dies im Bereich des Selbst-Empfangens und Selbst-Nutzens (jijuyū) stattfindet, ohne den Bruchteil eines Stäubchens zu verrücken oder auch nur eine einzige Form zu zerstören, weitreichendes Wirken Buddhas und tiefgründiger, subtiler Buddha-Einfluss ausgeübt.

Etwas, das wir wahrnehmen können, kann nicht das Prinzip von Erleuchtung sein.

Dōgen Zenjis Zazen hat nicht zum Ziel, verblendete Menschen in erleuchtete umzuwandeln, wie das eine Richtung des konventionellen Buddhismus vertritt. Wahrer Buddhismus ist an diesem Punkt schwer zu verstehen.

Im *Gakudō Yojinshū* sagt Dōgen Zenji auch: „Ein Praktizierender sollte den Buddha-Dharma nicht um seines Wohles willen, um Ruhm und Profit zu erlangen, gute Resultate zu erzielen oder übernatürlichen Kräften nachzujagen praktizieren. Praktiziert ausschließlich um des Buddha-Dharmas willen." Das ist der kritische Punkt von Dōgen Zenjis Zazen. Shakyamuni Buddha stellte seine eigene Lebensweise in Frage, praktizierte Zazen und erlangte Erleuchtung. Das Gleiche ist der Fall bei Dōgen Zenji. Der Buddha-Dharma stellt den Hintergrund oder ist die Grundlage für Zazen und das eigene Leben ist die Grundlage für den Buddha-Dharma. Das ist der entscheidende Punkt.

Deshalb erforschen wir den Buddha-Dharma auf Grundlage unseres eigenen Lebens und wir praktizieren Zazen auf Grundlage des Buddha-Dharmas. Dieses Wechselverhältnis als Basis zu erkennen ist entscheidend, weil Menschen in vielen Fällen ihr eigenes Leben nicht bedenken, deshalb den Buddha-Dharma nicht verstehen können und letzten Endes, selbst wenn sie Zazen praktizieren, vom wahren Zazen abweichen.

Da alle menschlichen Wesen lebendig sind, hat jeder von uns sein eigenes Leben und dergestalt hat jeder von uns seine eigenen Anschauungen oder seine eigene Einstellung dem Leben gegenüber. Doch viele Menschen schauen ihr eigenes Leben nicht wirklich an.

Noch einmal mit Hilfe des Tassenbeispiels: Wir halten es für selbstverständlich, dass wir alle dieselbe Tasse sehen, aber das ist nicht wahr. Wir alle sehen diese Tasse jeweils mit unseren eigenen Augen, aus einem jeweils eigenen Blickwinkel heraus und durch die jeweils eigene Art und Weise zu denken.

Manche denken vielleicht, dass sie glücklicherweise in der Lage sind, heute für 1.000 Yen zu Mittag zu essen, während jemand anderes vielleicht denkt, dass sogar für ein Mittagessen 1.000 Yen zu wenig sind. Manche sind mit einem Monatsgehalt von 100.000 Yen zufrieden, andere beklagen sich vielleicht, dass das zu wenig ist.

In der Realität ist alles ausnahmslos verschieden voneinander, wir leben alle jeweils ein ganz eigenes, einzigartiges Leben.

Manche denken, dass diese Welt so, wie sie ist, gut ist; andere fragen sich, warum sie in so einer schrecklichen Welt leben müssen. Sogar innerhalb eines einzigen Menschen verändert sich die aktuelle Gefühlslage von Moment zu Moment.

Doch wir denken im Allgemeinen, dass wir dieselbe Tasse sehen. Wir denken, dass das Geld, das wir ausgeben, für alle den gleichen Wert hat. Wir nehmen an, dass wir alle als Angehörige derselben Welt zusammenleben. Das ist Verdinglichung von abstrakten Denkmodellen. Wenn wir darüber nachdenken, wie wir leben sollten, beziehen wir uns nur auf die Frage, wie wir unsere ganz eigene Lebenszeit in der Welt verbringen, die wir doch eigentlich mit allen anderen Menschen teilen. Das ist kaum ein Vorgehen, um ohne Konflikte zu leben. Obwohl jeder von uns an sein eigenes Leben denkt und seine eigene Lebenseinstellung hat, denken wir alle nur daran, wie wir die soziale Leiter hochklettern können. Nur wenige Menschen denken wirklich über ihr eigenes Leben, so wie es ist, nach.

Obwohl ich das viele Male wiederhole, ist es schwer zu begreifen. Aber es ist wirklich wesentlich, hört bitte also immer wieder gut zu.

Wenn ihr mehr als eine Million Mal zugehört habt, seid ihr zum Schluss vielleicht überzeugt und glaubt, dass es so ist.

Ein weiteres Beispiel ist die Verpflanzung westlicher Zivilisation nach Japan. In der Ashikaga (Muromachi) Ära (1392-1573) wurden von Portugiesen, die es auf die Insel Tanegashima im Süden von Japan verschlagen hatte, Gewehre eingeführt. Die Japaner konnten Gewehre sogleich nach ihrem Eintreffen verwenden, aber vierhundert Jahre später, am Ende der Tokugawa Ära, wurde ihre Verwendung eingestellt. Im neunzehnten Jahrhundert kamen westliche Menschen per Dampfschiff nach Japan und brachten viele Soldaten, die mit viel besseren Gewehren und schlagkräftiger Artillerie ausgerüstet waren. Den Hintergrund dieser modernisierten Armee bildete die moderne westliche Zivilisation. Solange wir diese moderne Gesellschaft selbst nicht erforscht hatten, war es unmöglich, eine [eigene] wissenschaftsbasierte, organisierte Armee auf die Beine zu stellen, die fähig war, solch eine militärische Stärke aufzubringen. Zuallererst mussten wir [aber] eine industrielle Revolution bewirken und zu ökonomischer Stärke gelangen. Um das zu erreichen musste ein Erziehungssystem errichtet und das Feudalsystem mit seiner sozialen Hierarchie abgeschafft werden, um zu verhindern, dass Japan, erobert durch überwältigende militärische Macht, zu einer Kolonie eines westlichen Landes wurde,.

Da es Indien und [andere] Länder in Südostasien verpassten, die westliche Zivilisation zu erforschen, wurden sie Kolonien westlicher Länder. Das Gleiche passierte auch in China. Aber Japan studierte verzweifelt die westliche Zivilisation und versuchte, sich aus sich selbst heraus zu modernisieren. Es heißt, dass es Japan aus diesem Grund möglich war zu vermeiden, kolonisiert zu werden. Ich habe das in dem Geschichtsbuch von Arnold Toynbee gelesen.

In gleicher Weise reicht es nicht im Mindesten aus, buddhistische Terminologie zu studieren, wenn wir den Buddha-Dharma erforschen. Wir müssen das Leben selbst, das die Grundlage des Buddhismus ist, studieren. Wir leben in Wirklichkeit eigentlich nie innerhalb der allgemeinen Gesellschaft, die wir durch die Verdinglichung abstrakter Denkmodelle erschaffen, wie wir immer glauben. Wir sollten wirklich wahrhaftig davon ausgehen, dass jede und jeder Einzelne von uns, ob wir das nun glauben oder nicht, das Selbst lebt, das nur das Selbst ist, und wir müssen gänzlich zu einem Menschen werden, der das Selbst lebt, das nur das Selbst ist, oder wir können den authentischen Buddha-Dharma nicht verkörpern.

Wenn ihr eindeutig begreift, dass die Welt, die ihr seht, tatsächlich nur die Welt des Selbst ist, und dass, wenn ihr sterbt, ihr mit dieser ganzen Welt sterbt, dann wird das gesamte konventionelle Wertesystem verschwinden.

Wir glauben, dass geboren zu werden bedeutet, in die landläufige, allen gemeinsame Gesellschaft einzutreten, dass zu leben bedeutet, mit anderen in der üblichen, allen gemeinsamen Gesellschaft um dieses Leben in Wettstreit zu stehen, und dass zu sterben bedeutet, aus dieser Gesellschaft auszutreten. Alle Menschen glauben fest an diese Art von Lebenseinstellung, aber das ist nicht wahr. Eine allen gemeinsame Gesellschaft existiert überhaupt nicht. Jeder wird nur mit der Welt des Selbst geboren, lebt das Leben mit der ursprünglichen Lebensenergie des Selbst, das nur das Selbst ist, und stirbt mit der gesamten Welt.

Das ist von einem gewöhnlichen Standpunkt aus eine außergewöhnliche Vorstellung. Ihr könnt sie nicht so einfach verstehen, aber sie ist wahr. Tatsache ist, dass dies, ob ihr es begreift oder nicht, die Wirklichkeit ist.

Bevor ich ein Mönch wurde, las ich wieder und wieder *Keiteki* von Nishiari Bokusan Zenji. In diesem Kommentar zum *Shōbōgenzō* sagt er, dass unser Zazen eines sein sollte, das unseren Blick gleichermaßen sowohl auf Erleuchtung als auch Verblendung richtet. Damals habe ich nicht genug verstanden, um einen ausgeglichenen Blick zu entwickeln. Jetzt begreife ich, dass „das, was mit Wahrnehmung verknüpft ist, nicht der Standard für Erleuchtung sein kann". Im wahren Zazen ist Erleuchtung nicht gut und Verblendung nicht schlecht. Wir sollten Erleuchtung und Verblendung auf gleiche Weise betrachten. So sollte unser Sitzen sein. Wir sitzen als das Selbst der Gesamtheit aller Myriaden von Dharmas, wie Dōgen Zenji es ausdrückte. Wie das Selbst sitzend, das nur das Selbst ist, sitzen wir inmitten jijuyū zanmai (Samadhi des Selbst). Dieses Zazen ist nicht mit Zazen zu vergleichen, das auf dem Verlangen beruht, Satori zu erlangen und sich gut zu fühlen, also einer Art von persönlicher psychologischer Verfassung.

Dōgen Zenji sagt, dass auf diese Weise zu sitzen der wahre Weg der Erleuchtung sei; solches Zazen selbst ist Erleuchtung. Zazen ist kein Mittel, um nach und nach Erleuchtung zu erlangen. Wir sitzen Zazen, das das Fallenlassen von Körper und Geist genau jetzt, genau hier ist. Praxis und Erleuchtung unterscheiden sich nicht. Wir sollten Praxis und Erleuchtung nicht in zwei teilen. Da Zen selbst Erleuchtung ist, gibt es [erst gar nicht] die Möglichkeit zu denken, dass man als ein Resultat von Zazen-Praxis erleuchtet wird. Zazen zu sitzen bedeutet, im tiefgründigen Schlaf der Erleuchtung zu sein. Deshalb ist der Gedanke, dass ich erleuchtet bin, das Gleiche wie zu denken, dass ich gut schlafe, während ich fest schlafe. Das ist Scheinschlaf. Wenn wir tatsächlich gut schlafen, können wir nicht gleichzeitig denken, dass wir gut schlafen. Auf die gleiche Weise können wir in Zazen nicht erkennen, ob wir erleuchtet sind oder nicht. Manchmal fühlen wir uns klar in Zazen, manchmal nicht; sehr wahrscheinlich fühlen wir uns nicht öfter klar als nicht. In beiden Fällen ist Zazen Zazen. Wir sitzen genau an dem Ort, von dem wir gleichermaßen Erleuchtung und Verblendung betrachten können.

Zazen ist nicht wie eine Todeszone ohne jegliche Szenerie. Es ist nicht wahr, dass wir einen geistigen Zustand von Nicht-Denken und Nicht-Vorstellen in Zazen erlangen. Viele verschiedenartige Gedanken kommen und gehen. Manchmal denken wir während des Sitzens an Essen; manchmal denken wir an das andere Geschlecht, für gewöhnlich haben wir Fantasien und Trugbilder. Aber auch wenn wir an Frauen oder Essen denken, ist das lediglich die Kulisse von Zazen.

Das ist die Bedeutung von „sowohl Geist als auch Objekt erscheinen und verschwinden in absoluter Stille“.

Hier bedeutet Geist die sechs Sinnesorgane (Auge, Ohr, Nase, Zunge, empfindender Körper und Geist), die die Subjekte sind, die wahrnehmen. Dann gibt es sechs Objekte (Farbe und Gestalt, Klang, Geruch, Geschmack, fühlbare Objekte und geistige Objekte), die wahrgenommen werden. Sogar in Zazen gibt es verschiedene Szenerien, das Kommen und Gehen von Subjekten, die sehen und gesehen werden.

Obwohl es diese Szenerien gibt, ereignen sie sich in der gesamten in *jijuyū zanmai* sitzenden Welt, in der das Selbst nur das Selbst ist. Da diese Ausgestaltungen innerhalb der Zazen-Welt sind, sind sie nichts anderes als Erleuchtung, Erscheinen und Verschwinden innerhalb von Erleuchtung. In dem Maße, in dem wir inmitten jijuyū zanmai sitzen, gibt es nichts Gutes und nichts Schlechtes. Das ist die Bedeutung von „ohne ein Stäubchen zu bewegen oder eine einzige Form zu zerstören“.

Das wird im *Keiteki* von Nishiari Zenji gut erklärt: „Es sollte folgendermaßen ausgedrückt werden: Obwohl es sowohl Subjekte als auch Objekte gibt, die erscheinen und verschwinden, werden alle von ihnen gleichermaßen Erleuchtung, da dies im Bereich von *jijuyū* (selbst-empfangend und -verwendend) liegt. Sie verschieben weder das kleinste Bisschen eines Stäubchens noch zerbrechen sie irgendeine einzelne Form."

Mit anderen Worten erscheinen und verschwinden in der Stille (wenn wir Zazen sitzen) verschiedenste Arten von Gedanken, wenn wir sie gehen lassen. Sie verschwinden und nur die Wand vor unseren Augen bleibt. Wir sollten Zazen dankbar sein, das uns lehrt, dass alle Arten von Gedanken abfallen, wenn wir unsere Hände öffnen und nur die Wand übrig bleibt. Wir sollten dies durch und durch erfassen. Wenn wir kontinuierlich praktizieren, werden wir verstehen, dass die verschiedenen Gedanken, die in unserem Geist auftauchen, nichts anderes sind als Absonderungen unseres Gehirns.

Ich sage nicht, dass Gedanken wertlos sind, weil sie nur Absonderungen sind. Der Magen scheidet Magensaft aus und der Magensaft verdaut die Nahrung, die wir essen. Er ist notwendig. Wenn wir jedoch jeden Tag zuviel köstliches Essen zu uns nehmen, verursacht das nach Aussage medizinischer Bücher gastrische Übersäuerung und führt möglicherweise zu einem Magengeschwür oder Krebs. Außerdem bekommen wir als Ergebnis von zu viel Nahrung vielleicht Diabetes oder eine Herzkrankheit. Das Beste ist ganz natürlich zu bleiben. Am gesündesten ist es, die Sekrete als Sekrete sich absondern zu lassen.

Genauso verhält es sich mit den Absonderungen unseres Gehirns. Unser Hirn sondert verschiedene Gedanken ab. Wir bleiben einfach dabei, sie loszulassen. Das ist sehr gesund. Unsere Gedanken im Hirn festzusetzen oder sie abzuweisen ist beides nicht gut. Seid einfach natürlich. Seht Sekrete als Sekrete. Gedanken, die in unserem Hirn auftauchen, sind bloße Szenerien. Es bringt nichts, ihnen nachzujagen.

Wenn ihr ihnen nachjagt, verstrickt ihr euch in Denkvorgängen. Kein Hinterherjagen, kein Wegwerfen. Das ist der wichtigste Punkt in Zazen.

Zu diesem Zeitpunkt „verrückt nichts auch nur ein Staubkörnchen oder zerstört auch nur eine einzelne Form", und alles wird zur Szenerie in der gesamten Welt des Zazen. Dort existieren weder Erfolg noch Versagen. Wir können nicht eine Sache als gut und ein andere Sache als schlecht beurteilen; alles ist genauso in Ordnung, wie es ist. Sowohl Erscheinen als auch Verschwinden sind die Wirklichkeit von Myriaden Dharmas.

„Weitreichendes Buddha-Wirken und tiefgründig subtiler Buddha-Einfluss werden ausgeübt." Wir erkennen Erleuchtung und Verblendung auf gleiche Weise so, wie sie sind. Es gibt keinen Erfolg und kein Versagen. Das ist wahrer Lohn.

Im Neuen Testament lesen wir: „ER lässt SEINE Sonne über dem Schlechten und dem Guten aufgehen und ER lässt den Regen auf die Gerechten und die Ungerechten fallen" (Matthäus 5,45). So ist wahrer Lohn. Die Sonne macht keinen Unterschied zwischen Menschen. Gott lässt die Sonne über dem Guten und dem Schlechten aufgehen und lässt den Regen auf alle Menschen gleichermaßen fallen.

Menschen tragen Diamantringe an ihren Fingern und denken, dass die Finger sich glücklich fühlen, aber tatsächlich ist es am besten, nichts an den Fingern zu tragen. Finger fühlen sich glücklich, wenn sie sich selbst vergessen. Normalerweise verwenden wir den kleinen Finger nicht, aber sobald der kleine Finger verletzt ist, werden wir uns des Fingers deutlich bewusst.

In gleicher Weise ist es nicht unbedingt gut für einen Magen, eine Menge köstliches Essen zu sich zu nehmen. Wenn wir leckeres Essen haben, neigen wir dazu, zu viel zu essen und das Essen liegt uns schwer im Magen. Wir sind uns dann des Magens bewusst und das ist gar nicht gut. Am besten ist es, wenn wir die Existenz des Magens vergessen können.

Ein Student, der sich auf eine Aufnahmeprüfung vorbereitet, möchte sie bestehen; niemand möchte scheitern. Doch die Welt, in der es weder Erfolg noch Scheitern gibt, ist die beste. Solch eine Welt können wir im heutigen Japan nicht erwarten. Das ist nur in der Welt von Zazen möglich. Es gibt jedoch ein Sorte von Menschen, die durch Satori versuchen, Bestehen und Scheitern in die Welt von Zazen zu schleusen. Wenn ihr Satori erlangt, seid ihr erfolgreich, wenn nicht, gescheitert. Diese Einstellung hat nichts mit dem Buddha-Dharma zu tun; sie ist Samsara.

Wir müssen nur mit dem Selbst sitzen, das nur das Selbst ist, ohne uns mit anderen zu vergleichen. Es ist überhaupt nicht notwendig, einen Zen-Meister aufzusuchen, um zu fragen, ob man erleuchtet ist oder nicht. Das ist wirklich eine törichte Frage. Vor allem anderen: Den Buddha-Dharma zu praktizieren heißt, das Selbst zu leben, das nur das Selbst ist. Die Wahrheit ist, dass man immer in jedweder Situation das Selbst leben muss, das nur das Selbst ist, und damit ist es unmöglich, die Frage nach Erfolg oder Scheitern überhaupt zur Sprache zu bringen.

Das Gras, die Bäume und die Erde, die durch dieses Wirken berührt und beeinflusst werden, strahlen gemeinsam in hellstem Licht und legen ohne Ende den tiefgründigen, wundersamen Dharma dar.

Das Gras, Bäume und das Land, alle Dinge in der Natur selbst, sind die Lebenswirklichkeit, die friedlich und heiter gelassen jenseits von Unterscheidung ist. Ein intensives Leuchten auszustrahlen bedeutet, in Frieden und heiterer Gelassenheit inmitten des Selbst zu sein, das nur das Selbst ist.

Es gibt einige Menschen, die neurotisch werden und einen verzerrten Geist haben; sie verzagen, wenn sie in der Welt von Erfolg und Scheitern schroff angegangen werden. Wenn wir Zazen praktizieren, sind wir friedlich und gelassen, da das Selbst, das nur das Selbst ist, jenseits von Erfolg und Scheitern ist. Dann strahlen wir ein intensives Leuchten aus und legen den tiefgründigen und wundersamen Dharma dar.

Gräser und Bäume, Zäune und Mauern manifestieren und preisen ihn um der lebenden Wesen willen, sowohl der gewöhnlichen wie auch der weisen; und im Gegenzug bringen ihn die lebenden Wesen, die gewöhnlichen wie auch die weisen, zum Ausdruck und entfalten ihn zum Wohle der Gräser und Bäume, Zäune und Mauern.

Wenn wir in Zazen einem Baumstamm oder einer Mauer gegenübersitzen, verschwinden die auftauchenden Illusionen und Verblendungen, sobald wir zu Zazen zurückkehren und das Denken loslassen. Nur der Baum oder die Mauer bleibt.

Als ich ein Kind war, so am Ende der Taisho Ära oder dem Anfang der Shōwa Ära (ungefähr um die 1920er Jahre), gab es einen Menschen, der in Tokio herumwanderte, Mandoline spielte und um Geld bettelte. Er trug ein Stofftuch auf seiner Schulter mit der Botschaft: „Sieh einmal am Tag zum Himmel auf.“ Obwohl ich ein Kind war, dachte ich, dass es romantisch ist, einmal am Tag zum Himmel aufzuschauen. Aber ich selbst schaute nie auf.

Als ich jedoch in Ogaki lebte, nachdem ich mich vom Antaiji zurückgezogen hatte, erwachte mein Interesse an der Beobachtung des Himmels. Nachdem ich in die Stadt Uji gezogen war, begann ich jeden Tag für eine oder anderthalb Stunden am Ufer des Flusses Uji entlang zu spazieren und suchte mir Wege aus, wo keine Autos fuhren. Ich fühle mich sehr wohl, wenn ich herumspaziere und in den Himmel aufschaue.

Der Himmel ist etwas Wundersames. Es gibt kein bestimmtes Muster; er gleicht einer Wand. Jede Wolke hat eine andere Form.

Nur wenn ich zum Himmel aufschaue, predigt er, dass es eine Welt gibt, in der wir uns nicht aufregen müssen. Der Himmel erklärt und verherrlicht dies für lebende Wesen und das, was die Natur zum Buddha-Dharma macht, ist Zazen. Deshalb erklären und verherrlichen lebende Wesen dies für Gräser, Bäume und Zäune.

Der Bereich des Selbst-Erwachens und des Erwachens anderer ist von Grund auf mit der Beschaffenheit von Erleuchtung ausgestattet, ohne dass es an irgendetwas mangelt, so dass die Ebene der Erleuchtung unentwegt verwirklicht werden kann.

Da Zazen *jijuyū zanmai* ist, liegen alle Myriaden Dharmas innerhalb des Selbst. Deshalb ermöglicht es das Selbst allem, erleuchtet zu werden, und alles ermöglicht es dem Selbst, erleuchtet zu sein. Das ist wahres Selbst-Erwachen und Erwachen von anderen.

Der Erleuchtung von *jijuyū zanmai* fehlt nicht einmal ein Staubkörnchen. Erleuchtung wird ohne Unterlass verwirklicht.

Deshalb ist es so, dass, selbst wenn nur eine einzige Person für kurze Zeit sitzt, dieses Zazen mit allen Existenzen eins ist und vollständig alle Zeiten durchdringt. Und deshalb führt es innerhalb der unerschöpflichen Dharma-Welt in Vergangenheit, Gegenwart und Zukunft das immerwährende Buddha-Geleit aus.

Ich lebe mit dem gesamten Universum, in dem ich lebe. Ob ich voranschreite oder zurückfalle, hängt nur von mir ab. Wohin auch immer ich gehe, ich bin das Selbst, das nur das Selbst ist. Wenn man das durch und durch versteht, wird man unweigerlich ganz natürlich das Bestreben verspüren voranzuschreiten. Das ist ursprüngliche Lebenskraft. Man steckt seine gesamte Energie in diese Praxis genau jetzt, genau hier. „Wenn man eine Sache vollbringt, durchdringt man eine Sache. Wenn man einer Praxis begegnet, pflegt und entwickelt man eine Praxis“. (*Genjōkōan*)

Obwohl ich viele Schüler habe, denke ich, dass es seltsam ist, dass ein so unzuverlässiger Mensch wie ich so viele Schüler hat. Ich habe überhaupt keine Absicht, meine Schüler etwas zu lehren, weil Menschen, die zu einem so armen Tempel wie Antaiji kommen, um zu praktizieren und Mönch zu werden, ihr eigenes Bestreben zu praktizieren bereits in sich haben müssen. Ich muss mich nicht darum kümmern, sie zu unterrichten.

Egal wie unsolide ich bin, da gibt es die wundervolle Zazen-Praxis als eine Gemeinschaft von Praktizierenden im Antaiji. Das Zazen, das jeder von uns praktiziert, ist der wahre Lehrer. Das Einzige, was ich meine Schüler lehren sollte, ist, dass Zazen ihr wahrer Lehrer ist. Dann entwickelt sich jeder von ihnen ganz ohne meine Anleitung.

Ich mache sie ganz und gar bewusst für die Tatsache, dass zu wachsen oder zu fallen nur vom Selbst abhängt. Und dann erlaube ich ihnen, mit ihrem eigenen Streben zu praktizieren. Sie können es gar nicht mehr lassen, aus eigenem Antrieb zu praktizieren. Ich glaube, aus dem gleichen Grund beschreibt Dōgen Zenji in *Bendōwa* das Verdienst von Zazen.

Seitdem ich so dachte, hörte ich vollständig auf, im Antaiji während Sesshin den *kyōsaku* (Stab für Schulterschläge) zu verwenden. Es gibt einige Priester, die denken, dass sie Zazen nicht praktizieren können, ohne dass sie jemand mit einem *kyōsaku* auf die Schulter schlägt. Das ist nicht wahr. Es mag vielleicht hilfreich sein, Praktizierende zu schlagen, die nur ab und zu für eine Sitz-Einheit kommen. Sie durch Schlagen aufzuwecken ist für sie in diesem Fall von Nutzen. Im Antaiji sitzen wir jedoch den ganzen Tag durch. Egal wie schläfrig ihr auch sein mögt, ihr könnt nicht fünfzehn oder sechzehn Stunden am Tag schlafen. Sobald ihr so lange wie nötig geschlafen habt, seid ihr ganz natürlich wach. Wenn ihr wach seid, sitzt ihr rückhaltlos Zazen, da es eure eigene Praxis ist.

Das gilt nicht nur für *kyōsaku*. In der normalen Gesellschaft, zum Beispiel in einem Unternehmen, macht sich der Chef immer Sorgen, ob seine Angestellten etwas Schlechtes tun oder nicht, ob sie hart arbeiten oder nicht, und wie er sie überwachen kann. In den Schulen sind die Lehrer wachsam in Bezug auf ihre Schüler. Die Knospen der Jugend werden durch diese Einstellung im Ansatz erstickt.

Jeder Mensch arbeitet für das Wohl seines Unternehmens oder lernt, um sich selbst zu verbessern. Wir sollten der intrinsischen Motivation der Menschen vertrauen; das ist ihre authentische Lebensenergie. Dann wird schon jeder versuchen, sein Bestes in dem zu geben, was er gut kann. Ein Chef oder ein Lehrer sollte die Menschen nur beobachten. Meine grundsätzliche Einstellung meinen Schülern gegenüber ist nicht, sie zu überwachen, sondern sie zu beobachten.

Sogar eine Zazen-Runde eines einzigen Menschen ist, wenn sie achtsam durchgeführt wird, eins mit allen Dingen und durchdringt vollständig alle Zeiten. Es ist von wesentlicher Bedeutung mit der Einstellung zu sitzen, dass man eins ist mit der gesamten Welt, in der das Selbst lebt.

Wenn ihr euch diese Einstellung bewahrt, führt ihr immerwährendes Buddha-Wirken innerhalb dieses unerschöpflichen Dharma-Universums in Vergangenheit, Gegenwart und Zukunft aus. Sogar das Zazen eines einzigen Menschen hat unermesslichen Einfluss.

[Zazen] ist sowohl für den Menschen, der sitzt, als auch für alle Dharmas genau die gleiche Praxis und die gleiche Erleuchtung.[22] *Der melodiöse Klang fährt fort zu schwingen, da er nicht nur während der Sitzpraxis widerhallt, sondern auch vor und nach dem Schlagen von shunyata, die endlos tönt, bevor und nachdem ein Hammer sie geschlagen hat.*[23] *Nicht nur das, sondern alle Dinge sind mit authentischer Praxis innerhalb des ursprünglichen Antlitzes, das zu ermessen unmöglich ist, ausgestattet.*

Wenn jeder Einzelne von uns genau jetzt, genau hier als das Selbst, das nur das Selbst ist, praktiziert, ist dieses Zazen haargenau die gleiche Praxis.

Nicht nur in Zazen, sondern auch wenn sonst eine Glocke geschlagen wird, hält der melodiöse Klang eine Weile an. Auf diese Weise erscheint in allen Aspekten des Lebens eines Zazen-Menschen der Verdienst von Zazen. Man sollte behütet und geleitet durch Zazen leben, um Zazen als einen hoch verehrungswürdigen Buddha zu ehren. Zazen ist nicht nur die Sitz-Praxis auf dem *zafu* (Kissen).

Für einen wahren Praktizierenden sollte es keine Kluft zwischen äußerer Erscheinung und der Wirklichkeit geben. Doch fundamentalistische Religionsführer täuschen häufig ihren Anhängern vor, heilige Menschen zu sein. Letzten Endes tut sich zwischen dem Tatsächlichen und dem nach außen Vorgetäuschten eine Kluft auf. Ich glaube, dass man sogar schon beim Auftauchen eines unbedeutenden Risses nicht mehr ein Mensch lebendiger Religiosität sein kann.

Das ist besonders wichtig für einen Menschen, der Zazen als das Selbst, das nur das Selbst ist, praktiziert. Zazen zu praktizieren bedeutet die Wirklichkeit des Selbst zu praktizieren. Wenn Wirklichkeit und äußeres Auftreten sich unterscheiden, taugt die Praxis des Menschen nichts. Wir sollten genauestens die Wirklichkeit des Selbst leben und wie der melodiöse Klang durch das Schlagen von *shunyata* sein - für immer damit fortfahrend.

Es gibt keinen Erfolg und kein Scheitern in der Wirklichkeit des Selbst. Einfach sein, wie es ist. Wir sind vollständig befreit. Das Selbst, das nur das Selbst ist, ist selbst absolute Erleuchtung und doch verfügt es als die authentische Lebensenergie über ursprüngliche Praxis in seinem ursprünglichen Antlitz. Seid einfach die authentische Lebensenergie und fahrt damit fort, euch selbst endlos innerhalb der Lebensenergie zu klären. Das ist wahre Praxis.

Wenn wir die Wirklichkeit des Selbst praktizieren, die absolute Erleuchtung bis zum Äußersten ist, können Erleuchtung und Praxis nicht voneinander getrennt sein. Da wir auf der Grundlage von Erleuchtung praktizieren, wird sie Praxis der Erleuchtung genannt. Praxis und Erleuchtung sind eins. Deshalb kann sie weder ermessen noch erfasst werden. Sawaki Roshi brachte das mit dem Wort *yūsui* (tiefgründig) zum Ausdruck. Die Tiefgründigkeit der Praxis, die, motiviert durch ursprüngliche Lebensenergie, in der grenzenlosen Lebenswirklichkeit selbstklärend wirkt, ist wahrlich unermesslich. Das ist wirklich *yūsui.*

Ihr solltet wissen, dass sogar dann, wenn alle Buddhas in den zehn Richtungen, die so zahlreich wie die Sandkörner am Fluss Ganges sind, gemeinsam die volle Kraft ihrer Buddha-Weisheit einsetzen, sie niemals die Grenze [des Verdienstes] des Zazens eines einzigen Menschen erreichen, ermessen oder ergründen können.

Es heißt, dass es so viele Buddhas wie Sandkörnchen am Ganges gibt. Wenn Menschen Zazen praktizieren, sind sie alle Buddhas. Seit Shakyamuni Buddha sind gute zwanzig Jahrhunderte vergangen. Während dieser Zeit ist die Anzahl der Menschen, die Zazen praktiziert haben, unermesslich geworden. Sogar wenn jene unermessliche Anzahl von Buddhas versuchen würde, das Verdienst von Zazen unter Verwendung von Computern zu bemessen, wäre das nicht möglich.

wütend werdet, droht nicht sofort mit der Faust. Wartet eine Weile ab, ohne zu handeln, und stellt euch vor, dass ihr zehn oder zwanzig Jahre oder bis zu eurem Tod wartet. Ich sage nicht, dass ihr nicht kämpfen sollt. Tut es, wenn ihr echt wütend seid. Und wenn ihr jemanden liebt, ist es auch in Ordnung zu heiraten. Ihr werdet aber in Schwierigkeiten geraten, wenn ihr unmittelbar und gedankenlos einen Menschen schlagt. Und es taugt nichts, eine Frau gestern zu treffen und sich zu verlieben, heute mit ihr durchzubrennen und morgen gemeinsam Selbstmord zu begehen.

Ein Mensch träumte, dass er in einer Winternacht eine Brieftasche fand. Da sie eingefroren war, versuchte er das Eis mit seiner Pisse zu schmelzen. Als er die Brieftasche aufnahm, erwachte er aus seinem Traum und stellte fest, dass er ins Bett gemacht hatte. Wir gewöhnlichen Menschen neigen dazu, uns von Illusionen einlullen zu lassen, handeln auf dieser Basis und schießen uns damit oft selbst ins Knie. Wir teilen, anders gesagt, die Zeit in kleine Abschnitte, und tun innerhalb dieser Abschnitte so sinnlose Dinge wie uns mit anderen streiten, irgendwelche Dinge begehren oder gegen irgendjemand einen Groll hegen. Wir erschaffen Karma inmitten von Aufregung und Verblendung und verstricken uns infolgedessen in den Gefilden von Begierde, Karma und Leiden. Denken ist Sinnestäuschung, Handeln ist Wirklichkeit, ein Ergebnis ist wie ein Gespenst.

Obgleich innerhalb von Zazen verschiedene Gedanken auftauchen, sind Gedanken bloße Absonderungen. Wenn wir das Denken loslassen und auf der Basis der Wirklichkeit handeln, kommen wir von unserer Aufregung runter. Also ist es für Menschen, die nicht Zazen praktizieren, hilfreich, nur dann etwas zu tun, wenn sie lange Zeit darüber nachgedacht haben. Wenn ihr kein gutes Weilchen innehaltet, ist es wichtig, dass ihr Dinge tut, während ihr von Zazen behütet werdet. In diesem Sinne ist Zazen das wahre Tor zu eurem eigenen Leben, das Tor, um das Leben mit dem Auge des Erwachens zu erkennen.

ZWEITE FRAGE:

Warum ist nur dies allein das wahre Tor?

ANTWORT:

Der Große Lehrer Shakyamuni übermittelte ohne Abweichung die wunderbare Methode den WEG zu erlangen, und die Tathāgatas der drei Zeiten (Vergangenheit, Gegenwart und Zukunft) erlangten ebenso alle den WEG durch Zazen. Aus diesem Grund ist [Zazen] von einem Menschen zum anderen als das wahre Tor übertragen worden. Und nicht nur das, sondern all die Vorfahren in Indien und China erlangten den WEG durch Zazen. Deshalb zeige ich jetzt menschlichen und himmlischen Wesen das wahre Tor.

Nach ziemlich langer Erfahrung mit der Zazen-Praxis glaube ich inzwischen, dass zwischen unserem Gehirn und der Zazen-Haltung des Sitzens mit gekreuzten Beinen und gestreckter Wirbelsäule eine etwas kuriose Beziehung besteht. Ich weiß nicht genau warum, aber ich erlebe das selbst so. Wenn wir in dieser Haltung sitzen, fühlen wir unseren Bauchraum bequem auf unseren gekreuzten Beinen ruhen und wir atmen ganz natürlich in den Bauchraum hinein. Das Zwerchfell senkt sich und der Atem wandert tief in das *hara*. Diese Haltung ist wundersam, aber ihr könnt das nicht nachvollziehen, solange ihr nicht tatsächlich selbst sitzt. Ich glaube, dass dies ein Meilenstein von Hochkultur ist, der durch asiatische Religionen entdeckt wurde.

Die Menschheit hat in der Vergangenheit viele Dinge entdeckt wie das Fernsehen, das Auto, Düsenflugzeuge, Raketen und Computer. Obwohl es diese Dinge gibt, sind sie alle bedeutungslos. Warum? Weil nichts von alledem die Menschen hochherziger gemacht hat.

Zazen hingegen macht menschliche Wesen hochherziger. Zazen ermöglicht es menschlichen Wesen, das wahre Selbst zu entdecken. In dieser Hinsicht ist Zazen wirklich „die wundersame Methode um den WEG zu erlangen".

Das Selbst wird mit der Welt des Selbst geboren, lebt inmitten der Welt des Selbst und stirbt mit der Welt des Selbst. Obwohl das völlig konträr zur Sichtweise des gesunden Menschenverstandes ist, werdet ihr erkennen, dass es die Realität ist, wenn ihr sitzt.

Da Shakyamuni dies durch die Praxis von Zazen grundlegend erfasste, übermittelte er diese Wirklichkeit als den Buddha-Dharma. Hätte er nicht Zazen praktiziert, hätte er die Realität dieser Welt [auch] nicht erkannt/verwirklicht.

DRITTE FRAGE:

Auf entweder die unverfälschte Übermittlung der wunderbaren Methode der Tathāgatas zu vertrauen oder den Spuren der Vorfahren zu folgen ist wahrlich jenseits unseres gewöhnlichen Denkens. Jedoch kann Sutras zu lesen oder Nembutsu zu rezitieren ganz natürlich eine Ursache für Satori sein. Wie kann da einfach nur, ohne Sinn und Zweck untätig dazusitzen, ein Mittel sein, um Erleuchtung zu erlangen?

Die Bedeutung der dritten Frage ist: In Ordnung. Zazen ist hilfreich. Ich kapiere, dass es durch gewöhnliche Gedanken nicht erfasst werden kann. Aber es ist doch durchaus möglich, durch viele verschiedene Praktiken erleuchtet zu werden, wie zum Beispiel durch das Rezitieren von Sutras und das Aufsagen von Nembutsu. Ich fühle mich unzufrieden, wenn ich nur schweigend sitze. Mit anderen Worten: Der Fragesteller denkt, dass es besser ist, etwas zu tun, als nichts zu tun.

Zunächst einmal: Menschen in dieser Welt lieben es, mit Spielsachen herumzuhantieren. Sie verspüren immer einen Mangel, wenn sie nicht sofort Spielzeug zur Hand haben. Sie lenken sich mit dem Herumspielen innerhalb von Beziehungen ab. Klaviere, Fotoapparate, Golfspielen und Autos sind für solche Menschen auch alles Vergnügungsobjekte. Das ist einfach nachzuvollziehen, aber Tatsache ist, dass [ebenso] hartes Arbeiten, sozialer Aufstiegskampf und sogar ein Studium oder Forschungsarbeiten nichts anderes als ein Herumdödeln mit Spielzeug sein kann. Unter den gesamten menschlichen Aktivitäten dieser Welt gibt es nichts, womit wir unser eigenes Leben leben können, ohne uns mit Spielzeug abzulenken. Nur Zazen-Sitzen ist frei von Selbstablenkung durch Spielzeug. Das ist der Punkt, in dem Zazen wundersam ist.

Deshalb erwidert Dōgen Zenji:

Dass du jetzt den Samadhi der Buddhas, den unübertroffenen großen Dharma, für nutzloses Herumsitzen in Untätigkeit hältst, setzt den Mahayana herab. Das ist sehr tiefgreifende Verblendung, so als ob jemand inmitten des weiten Ozeans weilend behauptete, es gebe kein Wasser.

Dieser Mensch denkt, dass Zazen vergebliches Herumsitzen ist. Das ist eine verblendete Sichtweise. Wie Dōgen Zenji sagte, „sitzen wir bereits friedlich im *jijuyū zanmai* der Buddhas". Wahres Zazen praktizieren heißt, die Lebenswirklichkeit des Selbst im eigentlichen Sinne erkennend zu leben, ohne sich mit Spielzeug abzulenken, ohne sich mit anderen zu vergleichen, ohne Selbsttäuschung oder Selbstzerstreuung. Dōgen Zenjis Zazen ist der einzige Weg, um ohne Umschweife die Lebenswirklichkeit des Selbst zu leben, die jenseits jeglicher Beziehung zu anderen ist. Wir müssen das gründlichst erfassen. Dir ist nicht mehr zu helfen, wenn du sagst, dass dir während Zazen etwas fehlt.

Manifestiert dies nicht weitreichenden Verdienst? Es ist bedauernswert, dass eure Augen noch nicht offen sind und euer Geist noch trunken. Der Buddha-Bereich ist insgesamt unfassbar.

Was der Buddha-Dharma lehrt ist tatsächlich unfassbar. Andere Religionen oder Philosophien befassen sich nur damit, dass der Geist der Gebieter des Selbst ist und dass dieser Gebieter das Leben besitzt. Sie stellen sich eine Gesellschaft vor, in der wir per Intellekt miteinander kommunizieren können, und stürzen sich mit der Überzeugung in sie hinein, dass sie darin lebten. Das ist die Welt der Denkkonstrukte. Sie denken, dass geboren werden den Eintritt in diese Welt bedeutet und zu sterben das Verlassen dieser Welt.

Die Realität ist jedoch das Gegenteil davon. Leben besitzt den Intellekt. Deshalb erfasst Intellekt niemals das Leben. Die modernen Wissenschaftler versuchen alles über das Leben zu erforschen und seiner habhaft zu werden, aber tatsächlich kennen sie nur ein Stückchen Sand am Strand grenzenlosen Lebens. Zukünftig kennen sie vielleicht hundert Stückchen Sandstrand. Verglichen mit dem Unendlichen machen eins oder einhundert überhaupt keinen Unterschied. Das wirklich Wichtige ist, sich des Unendlichen bewusst zu werden. Das einzig Wichtige, das es für den Intellekt zu verstehen gibt, ist, dass wir die Wahrheit nicht mit dem Intellekt erfassen können.

Es waren für mich sieben oder acht Jahre lang harte Zeiten, nachdem ich mit Sawaki Roshi zu praktizieren begann, weil ich nicht verstehen konnte, was der Buddha-Dharma ist. Im neunten Jahr hörte ich Sawaki Roshi sagen: „Der Buddha-Dharma ist grenzenlos und unendlich. Er kann nicht das sein, was deine Begierden befriedigt." Diese Worte ermöglichten es mir, in Buddhas Lehre einzudringen.

Der Buddha-Dharma ist wahrlich grenzenlos; er kann weder bemessen noch ergriffen werden. Er ist wundersam und doch versuchen wir, ihn mit allen Mitteln unseres Verstandes zu verstehen. Aber das, was unbegrenzt und wundersam ist, ist nicht etwas, was unser Verlangen Dinge zu ergreifen, befriedigt. Etwas Unendliches passt nicht in etwas Endliches.

Im Allgemeinen denken wir, dass etwas Unendliches das Gegenteil von etwas Endlichem ist. Oberflächlich betrachtet ist das leicht zu verstehen. Da gibt es etwas Unendliches und etwas Endliches; wenn es nicht endlich ist, muss es unendlich sein. Aber wenn das so ist, gibt es eine Grenze zwischen Endlichem und Unendlichem, und Unendlichkeit hätte dadurch eine Grenze und könnte nicht mehr wirklich unendlich sein.

Muryō muhen (grenzenlose Unendlichkeit) im Buddha-Dharma ist keine solche begrenzte Unendlichkeit. Sie überschreitet die Grenze zwischen Endlichem und Unendlichem. Das ist nicht einfach zu begreifen. Selbst wenn ihr das mit eurem Verstand versuchen solltet zu verstehen, ist es unmöglich. Nur wenn wir das Denken loslassen, ist da Unendlichkeit.

Das Gleiche gilt für Verblendung und Erleuchtung. Es ist einfach zu verstehen, dass Verblendung nicht gut und Erleuchtung gut ist. Aber das ist ja nicht wirklich der Fall. Wahre Erleuchtung kann nicht mit unserem Verstand ermessen werden, weil wahre Erleuchtung sowohl Erleuchtung als auch Verblendung gleichermaßen im Blick hat. „Unterscheidender Geist kann es nicht erreichen." Niemals ist Zazen bloß vergebliches Herumsitzen. Wir sitzen unbeirrbar in dem *jijuyū zanmai* der Buddhas. Das ist das wahre Zazen, das von Dōgen Zenji gelehrt wurde.

Wir müssen vorsichtig versuchen zu verstehen, was Buddha bedeutet. Wenn wir das Wort *Buddha* hören, stellen wir uns [möglicherweise] unüberlegt irgendwelche ehrwürdigen Buddhas außerhalb von uns selbst vor und denken demzufolge, dass es sich beim Buddha-Dharma um jemand anderen [als uns] handelt.

Menschen in Japan sind in dieser Art zu denken nicht so gut. Kurz nach dem Zweiten Weltkrieg zum Beispiel hielten die Menschen Demokratie für etwas absolut Gutes. Wenn das Wort *Demokratie* verwendet wurde, stellten sie das Denken ein. Vor dem Krieg hörten die Menschen auf zu denken, wenn sie das Wort *Kaiser* hörten. Auf die gleiche Weise verhielt es sich zur Zeit von Dōgen Zenji, als der Buddhismus ziemlich beliebt war und Autorität besaß, wenn Menschen das Wort *Buddha* hörten. Ohne dem Warum nachzugehen hielten sie Buddhas für etwas Verehrungswürdiges.

Aber wenn Menschen heutzutage das Wort *Buddha* hören, sagen sie: „Na und!?", anstatt sie [automatisch] zu verehren. Menschen beten den Kaiser nicht mehr an und Demokratie hat noch ein bisschen Macht, obwohl das auch nachlässt. Von jetzt an sollen wir frei sein von allen Tabus und alles in Frage stellen: „Na und!?"

Heutzutage hört sich das Wort *Buddha* nach etwas Abstraktem und Ungeläufigem an. Es zieht in diesen modernen Zeiten nicht. Meines Erachtens bedeutet *Buddha* „Leben".

Jetzt gerade lebe ich, atme und spreche auf diese Weise. Draußen regnet es. Wenn der Frühling kommt, werden die Bäume und Gräser in diesem Tempel knospen. Das ist die Funktion der einen Lebenskraft.

Diese Lebenskraft ermöglicht es nicht nur lebenden Wesen zu fliegen, sondern sie ermöglicht dies auch Düsenflugzeugen. Wir Menschen denken, dass wir Autos oder Düsenflugzeuge selbst herstellen. Aber die entscheidende Kraft, die sie tatsächlich in Bewegung versetzt, wird nicht durch menschliches Denken ertüftelt; es ist die Lebenskraft der Großen Natur. Vor kurzem flog eine amerikanische, interplanetarische Rakete vom Jupiter zum Saturn. Das war [nur] aufgrund genau dieser Lebenskraft möglich. Überdies drehen sich Planeten wie Jupiter oder Saturn aufgrund dieser Lebenskraft um die Sonne. Es gibt Milliarden von galaktischen Systemen und diese sind allesamt ebenso Manifestationen der gleichen einen Lebenskraft. Diese eine Gesamtkraft nenne ich „Leben“.

Zazen wird Buddhas *jijuyū zanmai* genannt. Sitzen ist Leben (d. h. Buddha), das einfach Leben „tut“. *Jijuyū zanmai* ist Leben, das das Leben selbst lebt.

In Zazen sitzt einfach das [Große] Leben, das es ermöglicht, dass sich Wolken, Schnee und Regen so, wie sie sind, manifestieren. Das Universum und alles im Himmel und auf der Erde sind innerhalb dieses Lebens miteinander verwoben. Dies ist das Leben, das „friedlich in dem *jijuyū zanmai* des Buddhas sitzt“. Leben lebt einfach Leben pur. „Manifestiert dies nicht weitreichendes Verdienst?“

Buddhas sind nichts [anderes] als wahres Leben, das es uns ermöglicht zu leben. Doch da wir es mit unseren kleinen, individuellen Gedanken zu fassen versuchen, verlieren wir es aus den Augen. Das ist mit „eure Augen sind noch nicht offen und eurer Geist ist noch trunken“ gemeint. Es ist [noch] schwieriger zu verstehen, dass individuelles Denken in der Tat ebenfalls Leben ist.

„Der Buddha-Bereich ist insgesamt unfassbar, unerreichbar durch unterscheidendes Denken.“ Der unterscheidende Geist ist *shin shiki*, was eine Abkürzung für *shin i shiki* ist. *Shin* (Geist) ist *citta* in Sanskrit. *Citta* bedeutet wörtlich die Kraft sich zusammenzuschließen und aufzutauchen. Unser individuelles Leben taucht auf, wenn sich all die verschiedenen Materialien zusammenballen. Dann verfügen wir über eine gewisse Energie, um Dinge zu tun.

Ich (Ich-Bewusstsein) ist *manas* in Sanskrit. Das ist das Vermögen *shin* (Geist) als „Ich“ zu besetzen und Begierden zu erzeugen, um sich selbst zu befriedigen. Wenn wir über uns selbst nachdenken, erkennen wir, dass wir ständig herumwirbeln, weil wir auf der Suche nach Bedürfnisbefriedigung sind. Sogar wenn ein Mensch herzergreifend weint und sagt, dass etwas vollständig sein Fehler ist, versucht er eigentlich nur sein Gefühlsleben zu bedienen, indem er auf eine solche Art und Weise weint. Dieses Verlangen nach Selbstbefriedigung ist die Grundlage aller menschlichen Handlungen. Es ist der harte Kern der subjektiven oder selbstzentrierten Art und Weise, alle Dinge zu betrachten.

Shiki (Bewusstsein) ist *vijnana* in Sanskrit. Das bedeutet Dinge zu analysieren und voneinander zu trennen. Seine Funktion ist es, Objekte zu untersuchen und sie zu verstehen.

Shin i shiki (*citta, manas, vijnana*) ist ein buddhistischer Fachbegriff. In unserer Umgangssprache ist das die Bezeichnung für die Funktion, Dinge zu analysieren und zu erkennen, um sie zwecks Befriedigung der eigenen Begierden zu nutzen. Das ermöglicht es menschlichen Wesen zu überleben. Zu unserem Dasein als Mensch gehört die Macht, alle Dinge des Lebens zu ergreifen und sie zur Erfüllung unseres selbstzentrierten Begehrens zu instrumentalisieren.

Gras und Bäume bekämpfen sich nicht gegenseitig, selbst wenn sie aneinander gedrängt sind und nicht genug Platz zum Wachsen haben. Menschliche Wesen würden mit Sicherheit in so einer Situation anfangen zu kämpfen, aber Pflanzen tun das nicht. Sie finden ihren Platz, teilen sich die Sonnenstrahlen und die Luft. Das ist so, weil Pflanzen kein *shin i shiki* haben.

Wir Menschen bekämpfen uns jedoch gegenseitig, weil wir sehr selbstbezogen Unterschiede machen. Da niemand weiß, wann genau wir mit diesem egozentrischen Unterscheiden beginnen, wird es im Buddhismus *mumyo* (Unwissenheit, wörtlich: kein Licht) genannt. Im Christentum wird diese auf selbstbezogener Abspaltung beruhende Egozentrik Erbsünde genannt, weil sie die Quelle aller schweren

Sünden ist. Als Adam und Eva von der verbotenen Frucht aßen, mussten sie aus Schamgefühl ihre Geschlechtsteile verbergen. Dieses Verbergenmüssen weist auf das Existieren einer trennenden Barriere hin, die das Selbst zwischen sich und anderen errichtet. Dort finden wir das individuelle Ego.

Dieser egozentrische Geist ist der Schurke in dem Theaterstück mit dem Titel Unwissenheit oder Erbsünde. Aber aus einem anderen Blickwinkel betrachtet, müssen wir den Schurken nicht wirklich hassen, weil das Stück wegen dieses Übeltäters erst unterhaltsam wird. Wir sollten Unterscheidung auf diese Weise betrachten.

Wie dem auch sei, wir sollten einfach erkennen, dass der unterscheidende Geist zwar möglicherweise alle im Leben auftauchenden Probleme zu lösen vermag, aber er mit dem Problem des Sterbens nicht umgehen kann. Viele Menschen denken, dass Leben nur Dasein ist. Das stimmt nicht. Leben umfasst Dasein und Sterben. In der Humanpsychologie wird unterscheidender Geist Subjekt genannt. Im Westen ist „Verstand" nicht subjektiv, sondern bedeutet nur die Fähigkeit, die Dinge objektiv zu sehen. Aber Verstand ist auch ein Subjekt, und zwar als ein generelles Denkkonstrukt, das aus der subjektiven Sichtweise herausabstrahiert worden ist, die unter vielen Menschen weit verbreitet ist.

Wir denken unter Verwendung unserer Gedanken, die in Worte gefasst werden, für gewöhnlich sehr egozentrisch. Wenn wir nun eine bestimmte Vorstellung haben, fangen wir diese Vorstellung mit einem Wort ein und halten dann dieses Wort für die Vorstellung. Das wird *logos* (Konzept) genannt. Wir kommunizieren miteinander unter Verwendung von *logos* als einem Medium und erschaffen eine Welt, in der Menschen einander verstehen. Das ist unsere Gesellschaft.

Infolgedessen denkt jedes Mitglied der menschlichen Gesellschaft, dass das Selbst an zentraler Stelle steht. Aber dieses Selbst wird jedem Menschen gleichermaßen, euch oder mir, zugeschrieben. Wir kreieren ein generalisiertes Denkkonstrukt von „Selbst", das die Grundlage rationalen Denkens darstellt. Durch menschlichen Forscherdrang angestoßen hat die Welt des wissenschaftlichen Forschens einen logischen Weg zu denken entwickelt, der von allen Menschen begriffen werden kann. Dieser menschliche Drang, Dingen auf den Grund zu gehen, zeitigt als Ergebnis die modernen Naturwissenschaften bzw. die technologische Zivilisation. Wissenschaftler denken auf logisch basierten und nicht auf individuell diskriminierenden bzw. auf persönlichen Vorlieben beruhenden Sichtweisen, aber [immer noch] auf der Basis von Unterscheidungen, die auf generellen Denkkonstrukten beruhen, die allen Menschen zu eigen sind. Diese Art von Forschung versetzt uns in die Lage, eine Rakete zum Jupiter oder Saturn zu schicken und Realzeitbilder zur Erde zu senden. Doch ist nun durch diese Entwicklung der wissenschaftlichen Zivilisation das Problem des menschlichen Sterbens gelöst worden? Ganz und gar nicht! Es mag vielleicht in der Zukunft möglich sein, alle Probleme mit wissenschaftlicher Technologie in den Griff zu bekommen, aber das Problem des Sterbens kann nicht gelöst werden.

Tägliches Dasein und Leben sind verschieden. Dasein ist auf Lebendigsein angewiesen. Aber Leben wird geboren, lebt und stirbt. Verstand oder Technologie können ihm nicht einmal nahekommen. Es ist wirklich „unerreichbar durch Unterscheiden".

Noch viel weniger kann sie [die Buddha-Welt] ohne Vertrauen und mit geringer Erkenntnis erfahren werden.

Der buddhistischen Definition zufolge bedeutet Vertrauen zu besitzen, rein und klar zu sein. Wahres mit Myriaden Dharmas verwobenes Leben ist rein und klar als Leben des Selbst im Gegensatz zu individuellem, physiologischem Leben. Das ist glaubendes Vertrauen. Das Leben des Selbst wird durch die Macht des persönlichen, egozentrischen Geistes sehr leicht befleckt. Indem wir die Gedanken loslassen, werden wir als wahres Leben rein und klar. Das wird *namu* oder *kimyo* (Zuflucht nehmen) genannt. *Kimyo* bedeutet „zu einem Leben zurückzukehren, das alles an allen Orten vollständig durchdringt".

Oft sagen wir: „Ich vertraue auf Gott" oder: „Ich vertraue auf Buddha". Das ist der Glaube, der auf dem Verständnis basiert, dass unsere Gedanken das [wahre] Leben niemals berühren können. Für uns gewöhnliche Menschen ist dies jedoch sehr schwierig zu verstehen. Weil wir unser tägliches Dasein mittels Denken bewältigen, glauben wir, dass wir auch die „große Angelegenheit" des Lebens, das Dasein und Tod einschließt, mit den gleichen Mitteln lösen können.

Viele gut ausgebildete Japaner sagen stolz, dass sie nicht religiös sind. Das ist das Gleiche wie zu sagen, dass sie närrisch sind. Diese Menschen streben bloß nach einem Leben in der Oberschicht, Geld, Macht und Ruhm. Ich habe gehört, dass das Urvolk in Papua Neu-Guinea nur eins und zwei zählt. Sie sagen „viele", wenn sie mehr als zwei von etwas haben. Auf die gleiche Weise kennen die Japaner nur materielles Leben und Geld; sie sind wirklich primitiv. Solche Menschen sind Menschen „ohne Vertrauen und von minderer Erkenntnis".

Nur wirklich befähigte Menschen, die wahrhaft vertrauen, sind in der Lage die Schwelle zu überschreiten.

Wer vollständig versteht, dass der unterscheidende Geist dem Leben nicht nahe kommen kann, lässt das Denken los. Das ist wahres Vertrauen.

Menschen ohne Vertrauen haben Schwierigkeiten, [die Lehre] anzunehmen, sogar wenn sie unterwiesen werden. Selbst auf dem Geier-

gipfelberg gab es eine Gruppe von Menschen, von denen Buddha sagte: „Es ist gut, dass sie fortgehen."

Wir können nichts für Menschen tun, die nur Leben im materiellen Überfluss und Geld im Sinn haben. Als Shakyamuni auf dem Geiergipfelberg das *Lotus Sutra* darlegte, glaubten *shravakas* und *pratyeka*-Buddhas, die Buddhas Lehre als eine besondere Theorie begriffen, dass Shakyamuni etwas sich von ihrer Sichtweise Unterscheidendes, etwas jenseits ihrer eigenen Verständnismöglichkeiten Liegendes lehrte, da das *Lotus Sutra* besagt, dass die wahre Form allen Dharmas außerhalb der Reichweite unseres Denkens liegt. Deshalb hielten sie es für sinnlos zuzuhören und brachen auf. Dreitausend Menschen erhoben sich und gingen. Shakyamuni sagte damals: „Es ist in Ordnung, dass sie weggehen." Er forderte sie nicht auf zu bleiben.

Im Allgemeinen ist es so, dass ihr praktizieren und studieren solltet, wenn wahres Vertrauen sich in eurem Herzen erhebt.

Ich schrieb Abhandlungen für eine Reihe über Sawaki Roshis Reden für die Zeitschrift Asahi, die später in Buchform mit dem Titel *Yadonashi Kōdō* Hokkusan veröffentlicht wurde. [Eine englische Übersetzung des Buches wurde vom Kyoto Sōtō Zen Center im Jahr 1991 mit dem Titel *Zen Teaching of „Homeless Kōdō"* veröffentlicht.] Ich versuchte auf sehr verständliche Weise den Buddha-Dharma unter Verwendung von Umgangssprache und Beispielen aus der modernen Gesellschaft zu erklären. Ich hörte jedoch, dass sich viele Menschen beschwerten, dass es zu schwierig sei. Ich glaube, diese Menschen konnten es nicht verstehen, weil sie niemals zuvor über das Problem ihres eigenen Lebens, das Leben und Tod umfasst, nachgedacht hatten. Sie hatten sich nie ins Bewusstsein gerufen, dass sie früher oder später sterben würden. Das Problem unseres Lebens beginnt, wenn wir erkennen, dass wir unvermeidlich älter werden und sterben müssen. Unser Leben umfasst Dasein und Tod, aber die Menschen erkennen das nicht.

Wenn ich über den Tod spreche, sagen die Leute: „Ich möchte so eine unheilvolle Sache nicht erörtern." Sie haben kein Gespür für die Lehre des Buddha-Dharmas. Aber in punkto Existenzkampf müssen sie sehr gut sein. Ich kenne da ein Beispiel für so jemanden. Er arbeitete für ein großes Unternehmen und wurde Abteilungsleiter. Nach seiner Berentung eröffnete er ein selbstständiges Unternehmen und war so erfolgreich, dass er zum Schluss zwei Firmen besaß. Als er älter wurde, wurde er von einer Lähmung heimgesucht, obwohl er zeitlebens ein sehr starker Mensch gewesen war, der wie ein Berserker arbeiten konnte, ohne jemals krank zu werden. Als er mit einer tödlichen Krankheit ans Bett gefesselt war, holte ihn die Verzweiflung ein. Sein Arzt sagte, dass er sich nie wieder würde bewegen können, wenn er Massage und Rehabilitation ablehne. Wenn er eine Behandlung erhielt oder Übungen machte, schrie er vor Schmerzen, als ob die ganze Welt zusammenbräche, und forderte, die Maßnahmen sofort einzustellen. Infolgedessen blieb sein Körper unbehandelt und letztlich war er überhaupt nicht mehr in der Lage Arme und Beine zu bewegen. Da er jedoch einen belastbaren Magen hatte, aß er jeden Tag Fleisch und Schokolade. Nachdem er so sieben oder acht Jahre im Bett zugebracht hatte, stattete ich ihm einmal einen Besuch ab. Er war wie ein Baby und sagte mit kläglicher Stimme: „Uchiyama-san, das taugt alles nicht mehr." Er tat mir wirklich sehr leid, aber ich wusste nicht, wie ich ihm helfen sollte.

Das Leben zu leben ist etwas anderes als die Kunst des Überlebenswettbewerbs. Wenn ihr mit der Einstellung durch die Welt zieht: „Mir geht es um nichts anderes als um mein Auskommen und Geld, aber egal, wir können auch ein Baby bekommen.", werdet ihr genau wie er in der letzten Phase eures Lebens in ein Loch fallen.

Wir sollten unser Leben vor dem faktischen Hintergrund betrachten, dass lebende Wesen sterben müssen. Vor allem anderen müssen wir die Angelegenheit des Sterbens klären und erst von diesem Punkt aus können wir beginnen zu leben. In der Jōdō Shin Schule (einer der japanischen Schulen des Reinen Land-Buddhismus) gibt es den wichtigen Fachbegriff *goshō* (späteres Leben). Das bezieht sich nicht auf das nächste Leben im Reinen Land nach dem Tod, sondern auf das gegenwärtige Leben, nachdem man die Angelegenheit seiner Sterblichkeit geklärt hat. Tatsächlich sollten wir voller Lebenskraft im gegenwärtigen Leben lebendig sein, gerade weil wir sterben werden. Das ist die schönste Art zu leben.

Nahezu alle Menschen, die in Japan buddhistische Tempel besuchen, sind alte Menschen. Sie kommen nur in die Tempel, um den Buddha-Dharma zu suchen, weil sie mit dem Tod konfrontiert sind. Aber das ist wirklich zu spät. Ich bin froh, dass wir hier so viele junge Menschen haben, weil es von Beginn an von höchster Wichtigkeit ist, die Angelegenheit von Tod und Sterben zu klären.

Im Wesentlichen ist die westliche Zivilisation eine des Überlebenskampfes. Sie ist darauf bedacht, möglichst geschickt durchs Leben zu manövrieren, anstatt sich um den eigenen Tod zu sorgen. Buddhistische Kultur hat ihren Ausgangspunkt in der Betrachtung von Tod und Sterben. Zum Beispiel praktizieren in den buddhistischen Ländern Südostasiens die Menschen in buddhistischen Klöstern, wenn sie jung sind, und [dann] arbeiten sie innerhalb der Gesellschaft. Im Alter ziehen sie sich aus der Gesellschaft zurück und treten in Klöster ein, um den Rest ihres Lebens still und ruhig Zazen zu praktizieren und ihrem Tod entgegenzusehen. Ich halte das wirklich für eine wundervolle Art und Weise sich dem Leben anzunähern. Sie ist in Übereinstimmung mit dem Rhythmus des menschlichen Lebens, dem Rhythmus von Geborenwerden, Leben und Sterben.

Ich habe viele ältere amerikanische Frauen gesehen, die grellen Lippenstift, starkes Make-up und knallrote Kleider tragen, wenn sie in den Straßen von Kyoto shoppen gehen. Japaner äußern sich oft lobend über sie und sagen, dass amerikanische Frauen jung aussehen, bis sie wirklich alt sind. Sie meinen, dass die japanischen Frauen zu schnell alt aussehen. Natürlich ist es ansprechend, jugendlich zu erscheinen, aber zu viel unnatürliche Schminke macht die Menschen abstoßend. Wie verhalten sich solche Menschen, wenn sie durch eine tödliche Krankheit ans Bett gefesselt sind? Wir müssen diesen Punkt genau bedenken. Wir sollten Altern und Sterben genau unter die Lupe nehmen und von dieser Basis aus müssen wir uns aufmachen, unser wahres Leben zu leben.

Junge Leute denken vielleicht, dass sie eine Menge Zeit haben, bevor sie alt werden; dass es erst zwanzig oder dreißig Jahre später passiert. Dreißig oder vierzig Jahre sind jedoch im Nu vorbei. Ich kann das genau spüren, wenn ich aus der Gegenwart auf mein Leben zurückblicke. Zeit fliegt. Leben hat immer den Tod an seiner Seite.

Bedauern, dass ihr nicht den Segen des Dharmas aus einstigen Zeiten erfahrt.

Das bezieht sich auf den Dharma in dem Ausdruck „EinGeist ist alle Dharmas; alle Dharmas sind EinGeist“. EinGeist durchdringt alle lebenden Wesen; alle Wesen, die von Leben durchdrungen sind, sind EinGeist.

Normalerweise denken wir, dass wir in eine Gesellschaft hineingeboren werden, die bereits schon vor unserer Geburt existierte, und alle Dharmas bilden die Gesellschaft mit dem Selbst als eines der Mitglieder dieser Gesellschaft. Deshalb gehen wir davon aus, dass das Selbst eine von all den zahllosen Existenzen ist. Wir grämen uns und leiden an Vereinsamung, weil wir denken, dass wir allein in einer Welt dastehen, in welcher zahlreiche Menschen leben. So versuchen wir Orte aufzusuchen, wo viele Menschen zusammenkommen, und machen irgendetwas mit anderen Menschen gemeinsam, um von der Einsamkeit erlöst zu werden. Das ist menschliches Handeln, das auch Vermassung genannt werden kann.

Nachdem wir den Zweiten Weltkrieg verloren hatten, wurden in Japan viele neue Religionen populär, wie zum Beispiel Sōka Gakkai und Tenrikyō. Ich glaube, das geschah aus dem gleichen Phänomen heraus. Während ich mich im Jahr 1950 oder 1951 im Antaiji in Kyoto aufhielt, las ich ein Buch über Tenrikyō, weil mich eine alte Dame in unserer Nachbarschaft darum gebeten hatte. Das Buch war sehr dürftig und überhaupt nicht interessant, aber da die Dame darauf bestand, dass ich zu einem [solcherart religiösen] Fest in Tenri ginge, begleitete ich sie. Ich war überrascht. Die gewaltige Schreinhalle war bis zum Bersten mit Menschen gefüllt und nach einer Weile erschien der *mahashira-san* (das Oberhaupt der Religion) und lieferte eine abgedroschene Predigt mit dem Titel „Der menschliche Geist ist etwas Warmes" ab. Nahezu alle Gläubigen schliefen auf ihren Plätzen, während er predigte. Wenn sich die gleiche Sorte Menschen zusammenfindet, scheint dies den Effekt zu haben, dass sie sich sicher fühlen und wegdösen.

Sawaki Roshi sagte einmal: „Wenn dich Tenrikyō zufrieden macht, geh zu Tenrikyō. Wenn du Sōka Gakkai magst, tritt Sōka Gakkai bei. Egal wie viele Anhänger sie haben, Schlacke ist einfach nur Schlacke."

Diese Menschen betrachten sich selbst nur als einen unter vielen anderen. Es ist sinnlos, wenn sich viele Menschen versammeln und sie einfach nur eine Ansammlung von Individuen bleiben, eines unter vielen anderen.

Wir sollten uns von einem anderen Blickwinkel aus sehen. Es stimmt, dass wir als ein Mensch unter vielen leben, aber wir sind auch das Selbst, das alle zusammen ist. Alle Wesen existieren nur innerhalb unserer Lebenserfahrung. Wir leben ausschließlich innerhalb unserer Erfahrung von der Welt. Unser Selbst ist gemeinsames Leben und Sterben mit allen Wesen und somit beinhaltet unser Selbst eine unermessliche Fülle. Wir erkennen [aber] diese unsere Lebenswirklichkeit nicht, wenn wir uns nur auf das Selbst ausrichten, das allein in eine Gesellschaft geboren wird und sie auch allein wieder verlässt. Dōgen Zenji sagte, dass Menschen, die auf solche Weise denken, nicht den „Segen des Dharmas“ haben.

Des Weiteren, seid ihr euch wirklich eines Verdienstes, das durch das Ausüben von Praktiken wie Sutras lesen oder Nembutsu rezitieren gewonnen werden kann, sicher? Die Vorstellung, dass das bloße Geräusche Erzeugen durch das Bewegen der Zunge den Verdienst des Buddha-Wirkens herbeiführt, ist vollkommen sinnlos.

Dōgen Zenjis Schreibe wird hier zunehmend beißender. Ich dachte immer, buddhistische Mönche müssten Sutras rezitieren, aber seit ich diesen Kommentar von Dōgen Zenji gelesen habe, habe ich damit aufgehört.

Sie ist extrem weit entfernt, sagenhaft weit entfernt davon, dem Buddha-Dharma zu ähneln. Auch was das Erschließen der Sutras betrifft: Wenn ihr deutlich versteht, was Buddha als das Prinzip von plötzlicher und gradueller Praxis gelehrt und gemäß dieser Lehre praktiziert hat, werdet ihr mit Sicherheit Erleuchtung vollenden. Euer vergebliches Verschwenden von Denken und Unterscheiden ist nicht vergleichbar mit dem Verdienst Bodhi zu erlangen.

Sutras sind wie eine Anweisung über die Wirkung eines Heilmittels. Sie sagt, dass wir eine bestimmte Menge dieses Heilmittels einnehmen sollen, wenn diese oder jene Symptome bei uns auftreten. Wenn wir das Heilmittel dementsprechend einnehmen, funktioniert es. Es ist aber sinnlos, diese Anweisung dreimal täglich zu lesen.

Plötzliche Praxis bedeutet, dass ihr durch Praxis plötzlich erwacht. Allmähliche Praxis bedeutet, dass ihr praktiziert und allmählich erwacht.

In den Sutras heißt es, dass Zazen zu praktizieren die wahre Lebensweise ist. Nur Sutralesen [ohne zu praktizieren] ist nutzlos.

Das Einstudieren von Buddhismus wie eine Glaubenslehre bedeutet „vergebliches Verschwenden von Denken und Unterscheiden". Es gibt eine ziemlich große Anzahl von Gelehrten des *Shōbōgenzō*, die niemals Zazen praktizieren. Es hat keinerlei Wert *Shōbōgenzō* zu lesen, weil es guten Stoff liefert, um darüber eine Doktorarbeit zu schreiben. Da es im *Shōbōgenzō* heißt, dass wir Zazen praktizieren sollten, sollten wir das also auch ohne Umschweife tun.

Die Absicht den Buddha-Weg durch stumpfes, unaufhörliches, Millionen Mal wiederholtes Rezitieren zu erreichen ist wie einen Wagen nach Norden zu steuern und zu versuchen, in den Süden zu fahren. Dies gleicht dem Versuch, einen quadratischen Holzdübel in ein rundes Loch zu stecken. Schriften lesen und derweil den Weg der Praxis ausklammern ist wie ein Mensch, der eine [medizinische] Verordnung liest, aber vergisst das Heilmittel einzunehmen; worin liegt da der Nutzen? Fortlaufend Geräusche auszustoßen wie Tag und Nacht quakende Frösche im Reisfeld zur Frühlingszeit ist auch höchst sinnlos. Darüber hinaus haben Menschen, die durch Ruhm und Profit zutiefst geblendet sind, Schwierigkeiten davon abzulassen, weil ihre Gier äußerst tief sitzt. Da es in den alten Zeiten so war, warum sollte es in der modernen Welt anders sein? Wir müssen größte Anteilnahme empfinden.

Ich weiß, dass es viele merkwürdige Dinge in der Welt gibt, aber das Seltsamste ist für mich, dass viele der sogenannten religiösen Lehrer nicht wirklich gemäß ihrer Religion leben. Mir wird wirklich übel, wenn ich die vielen religiösen Führer sehe, die nur daran denken, wie man die Massen anlockt. Einige von ihnen lassen verlautbaren, dass du erfolgreich in deinen Geschäften wirst oder dich von einer Krankheit erholst, wenn du an ihre Religion glaubst. Das ist zu simpel und nicht hinnehmbar. Bestimmte religiöse Menschen glauben, dass religiös zu sein bedeutet, nur ganz außergewöhnliche oder moralisierende Äußerungen von sich zu geben, die von den Massen angehimmelt werden. Da sich viele Menschen um derartige religiöse Spinner herum einfinden, nehmen sie eine Menge Geld ein und erlangen daraufhin Berühmtheit. Weil ich immer nur sage, dass ihr altern und sterben werdet, kommen zu mir nicht viele Menschen.

Vor langer Zeit, als ich noch jung war, war ich eine Zeitlang ein Lehrer in einer katholischen theologischen Fakultät. Ich ging davon aus, dass die katholische Messe Menschen dazu bringen würde, in die Kirche zu kommen. Zum Ersten war die Musik wunderbar. Und es war wundervoll, strahlende Kerzen zu sehen, Duft von Räucherwerk strömte, Kinder in feiner Kleidung und Priester in wunderschönen Gewändern, die Messe zelebrierend, betend und Hymnen singend. Es lohnte sich wirklich, eine solche Aufführung anzuschauen, auch wenn ich Geld geben musste. Die breite Masse der Menschen liebt diese Art von Zeremonie. Zeremonien waren eines der wichtigen Mittel, um Menschen zu führen und zu kontrollieren, bevor sich die Massenkommunikationsmittel entwickelten.

Menschen vergangener Zeiten verstanden Unterweisungen, wie zu leben sei und was man besser nicht tun sollte, nicht. Es war viel eingängiger zu sagen, Gott hat uns befohlen, das und das zu tun. Die Menschen konnten die Unterweisungen eher annehmen, wenn sie als Befehl Gottes dargestellt wurden. Die Folge war, dass Religion nahezu alle Aspekte menschlichen Lebens mit Hilfe von Zeremonien kontrollierte, wie zum Beispiel den Eintritt ins Erwachsenenleben, Heiraten, Beerdigungen und Gedenkfeiern.

Im Alten Testament wird zum Beispiel als Befehl Gottes ausgegeben, dass Menschen keinen Tintenfisch, keinen Kalmar oder Meeresschnecken essen sollen. Ich denke, dass solche Dinge schnell verdarben, da das jüdische Land weit entfernt vom Meer und heiß war. Sie zu essen ließ die Menschen krank werden. Da die Menschen keine Hygienevorstellungen hatten oder medizinische Beweggründe kannten, wurde ihnen gesagt, dass das ein Befehl Gottes sei. Im Alten Testament mussten auch die Anzahl der Männer, die Soldaten sein und in den Krieg ziehen konnten, und die Anzahl der Schafe registriert werden. Kriegsvorbereitungen und Volkszählungen unterlagen der Kontrolle der religiösen Machthaber. Als ein Überbleibsel derartiger religiöser Machtausübung gibt es sogar bis zum heutigen Tag noch verschiedene Übergangsrituale und Zeremonien. Das Einsammeln von Menschen, Geld und Ruhm nimmt kein Ende. Das ist wirklich erbärmlich.

Ihr müsst deutlich erfassen, dass der wundersame Dharma der sieben Buddhas seine essentielle Bedeutung nur verwirklicht, dass er nur empfangen und bewahrt wird, wenn sich ein Praktizierender mit dem Geist eines Meisters, der den WEG verkörpert und den Geist klärt, vereint, Erwachen verwirklicht, ihm folgt und die wahre Übermittlung empfängt. Dieser [wunderbare Dharma] kann nicht vollständig durch einen Lehrer begriffen werden, der nur Worte studiert. Deshalb macht sofort Schluss mit euren Zweifeln, praktiziert den Weg des Zazen unter der Leitung eines wahren Lehrers und verwirklicht vollständig den jijuyū zanmai der Buddhas.

Der wundersame Dharma der sieben Buddhas bedeutet authentischer Buddha-Dharma. Ein Meister, der den WEG verkörpert und den Geist klärt, ist sehr schwer zu finden. Es ist nicht hilfreich, dass jemand, der nur wenig Erfahrung mit Zazen hat, Anfänger in Zazen anleitet, da sehr verschiedene Umstände in der Zazen-Praxis auftauchen können. Lehrer müssen Menschen sein, die solange praktiziert haben, dass sie mit jeglicher Art von Szenario während Zazen vertraut sind. Weil das Leben menschliches Denken beinhaltet, gibt es die verschiedensten Lebensinszenierungen. Während Zazen können wir vermeinen, wir wären zur Leerheit erwacht, aber wenn wir hinausgehen und schöne Frauen sehen, erfasst uns sicherlich aufs Neue verblendete Begierde.

Ich habe, was mich betrifft, zweimal geheiratet bevor ich Mönch wurde. Beide Ehefrauen starben. Eine Weile lang rührte sich nichts in meinem Geist, wenn ich schöne Frauen sah, weil ich mich an das Totenantlitz meiner Frau erinnerte. Ich glaubte, ich sei in der Kontemplation von Vergänglichkeit fortgeschritten, aber unglücklicherweise ist Kontemplation von Vergänglichkeit selbst auch vergänglich. Nach einer Weile begann ich erneut Begehren zu empfinden, wenn ich junge Frauen sah. Jetzt, nach langer Zeit, fühle ich diesbezüglich einen großen Fortschritt, aber das bedeutet nur, dass ich wirklich gealtert bin.

All das ist ganz einfach nur das Szenario des Lebens. Wenn eure Erleuchtung durch solche Szenarien behelligt wird, ist es keine wahre Erleuchtung.

Zum Beispiel hörte ich eine Geschichte über einen bestimmten Rinzai-Lehrer, der bereits sogenannte Erleuchtung erlangt hatte. Eines Tages flog er wegen irgendeiner Sache irgendwohin. Unglücklicherweise geriet das Flugzeug in Turbulenzen und der Roshi war schrecklich reisekrank. Das ist physiologisch vollkommen natürlich. Der Roshi jedoch dachte, dass es sich für eine erleuchtete Person wie ihn nicht schickt, reisekrank zu sein, und er versuchte so zu tun, als ob er es nicht sei. Als er aus dem Flugzeug ausstieg, bat er seinen Assistenten niemandem von seiner Reisekrankheit zu erzählen. Das ist wirklich unbequem, wenn ein erleuchteter Mensch nicht reisekrank werden oder erkältet sein darf. Das geht zu weit, einen Assistenten zu bitten, niemandem zu sagen, dass der Roshi eine Erkältung hat.

Kurz gesagt ist es keine wahre Erleuchtung, wenn sie durch Verblendung behindert wird. Erleuchtung ist nicht verlässlich, solange sie nicht, in egal welcher Situation, zum Tragen kommt. Wie ich zuvor schon erklärt habe, ist es wichtig, Verblendung und Erleuchtung mit einem einzigen Auge zu sehen. Sowohl Verblendung als auch Erleuchtung sind das Szenario des Lebens. Wir sollten auf einem Grundstock sitzen, von dem aus wir sie gleichermaßen sehen können.

Dōgen Zenjis Zazen ist nicht eines, das Verblendung in Erleuchtung verwandelt, sondern das eines Überschreitens von Erleuchtung und Verblendung. Es handelt sich nicht darum, einen gewöhnlichen Menschen in einen weisen Menschen zu transformieren, sondern es handelt sich darum, [die Vorstellung von] gewöhnlich und weise zu überschreiten. Gewöhnliche Menschen glauben, dass Buddhismus Verblendung in Erleuchtung verwandelt und Durchschnittsmenschen in Weise, aber diese Ansicht stimmt nicht mit dem Buddha-Dharma überein.

Ein Mensch, der sowohl Erleuchtung als auch Verblendung und sowohl die Idee von gewöhnlich wie auch von weise überschreitend sich auf dieser soliden Basis ganz der Sitz-Praxis hingibt, kann ein Meister genannt werden, der den WEG verkörpert und den Geist klärt. Wenn ein Praktizierender mit dem Geist in Passung ist, Erwachen verwirklicht und mit solch einem Lehrer praktiziert, wird der Buddha-Dharma ohne jeden Zweifel erblühen. Ein Lehrer, der nur Worte wälzt, ein Mensch, der versucht, Buddhas Lehre durch bloßes Textstudium abzuhandeln, kann den Kern des Buddha-Dharma nicht begreifen.

ZU VIELE LEHRER FÜHREN MENSCHEN, OHNE SELBST ÜBER AUSREICHENDE ORIENTIERUNG ZU VERFÜGEN.

FRAGE VIER:

Die Lehren des Hokke (Tendai) und Kegon, die heutzutage in unserem Land übermittelt werden, gehören beide zu den vortrefflichsten Lehren des Mahayana. Mehr noch, die Shingon-Lehre wurde tief vertraut von Vairocana Tathāgata an Vajrasattva, von Lehrer zu Schüler ohne jegliche Abweichung übermittelt. Ihr Grundsatz ist „Geist selbst ist Buddha" oder „Dieser Geist wird Buddha", was das wahre Erwachen der fünf Buddhas in einem Moment des Sitzens, ohne viele kalpas der Praxis zu durchlaufen, darlegt. Dies muss der Inbegriff des Buddha-Dharmas genannt werden. Welche überlegenen Eigenschaften der Praxis, von der du nun sprichst, bewegen dich dazu, dass du ungeachtet dessen nur diese eine [Praxis] befürwortest und jene andere ausklammerst?

Die hier erwähnte Hokke-Schule ist nicht die heutige Nichiren-Schule, sondern bezieht sich auf die Tendai-Schule. Der Haupttempel der Kegon-Schule ist Tōdaiji in dem für den Großen Buddha berühmten Nara. Diese Schule hat sich nicht so weit verbreitet. Es gibt nurmehr noch rund dreißig Kegon-Tempel in Japan. Die tiefgründigen Philosophien dieser beiden Schulen werden als „die vortrefflichsten Lehren des Mahayana" betrachtet. In der Heian und frühen Kamakura-Periode, in der Dōgen Zenji aktiv war, waren die Shingon- und Tendai-Schulen sehr beliebt. Insbesondere die esoterische Lehre und Praxis des Shingon stimmte mit dem mystischen Gespür des japanischen Volkes überein.

Da sich Japaner leicht durch Autoritäten oder Trends beeindrucken lassen, folgen sie etwas Starkem ohne Wenn und Aber. Im dreizehnten Jahrhundert glaubte jeder, dass Buddhismus fraglos etwas

Ehrenwertes sei: Menschen stellen das Denken einfach ein und laufen Autoritäten hinterher. Von den verschiedenen buddhistischen Schulen war Shingon bemerkenswert machtvoll.

Dainichi Nyorai ist in Japan eine sehr geläufige Bezeichnung für Vairocana Tathāgata. Durch diese Bezeichnung wird die kosmische Wirklichkeit symbolisiert und benannt. Es ist die ungeteilte, universelle Kraft der Natur. Dieser Tradition gemäß predigte Dainichi Nyorai über die Gefilde inwendiger Erleuchtung und Kongosatta (Vajrasattva) stellte diese Lehrtexte zusammen und lagerte sie in einer eisernen Stupa in Südindien. Kongosatta ist im esoterischen Buddhismus ein anderer Name für Fugen Bosatsu (Samantabhadra Bodhisattva). Es heißt, dass Nagarjuna hunderte von Jahren später die eiserne Stupa öffnete und die Übermittlung der geheimen Lehren des Kongokai (Vajradhatu, Diamant-Fahrzeug) und Taizokai (Garbhadhatu, Tantra-Fahrzeug) begann.

Dainichi Nyorai ist die Kraft der kosmischen Natur selbst und menschliche Wesen sind Geschöpfe dieser Großen Natur. Weil das so ist, sind menschliche Wesen einfach genauso, wie sie sind, nichts anderes als Buddha. Auf diese Weise atme ich, zirkuliert Blut in meinem Körper und verschiedene Arten von Gedanken entspringen meinem Geist. Allein einfach dazusein ist schon ein wunderbares Geschehnis inmitten der Großen Natur. Der Geist (oder das Selbst) ist selbst Buddha.

Es ist nicht schräg zu sagen, dass unser Leben nichts als Buddha ist. „Dieser Geist wird Buddha" bedeutet, dass wir auf der Grundlage des Geistes Buddha werden. Wir alle sind ohne irgendeine besondere Praxis Buddhas so, wie wir sind, aber wir verwirklichen den Buddha nicht.

„Das wahre Erwachen der fünf Buddhas im Augenblick des Sitzens" ist eine interessante Lehrmeinung der Shingon-Schule. Ich will sie in aller Kürze erläutern.

Unser Bewusstsein: Augen, Ohren, Nase, Zunge, Körper, d. h. die fünf Sinne, die die fünf Wahrnehmungen verursachen (Sehen, Hören, Riechen, Schmecken, Tasten), werden die ersten fünf Bewusstseinsarten genannt. Das sechste Bewusstsein wird Denk-Bewusstsein (*i shiki*, Sanskrit *mano vijnana*) genannt. Das siebte ist *manas*-Bewusstsein (*mana shiki*, Sanskrit *manas vijnana*). Das achte ist *alaya*-Bewusstsein (*alaya shiki*, Sanskrit *alaya vijnana*). Das neunte ist unbeflecktes Bewusstsein (*anmara shiki*, Sanskrit *amala vijnana*).

Denk-Bewusstsein ist die Funktion verschiedene Dinge zu denken. Manas-Bewusstsein, das individuelle Lebenskraft als Ego ergreift und Dinge auf eine egozentrische Weise sieht, stammt aus dem alaya-Bewusstsein. Alaya-Bewusstsein ist genauer gesagt eher individuelle Lebenskraft als Bewusstsein.

Zuvor sagte ich, dass Geist (*citta*, was sich sammeln und erheben bedeutet) Denken ist, das sich durch verschiedene Faktoren bildet und aufwallt. Was sind die Faktoren? Durch die Eltern Vererbtes, die individuellen Umstände, in die wir hineingeboren werden und in denen wir aufwachsen, und die Tatsache im zwanzigsten Jahrhundert in Japan geboren worden zu sein sind alles Faktoren, die gemeinsam unsere Persönlichkeit formen. Darüber hinaus hängen wir vom aktuellen Wetter ab, der Temperatur und unserer physischen Kondition. All diese Faktoren zusammen versetzen uns in die Lage als individuelle Lebenskraft zu leben.

Alaya ist dieses aus unermesslichen Faktoren bestehende sich Zusammenfinden und Auftauchen. *Alaya* wird auch Lagerhaus-Bewusstsein genannt, weil alle unsere Erfahrungen wie Samenkörnchen in ihm aufbewahrt werden. Diese Samenkörner sprießen einige Zeit später und sind der Grund dafür, dass wir auf eine bestimmte Art und Weise handeln.

Unser Leben hat zwei Aspekte. Ein Aspekt ist, dass verschiedene, sich zusammenfindende Faktoren jedes Ding als ein Ergebnis hervorrufen. Ein anderer Aspekt ist, dass wir durch jedwede Erfahrung lernen und auf Grund dessen, was wir gelernt haben, urteilen und handeln. Das ist die Bedeutung von *alaya*-Bewusstsein. Deshalb halte ich Alaya für unsere individuelle Lebenskraft.

Aus dem *alaya* taucht *manas*-Bewusstsein auf. Geist ist nichts als eine Ansammlung all der verschiedenen, zufälligen Faktoren und doch ergreifen wir Gedanken, die durch Zufälle verursacht worden sind, nennen sie „Ich" und haften dann daran. Die Funktion des Wahrnehmens der individuellen Lebenskraft als Ego wird *manas*-Bewusstsein genannt. In Yuishiki (der Nur-Bewusstsein-Philosophie der Yogacara-Schule) heißt es, dass das *manas*-Bewusstsein immer aus zusammen mit Unwissenheit gegenüberstehender Ichlosigkeit (*gachi*, Sanskrit *atoma moha*), einer fälschlichen Sicht der Existenz eines Ego (*gaken*, Sanskrit *atoma drsti*), einer ich-basierten Arroganz (*gaman*, Sanskrit *atma mana*) und einer Anhaftung an einem Ich (*gaai*, Sanskrit *atoma sneha*) besteht. *Manas*-Bewusstsein bewirkt den unterscheidenden Geist, der Denk-Bewusstsein genannt wird.

Denk-Bewusstsein unterscheidet eine Sache von einer anderen. Es ist kein neutrales Unterscheiden, sondern ein Differenzieren auf Basis eines jeweils ganz eigenen Standpunktes. Wir unterscheiden basierend auf unserer Begierde nach Selbst-Befriedigung. Diese Lehrmeinung von *alaya-*, *manas-* und Denk-Bewusstsein bedeutet nicht mehr und nicht weniger, als dass wir alles in der Welt durch die Brille unserer Begierde nach Selbst-Befriedigung betrachten.

In der Terminologie westlicher Psychologie sind die ersten fünf Bewusstseinsarten die Sinnesorgane und Wahrnehmungen, das sechste ist das gewöhnliche Bewusstsein. Das siebte ist das sogenannte Selbst-Bewusstsein und das achte ist das Unbewusste oder Unterbewusste. Im Buddhismus werden alle zusammen zur Quelle der Begierde nach Selbst-Befriedigung erklärt.

Das ist die Theorie von Yuishiki der Yogacara-Schule. Die Shingon-Lehre postuliert ein neuntes unbeflecktes Bewusstsein. Es war die Idee, dass das achte Bewusstsein nichts anderes ist als die Kraft der Großen Natur, das heißt des Lebens, das mit dem gesamten Universum verbunden ist.

Solch eine Struktur und Funktion hat unser Geist. Wenn wir Buddhaschaft erlangen, fungieren die ersten fünf Bewusstseinsarten als Weisheit der Handlung (*joshosa chi*, Sanskrit *krtyanusthana jnana*), die sechste wirkt als Weisheit des genauen Hinschauens (*myōkansatsu chi*, Sanskrit *pratyaveksana jnana*), das siebte arbeitet als Weisheit der Gleichheit (*byodosho chi*, Sanskrit *samata jnana*), das achte fungiert als Weisheit des Großen Spiegels (*daienkyo chi*, Sanskrit *adarsa jnana*) und das neunte fungiert als Weisheit des Dharma-Universums (*hokkai taisho chi*, Sanskrit *dharmadhatu svabhava jnana*).

Wenn wir die Buddhaschaft erlangen, werden unsere Sinnesorgane und unsere Wahrnehmungen zu Weisheit, die uns befähigt, allen lebenden Wesen zu dienen. Denk-Bewusstsein funktioniert als Weisheit, die sorgfältig die Welt im Auge behält und die verschiedenen Begabungen der fühlenden Wesen erkennt, um ihnen [entsprechende] Unterweisung zu geben und ihre Zweifel zu zerstreuen. *Manas*-Bewusstsein wird zu Weisheit, die die Gleichheit von allem erschaut, nachdem die Ich-Bezogenheit zurückgewiesen wurde. Das *Alaya*-Bewusstsein wird zu Weisheit, die alle Dinge so gestochen scharf wie ein großer Spiegel widerspiegelt. Unbeflecktes Bewusstsein verwandelt sich zu Weisheit, die selbst die Wirklichkeit des Dharma-Gefildes ist.

Der Buddha der Weisheit des Handelns wird Fukujōju Nyorai (Sanskrit Amoghasiddhi Tathāgata) genannt. Der Buddha der Weisheit des genauen Hinschauens wird Muryōju Nyorai (Sanskrit Amitabha Tathāgata) genannt. Der Buddha der Weisheit der Gleichheit heißt Hosho Nyorai (Sanskrit Ratnasambhava Tathāgata). Der Buddha der Weisheit des Großen Spiegels heißt Ashuku Nyorai (Sanskrit Akshobhya Tathāgata). Der Buddha der Weisheit des Dharma-Universums wird Dainichi Nyorai (Sanskrit Mahavairocana Tathāgata) genannt. Bei den fünf Buddhas im Text *Bendōwa* handelt es sich um diese fünf Buddhas.

„Das wahre Erwachen der fünf Buddhas im Augenblick des Sitzens darlegen" bedeutet, dass Dainichi Nyorai im Vajradhatu seine Position im Zentrum einnimmt. Sein Kopf ist nicht rasiert, sondern er trägt langes Haar, eine Juwelenkrone, die die fünf Weisheiten symbolisiert, sowie ein himmlisches Gewand und er zeigt das Weisheits-Faust-Mudra. Das ist die Erscheinung des Dainichi Nyorai im Vajradhatu. Dieser Buddha verkörpert die fünf Weisheiten im Moment eines Sitzens.

Wenn ihr über solche Art von Wissen verfügt, ist es interessant, Buddha-Bilder zu betrachten. Die Lehre der Shingon-Schule erscheint dann von Interesse und sehr tiefgründig. Und daraus ergibt sich dann diese Frage.

ANTWORT:

Buddhistisch Praktizierende sollten wissen, dass über die Überlegenheit oder Unterlegenheit von [verschiedenen] Lehren nicht gestritten und nicht zwischen oberflächlichem oder tiefgründigem Dharma un-

terschieden wird, sondern dass sie lediglich erkennen sollten, ob die Praxis wahr oder falsch ist.

Jedesmal wenn ich *Shōbōgenzō* lese, denke ich, dass Dōgen Zenji eine sehr geradlinige Persönlichkeit war: Er schrieb genauso freimütig, wie er dachte. Immer, wenn er zum Beispiel sagte: „Ihr solltet wissen, dass...“, schrieb er danach über einen wichtigen Punkt. Diese Antwort ist keine Ausnahme davon. Wie immens wichtig ist es zu erkennen, ob unsere Praxis wahrhaftig oder abwegig ist!

Wie ich oft bemerke, ist fast alles, was wir tun, ein Herumspielen mit Spielzeug. Sogar wenn wir Zazen praktizieren, machen wir es problemlos zu einer Spielsache.

Ich schrieb einmal einen Aufsatz für eine Zeitschrift und deshalb besuchte mich ein Fotograf, um ein Foto für diesen Artikel zu machen. Ich hatte gehört, dass er kein professioneller, aber ein sehr ernsthafter Fotograf war. Er setzte mehrere teure Kameras ein, wechselte Linsen und benutzte kräftige Lichtquellen. Er ließ mich dahin und dorthin schauen und machte mehrere Fotos, aber als ich die Zeitschrift bekam, fand ich, dass mein gutaussehendes Gesicht sehr ausdruckslos und überhaupt nicht aussagekräftig war.

Als ich ein anderes Mal ein Buch über Origami (Papierfalten) veröffentlichte, kam ein Fotograf und machte kunstlose Bilder mit einer abgegriffenen und beschädigten Kamera, aber seine Bilder ließen mich viel besser aussehen, als ich eigentlich aussehe.

Zu einem späteren Zeitpunkt las ich einen Artikel über zwei Arten von Fotografen und da verstand ich den Unterschied. Es hieß dort, dass, obwohl wirklich professionelle Fotografen natürlich ihre Kameras sehr sorgfältig verwenden, sie doch so viele Aufnahmen machen, dass ihre Kameras schmutzig und schäbig werden. Aber sie machen gute Bilder. Die andere Art von Fotografen besteht einfach aus Kamera-Verrückten. Unablässig wienern sie ihre Apparate. Sogar unter

Fotografen gibt es zwei Gruppen. Die einen machen wirklich Bilder und die anderen spielen mit ihren Kameras wie mit Spielzeug.

Es gibt Menschen, die mit Zazen wie mit einem Spielzeug herumspielen. Tempelpriester geben zum Beispiel Geld für Werbung aus, um Menschen für eine Zazen-Gruppe zu werben. Solche Priester verstricken sich während des Sitzens oft in Gedanken, wenn sie auf die Rücken anderer Menschen schauen. Sie verfolgen vielleicht den Gedanken, dass, da so viele Menschen zum Sitzen kommen, sie eine prächtige Zazen-Halle bauen sollten. Und so entwerfen sie einen Plan, um ein Zendo zu bauen. Natürlich bauen sie es nicht mit ihrem eigenen Geld. Sie ziehen umher und werben es ein. Da diese Priester sich nicht wirklich dem Zazen widmen, ist es ganz natürlich, dass die Mitglieder auch nicht ernsthaft praktizieren. So passiert es, dass, wenn der Priester genug Geld gesammelt hat, um eine Zen-Halle zu bauen, niemand zum Sitzen kommt. Ich weiß um viele Beispiele wie dieses. Solche Priester spielen nur mit Zazen wie mit einer Spielsache.

Sawaki Roshi sagte oft: „Rasiert euren Kopf, legt ein O-Kesa an und sitzt. Das ist alles." Dieser Satz drückt präzise die Natur von Zazen als *jijuyū zanmai* (*samadhi* des Empfangens und Nutzens des Selbst) aus. Aber wenn wir nicht genau aufpassen, wird sogar diese Aussage von Sawaki Roshi eine Art Spielsache. Es ist wirklich sehr bedauerlich.

Manche Menschen rasieren ihre Köpfe und werden Mönche, aber dann suchen und wählen sie Materialien wie Hanf oder Baumwolle und werden wählerisch in Bezug auf die Farbe ihres O-Kesa. Diese Haltung macht das O-Kesa zu einem Spielzeug. Wenn solche Menschen Zazen praktizieren, betrachten sie Rituale, wie zum Beispiel sich im oder gegen den Uhrzeigersinn zu drehen, als essentiell. Sie machen aus Zazen eine Art Zeremonie. Zeremonien sind leere Formen, die keinen wirklichen Inhalt haben. Sie erlangen einfach Autorität. Zazen sollte keine Zeremonie sein, sondern wir sollten durch Zazen leben. Deshalb müssen wir keine Zazen-Halle bauen. Überall, wo es ruhig ist, können wir sitzen, wenn wir Zeit haben.

Das ist es, was Dōgen Zenji meint, wenn er sagt: „Buddhistisch Praktizierende sollten wissen, dass über die Überlegenheit oder Unterlegenheit von [verschiedenen] Lehren nicht gestritten und nicht zwischen oberflächlichem oder tiefgründigem Dharma unterschieden wird, sondern dass sie lediglich erkennen sollten, ob die Praxis wahr oder falsch ist." Der springende Punkt ist, nicht mit irgendeinem Spielzeug herumzuspielen. Wir sollten mit unserem gesamten Körper und Geist praktizieren.

In der Shingon-Praxis errichten sie einen Altar (*zōdan*). *Dan* bedeutet Mandala. Ein Mandala ist ein Gemälde, in dem die inwendige Erleuchtung von Dainichi Nyorai als Symbol des Dharma-Universums selbst symbolisch und kontemplativ dargestellt wird. Ihr habt sie vielleicht schon gesehen: viele Buddhas auf eine große Papierrolle gedruckt. Mandalas werden manchmal im Tōji in Kyoto oder anderen Shingon-Tempeln ausgestellt. Ich halte sie für wundervoll als Ausdruck buddhistischer Kunst, aber aus dem Blickwinkel wahrer Praxis sind sie einfach nur Spielzeuge. Egal wie schön und feinsinnig sie gemalt worden sind, sie sind letztendlich einfach nur Kunstgegenstände.

Shingon-Priester ziehen eine magische Grenzlinie, die auf einen heiligen Bereich hinweist, verehren Buddha-Bilder und praktizieren *samaya*, das auf die Gleichheit von Buddhas und fühlenden Wesen hinweist.

Ich hörte von einem Shingon-Priester, dass sie bei einer Zeremonie in großen Tempeln viele Mandala-Gemälde so aufhängen, dass sie empfinden, sie hätten die Welt der Buddhas tatsächlich betreten.

Sie benutzen kein elektrisches Licht, sondern beleuchten die Gemälde mit Kerzen, um eine geheimnisvolle Atmosphäre zu kreieren. An solch heiligen Orten werden Zeremonien vollzogen, um bestimmte initiierende Weihen an Schülern durchzuführen, indem Wasser auf den Kopf des Schülers gesprenkelt wird.

Shingon-Priester praktizieren auch *goma* (Holzverbrennen), wobei ein Holzfeuer entzündet wird, das Weisheit symbolisierend die irrigen Verblendungen verbrennen kann und die Menschen auch vor Unheil schützt. Diese Praxis hat ihren Ursprung in der alten indischen Religion, die Feuerverehrung-Brahmanismus genannt wird. Shingon-Anhänger beten zu Buddhas oder Wächter-Gottheiten durch Reinigen der drei Karmas (Körper, Rede und Geist) und vereinigen sich mit ihnen. Eine Tempelstätte auszuschmücken ist im Shingon sehr wichtig. Es soll aus gediegenen Ausschmückungen Glauben erwachsen. So sieht in aller Kürze dargestellt die Shingon-Praxis aus.

Ich kann nicht anders, als solch eine Art von Praxis in Frage zu stellen. Die Philosophie ist sehr tiefgründig, aber als wesentliche Praxis werden Hallen mit Gemälden geschmückt oder Feuer angesteckt, was nichts anderes ist, als mit Puppen und Feuer herumzuspielen. Aus irgendeinem Grund ist großartige Philosophie mit abergläubischer Praxis auf sehr niedriger Stufe kombiniert worden. Wie Dōgen Zenji sagt, sollten wir zwar nicht die Tiefgründigkeit von Lehren diskutieren, aber überprüfen, ob die Praxis wahrhaftig ist oder nicht. Spielt nicht mit Spielzeug herum, sondern praktiziert die Lebenswirklichkeit.

Einmal erhielt ich einen Brief von einer alten Dame, die früher eine Geisha war. Nach dem Tod ihrer Eltern war sie von ihrer Tante adoptiert worden. Als sie vierzehn Jahre alt war, wurde sie von ihrem Stiefvater vergewaltigt und als Geisha verkauft. Sie wurde mit einundzwanzig Jahren von einem reichen Mann ausgelöst, und für eine Weile war sie glücklich. Ihr Ehemann war jedoch von ausschweifender Natur. Als sie um die fünfzig war, brachte er eine junge Frau ins Haus und sagte: „Von heute an ist diese Frau meine Ehefrau und du bist das Hausmädchen." Damals wurde sie beinahe verrückt, aber ein Sohn, den sie von Verwandten angenommen hatten, hatte ein neugeborenes Kind. Weil dieses Baby ihr letzter Halt war, versuchte sie die Situation auszuhalten. Aber ihr Stiefsohn und seine Gattin verließen ihr Haus mit dem Baby. Sie dachten, dass das Zusammenleben in einer so unmoralischen Familie nicht gut für ihr Kind sei. Sie schrieb mir, dass sie nichts mehr habe, was es wert sei zu leben, und fragte mich, was sie tun solle. Damals war sie um die sechzig. Da mir keine Worte einfielen, um sie zu trösten, schickte ich ihr eines meiner Bücher mit dem Titel *Gudō* (Den WEG suchen).

Nach einer Weile schrieb sie zurück und fragte mich in diesem zweiten Brief nach einem meiner Gedichte in dem Buch. In dem Gedicht mit dem Titel „Mandala" gibt es die Zeilen

In freudvoller Gelassenheit
ist alles von allem durchdrungen
und wird zu einem ehrwürdigen Mandala
der ganzen Welt des Selbst.
Es ist begrüßenswert zu altern.

„Es ist begrüßenswert zu altern" ist eine etwas affektierte Ausdrucksweise. Die alte Dame fragte mich nach der Bedeutung dieses Satzes. Obwohl es schwierig ist, die Bedeutung zu erklären, versuchte ich es unter Verwendung einfacher Sprache.

Es heißt, dass Frauen von der Liebe leben. Ich denke, es gibt drei Arten von Liebe. Der erste Typ ist sexuelle Liebe. In unserer Jugend kennen wir nur diese Art von Liebe. Die alte Dame war von diesem Typ instinktgetriebener Liebe reingelegt worden.

Der zweite Typ ist wie Rumschmusen und für die Enkelkinder leben. Das ist die Liebe, die aus jemandem oder aus etwas ein Spielzeug macht. Die Liebe eines einsamen Menschen zu Hunden oder Katzen als Kuscheltiere ist die gleiche Art von Liebe. Das ist nicht die wahre Liebe.

Aber was ist dann wahre Liebe? Alle leben das Selbst, das nur das Selbst ist. Alles, was uns in dieser Welt begegnet, ist der Inhalt unserer ganz eigenen Welt. Deshalb schätzen wir jedes Ding als Teil unseres Selbst und kümmern uns darum und bedenken es mit liebevollen Gedanken. Das ist der dritte Typ - wahre Liebe.

Das ist es, was ich meinte, als ich schrieb: „In freudvoller Gelassenheit ist alles von allem durchdrungen/ und wird zu einem ehrwürdigen Mandala/ der ganzen Welt des Selbst." Egal wie geschickt wir auch Buddha-Bilder als Kunstgegenstände malen, solch ein Mandala ist nicht die Wirklichkeit selbst. Das Universum des Mandalas ist innerhalb meiner selbst. Das ist die ganze Welt des Selbst.

Da auch mich starkes sexuelles Begehren umtrieb, als ich jung war, interessierte ich mich für viele verschiedene Dinge und haftete an ihnen. Ich konnte solche Liebe tatsächlich nicht empfinden. Aber jetzt werde ich älter und älter, mein Geist wird nicht von so vielen äußeren Dingen belastet und auf ganz natürliche Weise entfällt sexuelles Begehren. Wenn ich diese Umstände bedenke, fühle ich zutiefst, dass Altern wundervoll ist. Ich hoffe, dass die alte Dame das verstanden hat.

Es gab diejenigen, die durch Gräser, Blumen, Berge oder Flüsse gezogen in den Strom des Buddha-Weges eintraten.

Das bezieht sich auf Reiun Shigon (neuntes Jahrhundert; Lingyun Zhiquin auf Chinesisch). Dreißig Jahre lang hatte Reiun als Mönch verschiedene Gegenden auf der Suche nach dem WEG durchstreift. Einmal trottete er einen Berg hinunter und fand ein kleines Dorf wie ein Shangri-la. Es war Frühlingszeit und überall erblickte er Pfirsichblüten in all ihrer Pracht. Dieser Anblick raubte ihm den Atem und er brachte dieses Gedicht hervor:

Dreißig Jahre lang sucht ein Mensch das Schwert.
Wie viele Male sind die Blätter gefallen und
sind Äste gewachsen?
Seit dem Anblick der Pfirsichblüten
sogar bis zum heutigen Tag, niemals ein Zweifel.

Er sah viele Male dreißig Jahre lang das gleiche Landschaftsbild – fallende Blätter im Herbst und wachsende Zweige im Frühling. Aber als er zum ersten Mal der Pfirsichblüten-Landschaft in ihrer ganzen Pracht gewahr wurde, gelangte er zu der Erkenntnis dessen, was er gesucht hatte. Es gibt mit Sicherheit diese Art von Satori.

Kinder lesen zum Beispiel eine Liebesgeschichte. Sie lesen solche Romane, weil sie irgendwie an solchen Geschichten interessiert sind, aber sie verstehen nicht wirklich, wie Liebe zum anderen Geschlecht oder die Qualen der Liebe sind. Nachdem sie jedoch die Pubertät erreicht haben und beginnen, sexuelles Drängen zu verspüren, wenn sie einem begehrenswerten Mädchen oder Jungen begegnen, kommt mit Sicherheit der Zeitpunkt, an dem sie tatsächlich verstehen, worum es bei der Liebe geht. Aha, das ist es also! Die Wirklichkeit und das angelesene Wissen treffen aufeinander und werden eins.

„Berge oder Flüsse" bezieht sich auf Sotoba (1036-1101; Su Dongpo, ein Zen-Praktizierender und berühmter Dichter). Als er im Bergkloster Lushan übernachtete, verfasste er folgendes Gedicht:

> *Die Stimme des Tales verkündet ohne Ende.*
> *Die Farbe der Berge ist nichts anderes als*
> *der reine Körper.*
> *In der Nacht hörte ich vierundachtzigtausend*
> *Verse.*
> *Wie soll ich das nur anderen vermitteln?*

Die Klänge eines Stromes im Tal und die Berglandschaft: Sie alle verkünden den Buddha-Dharma, der das universelle Leben ist.

Es gibt einige, die das Buddha-Mudra durch das Erfassen von Erde, Steinen, Sand oder Kieseln empfingen und bewahrten.

Als Shakyamuni Buddha um Essen bettelte, legte ein mit Sand spielender Junge eine Handvoll Sand in die eiserne Schale Buddhas, als ob es Reis wäre. Shakyamuni freute sich über die Opfergabe des Jungen. Er nahm den Sand mit zurück ins Kloster und fügte ihn zum Bauschlamm für die Klosterwand hinzu. In einem späteren Leben wurde der Junge als König Ashoka [berühmter Anhänger des Buddhismus und Mäzen] wiedergeboren. Diese Geschichte lehrt uns, dass der Wunsch, etwas zu geben, das Wichtige ist.

Des Weiteren sind Worte, die die unermessliche Weite [der Wirklichkeit] zum Ausdruck bringen, sogar noch überreichlicher vorhanden als alle Myriaden von Dingen, aber das Drehen des großen Dharma-Rades findet sich auch im kleinsten Staubkörnchen.

Alles ist Leben als Buddha-Dharma. Jedwedes einzelne Wesen legt den Buddha-Dharma dar. Selbst in dem allerkleinsten Staubkörnchen ist Buddha-Dharma gespeichert.

Deshalb sind die Worte: „Der Geist selbst ist Buddha" wie der Mond, der sich im Wasser spiegelt. Das Prinzip: „Im Moment des Sitzens Buddha werden" ist ebenso nur ein Abbild in einem Spiegel. Verfangt euch nicht in geschickten Worten.

Die Realität steckt nicht in Sätzen wie „Der Geist selbst ist Buddha“ oder „Buddha werden in einem Sitzen“. Worte sind wie der Mond auf einem Wassertropfen oder ein Abbild in einem Spiegel. Die Wirklichkeit ist nur in der Wirklichkeit selbst.

Um es euch nun zu ermöglichen, ein authentischer Mensch des WEGES zu werden, empfehle ich euch, euch [wahrhaftig] auf die Praxis [einzulassen], die unmittelbar Bodhi verwirklicht, und ich zeige euch den wundersamen Weg, der direkt durch die Buddha-Vorfahren übermittelt wurde.

Ebenso müsst ihr zur Weitergabe des Buddha-Dharmas auf jeden Fall als wahren Lehrer jemanden haben, der in Einklang mit Erleuchtung ist. Es ist wertlos, euch als begleitenden Lehrer einen Gelehrten zu nehmen, der nur Vermutungen über Worte anstellt, da dies einem blinden Menschen gleichen würde, der einen Blinden führt.

Sawaki Roshi sagte oft, dass buddhistische Gelehrte einfach nur Schreiber in einem Pfandhaus seien. Sie besitzen ein Bündel Pfandscheine, stufen die Pfandstücke in Kategorien ein und lagern sie dann auf bestimmten Regalbrettern in einem Lagerhaus. Sie hantieren nicht mit wirklichen Dingen als den Dingen selbst. Und doch ist es ein Fehler, die Verwendung von Worten und Buchstaben aufzugeben. Es gibt viele Zen-Lehrer, die sagen, dass Buddha-Dharma nichts mit Worten und Logik zu tun hat. Wenn die Vernunft, die sich der Worte oder der Logik bedient, ihnen nicht geeignet erscheint, sollten sie Gemüse werden. Das bringt es auch nicht. Vernunft, Intellekt und die Verwendung von Worten ist genauso die Realität des menschlichen Lebens. Das ist der subtilste Punkt im Buddha-Dharma. Buddha-Dharma ist nicht flach; er hat eine dreidimensionale Struktur. Ein Aspekt ist, dass Buddha-Dharma deutlich durch Worte ausgedrückt werden sollte. Bedient euch der Vernunft und der Worte, aber dann lasst sie auch los und lasst euch mit aller Entschiedenheit in der Wirklichkeit des Selbst nieder.

Seit den alten Zeiten bis zum heutigen Tag gibt es jedoch viele Zen-Lehrer, die Menschen unterweisen, ohne sich in eigener Person im Selbst niedergelassen zu haben. Wir sollten keine Lehrer haben, die nicht wissen, wo es langgeht, und die dennoch gern Menschen an sich binden und sie dann nach hierhin und dorthin mitnehmen.

Die Anhänger der wahrhaften Übermittlung der Buddha-Vorfahren schätzen überaus die klarsichtigen Meister, die den Weg erlangt haben und im Einklang mit Erleuchtung sind, und ersuchen sie um die Bewahrung des Buddha-Dharmas. Auf Grund dessen werden den Gottheiten der sichtbaren und unsichtbaren Gefilde, die kommen, um Zuflucht zu nehmen, genauso wie den Menschen, die den Rang eines arhat verwirklicht haben und kommen, um Fragen zum Dharma zu stellen, unweigerlich die Mittel an die Hand gegeben, den Geist-Grund zu klären. Davon haben wir in den verschiedenen [anderen] Schulen noch nichts gehört. Buddha-Anhänger sollten einfach nur den Buddha-Dharma erlernen.

Buddhas Lehre wird nicht nur in seinen Worten gefunden. Wie Dōgen Zenji sagt: „Buddhas Schüler sollten einfach nur den Buddha-Dharma lernen." Es ist lebenswichtig, Zazen einfach als *jijuyū zanmai* zu sitzen.

Wie ist es um die Situation in der japanischen Sōtō-Schule heutzutage bestellt? Rinzai-Mönche praktizieren fleißig Zazen, aber Sōtō-Mönche praktizieren nicht so viel. Priester, die an der Komazawa Universität oder sechs Monate oder ein Jahr in irgendeinem Kloster ein bisschen Zazen erfahren haben, unterrichten Anfänger in Zazen. Das ist wirklich absurd. „*Klarsichtige Meister, die den Weg erlangt haben und im Einklang mit Erleuchtung sind*" bedeutet Lehrer, die gründlichst Zazen praktiziert und jeden Winkel und jede Ritze des

Zazen-Lebens in Erfahrung gebracht haben. Ein wahrhaftiger Lehrer muss wirklich durch und durch ein Zazen-Mensch sein.

Sogar Gläubige oder Praktizierende anderer Religionen kommen, um Zuflucht zu solch einem Menschen zu nehmen. Ich selbst studierte zuerst das Christentum, aber ich konnte die Bibel nicht verstehen, egal wie intensiv ich das damals auch versuchte. Später praktizierte ich hingebungsvoll Zazen mit Sawaki Roshi und daraufhin erschloss sich mir die Bedeutung der Lehrinhalte in der Bibel. Einmal wurde ich in eine christliche Schule eingeladen und hielt einen Vortrag über wichtige Aussagen in der Bibel. Einige sagten mir, dass mein Vortrag verständlicher als die Predigt des Pastors gewesen sei, und sie verschriftlichten ihn für die Christen. Zazen ist so etwas Ähnliches.

Was die „Mittel, um den Geist-Grund zu klären" betrifft: Den Geist-Grund zu klären bedeutet nicht, dass wir während des Sitzen plötzlich empfinden, dass das Geist-Auge geöffnet wurde, wir in freudige Ekstase geraten und behaupten, das sei Erleuchtung.

Vor kurzem besuchte mich Professor Heinrich, der der Leiter der Philosophischen Fakultät einer Universität in Deutschland ist. Während unserer Unterhaltung brachte er den Namen eines berühmten Gelehrten ins Gespräch. Ich erinnerte mich an ihn, auch weil er mich zusammen mit einem Professsor von der Kyoto Universität besucht hatte. Dieser Mensch ist zugleich Philosoph und Naturwissenschaftler. Er hat einen Nobelpreis erhalten.

Professor Heinrich sagte zu mir: „Dieser Mensch hat Yoga in Indien praktiziert und schrieb über seine Erfahrung der Levitation [des freien Schwebens]. Er sagte, dass sein Körper ungefähr drei Zoll [1 Zoll = 2,54 cm] über dem Boden schwebte. Kann so etwas tatsächlich passieren?"

Das sagt ein weltberühmter Gelehrter. Ich glaube, dass es für den wahren Buddha-Dharma sehr schwierig werden wird, in dieser Welt weit verbreitet zu werden.

Solch eine Wahrnehmung wie im Raum zu schweben ist nichts anderes als *makyō* [Halluzinationen während Zazen]. Wenn wir so eine Erfahrung machen, müssen wir das verstehen. Es ist ein Fehler, uns selbst zu beobachten und zu empfinden, als ob wir schwebten oder plötzlich in irgendwelche fantastischen, psychologischen Zustände verfielen. Richtig ist, dass es zu solchen Empfindungen kommen kann, während wir sitzen.

Ihr solltet auch wissen, dass es uns unbezweifelbar kein bisschen an unübertroffenem Bodhi mangelt. Aber obwohl wir ihn ohne Ende empfangen und nutzen, machen wir, weil wir ihn nicht vollständig annehmen können, stumpfsinnig unsere auftauchenden Gedanken zu einer gewohnheitsmäßigen Haltung und betrachten diesen [Buddha-Dharma] als Objekt, dergestalt sinnlos auf dem großen Weg herumstrauchelnd.

Das ist ein wichtiger Punkt. Ganz zweifellos mangelt es uns nicht an unübertroffenem Bodhi. Das Dasein selbst ist das Leben der Großen Natur, dem es an nichts mangelt. Weil wir dies jedoch nicht vollständig akzeptieren können, verstricken wir uns in beliebige weltliche Angelegenheiten oder banale konventionelle Ideen, die uns von der Wirklichkeit abspalten. Infolgedessen lassen wir stumpfsinnig unsere zufällig auftauchenden Sichtweisen zur Gewohnheit werden. Wir glauben, die Absonderungen des Gehirns seien die uns beherrschenden Eigentümer und wir geraten in die Gefangenschaft illusionärer Gedanken. Zu glauben, dass der eigene Körper drei Zoll über dem Fußboden schwebt, ist in der Tat ein illusionär-schwebender Gedanke. Es ist nicht hilfreich zu glauben, dass solch eine Geistesverfassung in unserer Zazen-Praxis erstrebenswert ist. Es ist von größter

Wichtigkeit, in Zazen in jeder Hinsicht vollständig die Bodenhaftung zu bewahren. Es ist Unsinn zu behaupten, dass während des Sitzens ein Buddha auftauchte. Auch wenn verschiedene Gedanken, Bilder oder Empfindungen hochkommen, sollte uns bewusst sein, dass nur eine Wand vor unseren Augen existiert. Das ist wichtig. Das ist Wirklichkeit.

Wir ergreifen illusionäre Gedanken und machen den Buddha-Dharma zu einem Gegenstand. Wir verdinglichen abstrakte Konzepte, gehen ihnen nach, halten sie für bedeutsam und stolpern schließlich über die Realität. Wir stürzen und verfehlen unseren Weg.

Aufgrund dieser Sichtweisen sehen Menschen verschiedene [imaginäre] Blumen am Himmel, wie zum Beispiel den Glauben, dass [Buddhas Lehre nur] die zwölffache Kausalkette der fünfundzwanzig Seinsbereiche sei, oder sie sind unermüdlich, was die Lehrmeinung der drei Fahrzeuge, der fünf Fahrzeuge und Buddhas Existenz oder Nicht-Existenz betrifft. Diese Sichtweisen nehmen kein Ende. Ihr solltet nicht denken, dass das Studieren solcher Lehren der korrekte Weg sei, um den Buddha-Dharma zu praktizieren.[31]

Obwohl die Wirklichkeit nur eine einzige ist, gehen die Sichtweisen der Menschen darüber auseinander. Jeder von uns hat verschiedene Meinungen zu den verschiedenen Angelegenheiten. Die zwölffache Kausalkette ist eine Erklärung dafür, wie unser leidvolles Leben und Sterben verursacht wurde. Die fünfundzwanzig Existenzgefilde sind buddhistische Kategorien der Bereiche Samsaras, die fühlende Wesen durchwandern. Die drei Fahrzeuge sind *shravaka*, *pratyeka buddha* und *bodhisattva*. Die fünf Fahrzeuge sind die oben genannten drei sowie menschliche und göttliche Wesen. „Buddhas Existenz oder Nicht-Existenz“ bezieht sich auf die verschiedenen Sichtweisen Buddha zu sehen. Einfach bloß solch buddhistische Terminologie zu studieren ist nicht der wahre Weg, um den Buddha-Dharma zu praktizieren.

Im Gegenteil: Wenn wir Zazen wirklich gründlich praktizieren, dem Buddha-Mudra vertrauen und sämtliche Nebensächlichkeiten loslassen, überschreiten wir die Begrenzungen emotional gefärbter Beurteilungen bezüglich Verblendung und Erleuchtung. Wir verfangen uns dann auch nicht in der [Dichotomie der] Wege von gewöhnlichen oder weisen Menschen, sondern wandeln sofort jenseits aller Klassifikationen und empfangen und nutzen großes Erwachen. Wie können sich die Handlungen derjenigen, die sich in den Fallstricken von Worten und Sätzen verheddern, damit vergleichen?

Das Buddha-Mudra ist Zazen, durch das wir die Realität des Lebens verwirklichen. Indem wir zur Lebenswirklichkeit zurückkehren, entäußern wir uns aller Assoziationen. Da wir durch unser unterscheidendes Denken von der Realität abrücken, lassen wir unser Unterscheiden los. Zazen ist Loslassen des Denkens.

Da wir es als menschliche Wesen jedoch mögen, mit Spielzeug bei Laune gehalten zu werden, neigen wir nur zu gerne dazu, uns mit unseren Gehirnen etwas zusammenzudenken. Wenn wir mit unseren eigenen Gedanken nicht zufrieden sind, lesen wir die Romane, die jemand anderes verfasst hat. Romane sind genau wie Musik Meister im Produzieren illlusionärer Gedanken.

Seit meiner Kindheit habe ich häufig mit einem Plattenspieler Musik gehört. Zuerst war Walzer meine Lieblingsmusik. Dann liebte ich Tango, danach Symphonien. Zum Schluss hielt ich Gregorianische Gesänge für das Beste. Nachdem ich Mönch geworden war, erkannte ich, dass Keine-Klänge, nämlich Zazen, der höchste Gipfel aller Musik ist.

Übrigens kenne ich viele Musiklehrer, die Zazen praktizieren. Auch kommen viele Menschen, die sonst irgendein Hobby leidenschaftlich verfolgt haben, zum Sitzen. Ein Mensch angelte, spielte und rannte schließlich Frauen hinterher, bevor er den Punkt erreichte, an dem ohne irgendetwas zu sitzen das Beste war, und er begann, Zazen zu praktizieren.

Zazen überschreitet die Unterscheidung zwischen Verblendung und Erleuchtung, gewöhnlichen Wesen und weisen. Solche Dichotomien haben nur auf der Basis von Konventionen Bedeutung. In unserem Zazen lassen wir solches Unterscheiden los. Infolgedessen versuchen wir weder Illusionen loszuwerden noch suchen wir Erleuchtung. Wir transzendieren das sich auf einer relativen Ebene bewegende Kategorisieren oder Unterscheiden und empfangen und verwenden den großen Bodhi der Lebenswirklichkeit. Vergleicht diese Praxis nicht mit den Theorien Religionsgelehrter.

DIE ENTWICKLUNG VON WISSENSCHAFT UND TECHNIK LÄSST DIE MENSCHHEIT NICHT HOCHHERZIGER WERDEN.

FRAGE FÜNF:

Sammlung ist eine der drei Grundstudien; Meditation ist eine der sechs paramitas. Von Beginn an werden beide von allen Bodhisattvas studiert und praktiziert, ungeachtet dessen, ob sie scharfsinnig oder begriffsstutzig sind. Somit ist das Zazen, über das du gerade sprichst, bereits darin enthalten. Aus welchem Grund behauptest du, dass sich der wahre Dharma des Tathāgata in dieser [einen Praxis] verdichtet?

Die drei Grundstudien des Buddhismus sind die Gebote (*shila*), Sammlung (*samadhi*) und Weisheit (*prajna*). Das erste ist, Buddhas Gebote und die Sangha-Regeln zu beachten, d. h. Abstand davon zu nehmen, etwas Schlimmes zu tun. Das zweite ist, sich in Stille niederzulassen. Das dritte ist die Weisheit, die durch das Einhalten der Gebote und das freudvoll gelassene Praktizieren von Zazen hervorgerufen wird.

Die sechs Paramitas sind Nächstenliebe, das Beachten der Gebote, Beharrlichkeit, Gewissenhaftigkeit, Meditation und Weisheit. Ein Bodhisattva sollte großzügig geben, die Gebote beachten und geduldig sein. Er sollte gewissenhaft praktizieren, Zazen üben und Weisheit zum Wohle des eigenen und der Vervollkommnung des Weges der anderen beisteuern.

Auf diese Weise ist Sammlung oder Meditation, sprich Zazen, sowohl in den drei Grundstudien als auch den sechs *paramitas* enthalten. Zazen ist also nur eine der Methoden, die alle buddhistischen Praktizierenden lernen müssen, nicht wahr!? Warum sagte dann Dōgen Zenji, dass Zazen der gesamte Buddha-Weg sei?

Der Punkt ist, dass sich Dōgen Zenjis Zazen von Meditation oder Sammlung in den drei Grundstudien und sechs *paramitas* unterscheidet. Worin liegt der Unterschied? Dem gewöhnlichen Menschenverstand nach ist Meditation oder Sammlung ein Mittel, um den eigenen Geist, die Gedanken einschließlich der Gefühle, die in unserem Gehirn produziert werden, zu beruhigen. Da Gedanken herumlärmen und uns in Sorge um das eine oder andere versetzen, versuchen wir uns zu beruhigen. Mit anderen Worten ausgedrückt versuchen wir, unsere Gedanken unter die Kontrolle des Denken selbst zu bringen. Diese Praxis findet auf der Basis unseres Denkens statt.

Zazen als Buddha-Dharma unterscheidet sich jedoch davon. Im Buddha-Dharma betrachten wir unser Hirn einfach als ein Organ, genauso wie den Magen oder unsere Lunge. Ein Organ ist einfach nur ein Werkzeug. Der Versuch, den Geist mit dem Geist zu beruhigen, funktioniert nicht, egal wie hartnäckig wir das auch versuchen.

Das ist genau wie der Versuch, die Matte, auf der wir gerade sitzen, unter uns wegzuziehen.

Wir können das erkennen, wenn wir sitzen. Gedanken wallen endlos wie Rauch in unserem Geist auf und der Rauch formt Bilder wie die im Fernseher. Sie scheinen real zu sein. Wir geraten in Schwierigkeiten, weil wir die illusionären Bilder für die Wirklichkeit halten und uns in sie hineinbegeben. Das ist wie eine Dorftheateraufführung. In vielen Theateraufführungen gibt es einen widerwärtigen Schurken, der den guten Menschen, der meist die Hauptrolle innehat, grob behandelt. Es wäre lächerlich, wenn jemand aus dem Publikum es nicht aushalten würde, sich dieses Handlungsschema anzuschauen, und auf die Bühne spränge, um den Schurken zu verhauen.

Genau genommen beteiligt sich jeder von uns an solch närrischen Handlungen. Gedanken sind Illusionen und Handlungen sind real, aber wir werden in unseren Handlungen durch solch illusionäre Gedanken gesteuert. Der Schurke existiert auf der Bühne als Illusion, aber wenn wir ihn verhauen, ist diese Handlung real. Dann wird das Schauspiel auseinander gerissen und das Ergebnis ist ein schieres Kuddelmuddel.

Während unseres Zazens sehen wir unser Denken nicht auf der Grundlage von Denken, sondern passen es in den Lebensgrund ein und betrachten unsere Gedanken als bloße Absonderungen unseres Gehirns. Diese Absonderungen erkennen wir als ein Funktionieren unserer Lebenskraft. Wir erkennen das durch das Loslassen des Denkens. Deshalb wird unsere Praxis stille Erleuchtung genannt. Auf diese Weise lässt sich unser Leben in unserem Leben nieder. Das ist Zazen.

Im *Dhammapada* (ein frühbuddhistischer Text) heißt es: „Die Grundlage des Selbst ist ausschließlich das Selbst. Es gibt keine Grundlage außerhalb des wohlgeordneten Selbst.“ Im Christentum sowie im Islam ist die Grundlage des Selbst Gott. Im Buddhismus ist die Grundlage des Selbst ausschließlich das Selbst. Das Einzige, was wir tun müssen, ist, das wahre Selbst zu verwirklichen. Im Genjōkōan sagt Dōgen Zenji das Gleiche: „Den Buddha-Weg zu studieren heißt, das Selbst zu studieren." Aber was ist dann das wahre Selbst? Das ist die Wirklichkeit des Selbst, das das Leben selbst ist. In Zazen sitzen wir einfach als das Leben selbst und lassen das Leben, wie es ist, los. Das ist das wohlgeordnete Selbst.

Keine Gedanken zu haben ist nicht unbedingt gutes Zazen. Gedanken sind als Absonderung unseres Gehirns wichtig. Diese Absonderung sickert aus dem Leben heraus. Und sie unterscheidet sich von den Ausscheidungen von Abfallprodukten. Auf die gleiche Weise wie Speichel im Mund oder Magensaft im Magen ausgeschieden wird, haben Gedanken, die aus unserem Gehirn sickern, eine lebenswichtige Funktion. Aber zu viel Absonderung von Magensaft verursacht Magengeschwüre oder sogar Krebs. Überschießende Gedankenabsonderung ist ebenso lebensgefährlich für uns. Speichel, Magensaft und Gedanken sollten in angemessener Menge im Rahmen eines natürlichen Funktionierens heraussickern. Das sind die gesündesten Lebensumstände. Meditation, wie sie für gewöhnlich verstanden wird, und Zazen, wie von Dōgen Zenji gelehrt, unterscheiden sich in diesem Punkt.

„Der unübertroffene große Dharma des wahren Schatzhauses des Dharma-Auges des wundersamen Geistes von Nirvana" ist der Buddha-Dharma selbst. Ich habe schon von der Geschichte der Dharma-Übermittlung von Shakyamuni an Mahakashyapa gesprochen. Als Shakyamuni die Blüte aufnahm und blinzelte, lächelte nur Mahakashyapa. Auf diese Weise wurde der Buddha-Dharma übermittelt.

Dōgen Zenji sagt:

Ihr solltet wissen, dass dieses [Zazen] der vollständige Weg des Buddha-Dharmas ist und sich nichts mit ihm vergleichen kann.

Zazen selbst ist der gesamte Weg des Buddha-Dharmas. Wir sollten [Zazen] nicht für das Gleiche halten wie andere Praktiken.

FRAGE SECHS:

Warum fördert der Buddhismus von den vier verschiedenen Haltungen (Gehen, Stehen, Sitzen, Liegen) nur die Sitzhaltung zur Verwirklichung des Eingehens in die Wirklichkeit durch Meditation?

Die vier verschiedenen Haltungen sind Gehen, Stehen, Sitzen und Liegen: unsere alltäglichen Handlungsweisen. Warum ist von diesen vier Formen nur das Sitzen wichtig?

Dieser Tage besuchte mich ein Ausländer und sagte: „Ich möchte Zazen praktizieren, aber ich kann nicht mit verschränkten Beinen sitzen. Was halten Sie von Sitzen auf einem Stuhl?“ Es ist nicht so gut. In vollem Lotus- oder Halblotus-Sitz zu sitzen ist vollkommen verschieden von einem Sitzen auf einem Stuhl. Wenn ihr wirklich sitzt, erkennt ihr den Unterschied. Es scheint ähnlich zu sein, aber die geistige Verfassung ist anders. Beim Sitzen mit verschränkten Beinen wird der Körper geradlinig und auch der Geist wird geradlinig.

Weil Ausländer längere Beine haben, können im Allgemeinen die, die in ihren Zwanzigern beginnen zu sitzen, leichter mit verschränkten Beinen sitzen als Japaner. Aber einige Menschen in den Dreißigern scheinen eine Menge Schmerzen zu haben und es gibt nur wenige, die das Sitzen mit circa vierzig Jahren beginnen können. Für Menschen, die älter sind als fünfzig, ist es nahezu unmöglich. Wenn Menschen dann trotzdem noch sitzen wollen, empfehle ich als zweitbeste Vorgehensweise das Sitzen auf einem Stuhl. Der wichtige Punkt dabei ist die Streckung der Wirbelsäule, so dass sie dabei empfinden, sie legten ihren Unterbauch auf ihren Oberschenkeln ab. Aber es bleibt doch verschieden von der wahren Zazen-Haltung. Warum werden Körper und Geist geradlinig? Ich kann es nicht mit Worten erklären.

Wenn ihr eine Begründung sucht, müsst ihr wissen, dass es nur deshalb so ist, weil [Sitzen] das ist, was von buddhistischen Praktizierenden angewandt wurde, und darüber hinaus braucht ihr nach nichts zu forschen.

Ich kann nur sagen, dass seit alters her buddhistische Praktizierende die Zazen-Haltung wertgeschätzt haben. Ich halte Zazen für eine wundervolle Erfindung. Atomkraft, Düsenflugzeuge, Wolkenkratzer und viele andere Erzeugnisse der modernen Zivilisation haben es nicht geschafft, menschliche Wesen großmütig werden zu lassen. Menschen der modernen Zivilisation verhalten sich genau wie Urvölker. Wie man die Menschheit großmütig werden lässt, ist von höchster Wichtigkeit. Ich halte Zazen für eine wundervolle Erfindung des indischen Volkes. Sawaki Roshi sagte: „Wenn wir nur ganz einfach Zazen sitzen, geht von uns ein göttliches Fluidum aus."

Nachdem Sawaki Roshi verstorben war, begann ich mit Fünf-Tage-Sesshins, in denen wir ausschließlich saßen. Das war mitten in der Zeit der Hippie-Generation und viele Ausländer kamen, einer nach dem anderen. Damals gab es nur wenige Ausländer, die Japanisch sprachen, und wir hatten keine guten Übersetzer. So lehrte ich sie einfach nur die Zazen-Haltung.

Ein Amerikaner mit Namen Mike Brown kam direkt vom Flughafen Haneda nach Antaiji, einen Tag vor einem Sesshin, in dem wir fünf Tage lang vierzehn Stunden am Tag saßen. Ich sagte ihm, dass ich ihm erlauben würde zu bleiben, wenn er das volle Sesshin mit uns säße. Seine Antwort war: „Ja, ich will!" Er saß voller Enthusiasmus das gesamte Sesshin, obschon ich glaubte, dass es extrem hart für ihn war.

Alle Arten von Ausländern hielten sich im Antaiji auf, um zu praktizieren, oder lebten in Wohnungen in der Nachbarschaft und kamen zum Sitzen. Sie saßen ohne den Grund zu verstehen, warum sie sitzen mussten oder was Zazen wirklich ist. Auf Grund der Sprachbarriere konnte ich es ihnen nicht gut erklären. Aber da saßen sie; ich glaube, weil sie etwas Gutes während Zazen verspürten.

Einige Leute sagen, dass, wenn sie Zazen praktizieren, ihr Magen besser arbeitet oder ihr Gehirn dreißig Prozent effizienter funktioniert. Das ist der Beweis, dass ihre Gehirne nicht gut funktionieren. Das, was an Zazen gut ist, sind nicht solche läppischen Begleiterscheinungen.

Der Vorfahre [Nagarjuna] rühmt es: „Zazen selbst ist das Dharma-Tor von Leichtigkeit und Entzücken (nirvana).

Sicherlich finden wir Frieden in Zazen. Wir haben Schmerzen in unseren Beinen; wir werden geschlagen, wenn wir uns bewegen, wir werden gezwungen ohne Unterbrechung zu sitzen. Viele Menschen fragen sich, warum so eine schmerzhafte Praxis das Dharma-Tor von Unbeschwertheit und Freude ist. Aber wenn wir so da sitzen, empfinden wir ziemlichen Frieden, mehr [Frieden] jedenfalls als bloßen Schmerz. Genau deshalb sage ich, dass Zazen so *yūsui* (tiefgründig) ist.

Und darüber hinaus ist dies nicht [nur] der Praxis-Weg eines oder zweier Buddhas, sondern der Praxis-Weg aller Buddhas und Vorfahren.

Von anfangloser Zeit an haben unzählige Buddhas und alle Vorfahren in der Linie von Shakyamuni Zazen praktiziert.

Um jedoch sein ganzes Leben lang Zazen zu praktizieren, ist es nicht genug, sich wohl zu fühlen. Wir müssen den Buddha-Dharma durch und durch verstehen. Buddha-Dharma sollte der Inhalt unseres Zazen sein. Wir sollten sorgsam dem Buddha-Dharma lauschen, um Zazen ohne Abweichung zu praktizieren.

FRAGE SIEBEN:

Was die Praxis von Zazen betrifft, sollten [also] Menschen, die den Buddha-Dharma noch nicht verwirklicht haben, Erleuchtung durch das Praktizieren des Zazen-Weges erlangen. Aber was könnten jene, die bereits den wahren Buddha-Dharma geklärt haben, von der Zazen-Übung erwarten?

Hier wird danach gefragt, ob ein bereits erleuchteter Mensch immer noch Zazen praktizieren muss oder nicht.

Obwohl es heißt, dass man Narren keine Träume erzählen soll und dass es sinnlos ist, Bergbewohnern Ruder auszuhändigen, will ich dir weitere Unterweisung erteilen.

Es ist sinnlos, sich mit einem Menschen zu unterhalten, der so närrische Fragen stellt. Es ist unsinnig, einem Holzfäller ein Ruder zur Verfügung zu stellen. Trotzdem versucht Dogen Zenji mehr Anleitung zu geben. Dabei setzt er seine typisch scharfe Ausdrucksweise ein; aber für uns ist es wichtig, den Sinn dessen zu erfassen.

*Zu glauben, dass Praxis und Erleuchtung nicht eins sind, heißt nichts anderes, als einen Standpunkt einzunehmen, der außerhalb des WEGES liegt [*das bedeutet *verblendet].*

„Außerhalb des WEGES" bedeutet nicht-buddhistisch, das bezieht sich auf alle, die mit Buddhas Lehre nichts im Sinn haben. Solche Menschen denken für gewöhnlich, dass Praxis eine Sache ist und Erleuchtung eine andere und dass Praxis dazu dient, Erleuchtung zu erlangen. Menschen ohne wahres Verständnis von Buddhismus glauben, dass Praxis und Erleuchtung so etwas Ähnliches sind wie ein Mensch, der ein Friseur werden möchte. Erst ist man Lehrling und lernt Haarschneidetechniken und nach einer gewissen Zeit der Lehrlingsausbildung wird man ein unabhängiger Friseur. Buddha-Dharma ist jedoch nicht so.

Im Buddha-Dharma sind Praxis und Erleuchtung ein und dasselbe. Weil es die Praxis der Erleuchtung ist, ist die aus tiefstem Herzen entspringende Praxis des WEGES selbst eines Anfängers schon haargenau die absolut ganze ursprüngliche Erleuchtung. Aus diesem Grund wird beim Vermitteln der grundlegenden Haltung die Übungspraxis betreffend gelehrt, keine Erleuchtung außerhalb der Übungspraxis zu erwarten. Das kann nicht anders sein, weil [diese Übungspraxis] die direkt und unmittelbar offenbarte ursprüngliche Erleuchtung ist. Da es bereits die Erleuchtung von Praxis ist, ist Erleuchtung endlos; da es die Praxis von Erleuchtung ist, ist die Praxis anfanglos.

„Direkt und unmittelbar offenbarte" klingt eigenartig, aber es bedeutet „das ist es" oder „so wie es ist". Das bedeutet exakt ursprüngliche Erleuchtung, die Wirklichkeit des Lebens.

Wenn ich zum Beispiel gefragt werde, wer ich bin, kann ich sagen, dass ich Uchiyama Kōshō bin. Aber Uchiyama Kōshō ist nicht die Wirklichkeit meiner selbst; es ist nur mein Name. Ich könnte erwidern: „Ich bin ein buddhistischer Mönch." Aber ein Mönch zu sein ist lediglich meine Beschäftigung. Es ist eine befremdliche Beschäftigung, nicht wahr? Egal, das alles ist nicht die Lebenswirklichkeit, ist nicht die direkt und unmittelbar offenbarte ursprüngliche Erleuchtung.

Das Wort *shu* (Praxis) wird häufig verwendet, aber die Bedeutung ist diffus. Einem Wörterbuch zufolge bedeutet das Wort, etwas in Ordnung zu bringen, zu reparieren, zu ordnen oder fertig zu stellen. Also bedeutet Praxis, sich selbst zu reparieren, sich wieder in Ordnung zu bringen und unkompliziert zu werden. Mit anderen Worten lässt sich die Lebenswirklichkeit in der Lebenswirklichkeit selbst nieder. Die Wirklichkeit des Lebens wird geradlinig unkompliziert und realisiert die Wirklichkeit des Lebens in Übereinstimmung mit der Wirklichkeit des Lebens. Wie ich es ausdrücke: Erleuchtung ist, die Wirklichkeit des Lebens zu **sein**; und Praxis ist, die Wirklichkeit des Lebens zu **verwirklichen**. Ist das verständlicher?

„Im Buddha-Dharma sind Praxis und Erleuchtung ein und dasselbe." Dieser Satz besagt, dass wir die Lebenswirklichkeit verwirklichen, einfach weil die Lebenswirklichkeit die Wirklichkeit des Lebens **ist**. Da wir die Verwirklichung des Lebens leben, verwirklichen wir die Realität des Lebens in Übereinstimmung mit der Realität des Lebens. Das ist Praxis auf der Grundlage von Erleuchtung (*shushō ichinyo*). Auch unser allererstes Zazen ist [sofort] die Praxis von Erleuchtung. Im Rahmen dieses [allerersten Zazens] wird die Lebenswirklichkeit vollständig verwirklicht.

Häufig wird geglaubt, dass das Zazen eines Anfängers nicht gut ist, aber durch längere Praxis zu wahrem Zazen wird. Dōgen Zenjis Zazen ist nicht so. Selbst wenn ein völlig unerfahrener Mensch zum ersten Mal sitzt, ist das Zazen dieses Menschen nichts anderes als die Verwirklichung der Wirklichkeit, weil Zazen selbst die Haltung der Wirklichkeit des Lebens ist. *„Die aus tiefstem Herzen entspringende Praxis des WEGES selbst eines Anfängers ist schon haargenau die absolut ganze ursprüngliche Erleuchtung."*

Deshalb lehrt Dōgen Zenji uns, keine Erleuchtung außerhalb von Praxis zu erwarten. Es ist eine Fehlannahme zu glauben, dass es eine Lebenswirklichkeit außerhalb des Praktizierens von Wirklichkeit gibt. Verwirklichung der Wirklichkeit ist einfach nur Wirklichkeit. Deshalb ist die Zazen-Praxis selbst ganz fraglos die Wirklichkeit des Lebens.

Wenn ihr mit der Erwartung praktiziert, dass es eine Art von Erleuchtung außerhalb von Zazen-Praxis gibt, wird sich euer Zazen von der Wirklichkeit abspalten, weil eine solche Erwartung von der Wirklichkeit wegdriftet. Sitzt einfach all solche Erwartungen loslassend. Übt einfach die Wirklichkeit aus. Das ist unsere Praxis.

Sawaki Roshi sprach über Praxis häufig folgendermaßen: „Wenn du Ishikawa Goemon (legendärer japanischer Dieb) nachahmend jemanden bestiehlst, wirst du unmittelbar zum Dieb." Es funktioniert nicht, sich herausreden zu wollen: „Ich habe nur die Tat eines Diebes nachgeahmt." Zumindest funktioniert so eine Ausrede im Bereich von Religion nicht.

Heutzutage glauben manche Politiker, selbst wenn sie Bestechungen annehmen, nicht, dass sie kriminell sind. Sogar wenn sie zum Staatsanwaltsbüro gehen und verhört und angeklagt werden, glauben sie, sie könnten alles vertuschen und die Anklage werde fallen gelassen. Sie sind einfach nur stolz darauf, über Macht zu verfügen, anstatt sich schuldig zu fühlen. Sogar wenn sie für schuldig befunden werden, legen sie beim Obersten Gerichtshof noch letzte Berufung ein. Sie versuchen so viel Zeit wie möglich herauszuschinden und wenn sie vom Obersten Gerichtshof für schuldig befunden werden, kriegen sie schließlich mit, dass sie Kriminelle sind.

Jedoch ist es wenigstens im Religiösen, dem Gefilde von Lebenswirklichkeit, anders. Sobald du eine Bestechung akzeptiert hast, bist du schuldig. In gleicher Weise werden wir nicht erst allmählich nach langer Zeit der Shakyamuni nachahmenden Praxis ein Buddha. Wenn wir in Zazen sitzen, sind wir unmittelbar Buddha. Wir gehen sofort in die Buddhaschaft ein.

Sawaki Roshis Analogie ist einfach zu verstehen. Es ist sehr interessant, Ichikawa Goemon mit Shakyamuni zu vergleichen.

Wenn ich mir heutzutage Sōtō-Priester anschaue, muss ich zu Sawaki Roshis Kommentar noch einen weiteren Punkt beisteuern. Shakyamuni nachahmend Zazen zu praktizieren oder vor Leuten mit dem Nachahmen Buddhas herumzuprotzen sind zwei völlig verschiedene Angelegenheiten. Ich möchte nicht schlecht über Sōtō-Priester sprechen, aber es gibt eine ganze Reihe unter ihnen, die mit ihrem Zazen angeben. Wenn ihr auch nur den geringsten Anflug verspürt, vor Leuten mit Zazen anzugeben, ist es nicht mehr Zazen. Hinsichtlich der Nembutsu-Rezitation ist es das Gleiche. Es gibt viele Priester, die, sobald Gläubige zu ihnen kommen, anfangen „Namu Amida Butsu" zu rezitieren. Das ist bloße Geschäftemacherei.

Wir müssen oft Priester erleben, die lediglich eine Rolle als Priester oder Lehrer vor den Menschen spielen. Sie verhalten sich, als ob sie wirklich ehrfürchtige, glaubenstreue und barmherzige Menschen wären. Sie führen großartige Zeremonien auf und halten erhabene Predigten. Solchen Menschen schwillt die Brust vor Stolz, wenn ihre Reden das Herz der Zuhörer tief berühren.

Wenn du aus der Motivation heraus sprichst, das Herz der Zuhörer anzurühren, bist du einfach nur ein Schauspieler. Das einzig Wichtige ist das Selbst zu sein, das nur das Selbst ist. Wir sollten Dinge ganz aus uns selbst heraus ausführen, ohne irgendwelche gedanklichen Verknüpfungen in Bezug auf andere. Wenn wir nach der Aufmerksamkeit anderer heischen, taugt unsere Praxis nichts.

Natürlich ist es gut, mit Begeisterung zu sitzen, aber euer Enthusiasmus sollte nicht dem Wettbewerb mit anderen dienen. Sollen wir dann einfach nur offen unseren Wunschvorstellungen folgen? Sollen wir nur sitzen, wenn wir sitzen wollen, und nicht sitzen, wenn wir keine Lust dazu haben? Das wäre auch ein Irrtum. Es ist gut mit anderen Menschen zu sitzen, wenn Zazen auf unserem Programmplan steht, selbst dann, wenn wir an diesem Tag nicht sitzen wollen. Das ist würdiges Zazen. Auch wenn wir widerwillig sitzen oder wir nur sitzen, um anderen Gesellschaft zu leisten, ist Zazen Zazen in dem Moment, in dem wir tatsächlich sitzen. Es ist einzig und allein von der in diesem Moment gegenwärtigen Haltung der Praxis gegenüber abhängig. Wenn ihr auch nur für einen Augenblick Zazen sitzt, um vor anderen damit anzugeben, wird euer Zazen das eines schlechten Schauspielers.

Das ist ein sehr subtiler Punkt im Bereich von Religion. Eure subtile, inwendig gegenwärtige Verfassung ist die Wirklichkeit. Wirklichkeit sollte Wirklichkeit in Übereinstimmung mit der Wirklichkeit verwirklichen. Ihr könnt nicht sagen, dass das, was immer ihr auch tut, Wirklichkeit ist. In der Praxis gibt es irregeleitete oder abwegige Wirklichkeiten. Wir können uns also nicht darauf herausreden, dass das, was immer wir auch tun, Wirklichkeit sei. Zuallererst müssen wir immer darauf abzielen, in Übereinstimmung mit der Wirklichkeit zu praktizieren. Fokussiert mit euren Knochen und Muskeln exakt die Zazen-Haltung und lasst die Gedanken los. Nur wenn wir darauf abzielen, erfährt unser Zazen Belebung. Im Kern ist es so, dass immerfrisches Selbst zu immerfrischem Selbst zurückkehrt. Das ist alles.

Da die aus tiefstem Herzen aufsteigende Praxis des Weges eines Anfängers exakt die absolut ganze ursprüngliche Erleuchtung ist, ist das erste Zazen eines Anfängers [allemal] gut genug, wenn er aus ganzem Herzen sitzt. Und doch ist es in der Praxis wichtig, auch lange Zeiteinheiten zu sitzen.

Als ich mit Sawaki Roshi praktizierte, dachte ich fast jeden Tag darüber nach, ob ich es aufgeben sollte, ein Mönch zu sein oder nicht. Dieser Umstand dauerte eine ganze Weile. Obwohl ich ein Mönch geworden war, nachdem meine Entscheidung, mich ganz und gar Zazen zu widmen, definitiv gefallen war, wallten immer noch solche Gedanken auf. Aber jedes Mal besann ich mich darauf, dass dies einfach nur ein Gedanke war, von dem ich mich nicht herumschubsen lassen sollte.

Ich nehme an, dass meine jetzt praktizierenden Schüler die gleichen Probleme haben. Egal wie viele Jahre sie sich im Antaiji aufhalten, sie werden nicht die Zertifizierung zum Priester erhalten. Sie erhalten keinen Lohn. Und sie können deshalb auch selbstverständlich nicht erwarten, eine Rente zu erhalten. Es ist sehr schwierig für junge Leute, auch nur ein paar Jahre hier ganz still einfach dazusein. Nach sieben, acht oder zehn Jahren ist es ganz natürlich, die Frage zu stellen, ob man mit der Praxis fortfahren sollte oder nicht. Darüber hinaus nimmt diese Art von Fragestellung sowieso kein Ende. Wenn sie erst einmal beginnen nach interessanteren Lebenswegen zu suchen, können sie nicht anders, als anderen Möglichkeiten nachzugehen. Verschiedene Ideen tauchen wahllos auf, eine nach der anderen, unaufhörlich. Solche pausenlosen Gedanken loszulassen ist Praxis. Es ist wirklich ein unbehaglich mulmiges Praktizieren.

Ich rauche seit der Mittelschule [Klasse 5-8]. Ich liebe es zu rauchen. Ich habe mehrere Male versucht, damit aufzuhören. Entschlossen mit dem Rauchen aufzuhören, rauchte ich mehrere Tage lang nicht. Wenn ich an den Punkt kam, an dem ich wirklich damit hätte aufhören können, rauchte ich eine Zigarette. Ich konnte es ganz und gar nicht lassen. Ich wurschtel mich so durch, indem ich versuche so wenig wie möglich zu rauchen. Zazen-Praxis sollte nicht so gehandhabt werden. Wir dürfen nicht einmal für eine Weile damit pausieren, sondern sollten unaufhörlich damit fortfahren, obwohl wir auf diverse Situationen stoßen werden, die praktizierend einfach durchgestanden werden müssen.

Als ich ungefähr zweiundvierzig oder dreiundvierzig Jahre alt war, gab es eine Frau, von der ich mich angezogen fühlte. Da ich kein ausdrückliches Gelübde bezüglich eines lebenslangen Zölibates abgelegt hatte, gab es keinen Grund, warum ich sie nicht hätte heiraten können. Doch hatte ich zu dieser Zeit keinerlei Einkommen. Ich hätte nur heiraten können, wenn ich meine Praxis als Mönch aufgegeben und mir einen Job gesucht hätte. Das war ein ernsthaftes Problem für mich.

Dann dachte ich daran, dass es im Frühling oft vorkommt, dass Männer sich von Frauen angezogen fühlen. Ich überredete mich also selbst, dass dies alles nur Frühlingssgefühle seien, und fuhr fort Tag für Tag zu praktizieren. Der Frühling ging seinem Ende entgegen. Die Abendstimmungen des späten Frühlings sind auch ohne spezielle Umstände verlockend. Ich fuhr ungeachtet all dessen fort, still zu sitzen. Damals war es im Antaiji vollständig ruhig. Eine Wasserralle sang in dieser Stille. Ich schaffte es auf diese Weise über den späten Frühling hinweg; die heiße Sommerzeit kam und ging. Als schließlich der Herbst kam, bemerkte ich, dass mein Ratlosigkeit verschwunden war, bevor ich es überhaupt bemerkt hatte. Da sagte ich zu mir: „Es war also doch nur ein Frühlingssehnen."

Im nächsten Frühling tauchte der gleiche Gedanke jedoch wieder auf. Ich fuhr fort zu sitzen und kam über ihn hinweg. Im Herbst beruhigte sich mein Geist wieder. Das wiederholte sich drei Jahre hintereinander. Im vierten Jahr war ich von dem Gedanken befreit.

Heute denke ich, dass sich unsere physischen und mentalen Bedingungen verändern, wenn wir zweiundvierzig oder dreiundvierzig sind, und dass [dieses Sehnen] einfach eine der Hürden in unserem Leben ist. Auf diese Weise nahm ich die Hürde. Es ist wichtig zu erkennen, dass unser Denken in Bezug auf das andere Geschlecht einfach ein Frühlingssehnen ist, das von unserem Gehirn abgesondert wird. Um aus [diesem Mechanismus] herauszukommen, müssen wir Zazen praktizieren und unsere Gedanken loslassen. Wir müssen die Wirklichkeit im Innern der Wirklichkeit verwirklichen.

So leben wir normalerweise nicht. Menschen verlieben sich im Frühling, halten innerhalb einer Woche Händchen und die Dinge entwickeln sich weiter. Das Ergebnis stellt sich pünktlich im Juli oder August ein. Wie sie die Situation mit dem Baby dann bewältigen sollen, bringt sie ins Schwitzen.

Dieser Tage erhielt ich einen Brief von einer alten Dame. Ihr Ehemann war genau zu dem Zeitpunkt zum Praktizieren nach Antaiji gekommen, als ich 1949 in Kyoto eintraf. Ich kannte ihn seit mehr als dreißig Jahren. Er war wirklich ein wundervoller Mensch; er starb vor kurzem.

Es ist nicht immer hilfreich, einen netten Ehemann zu haben: Der Ehemann dieser Frau war so nachgiebig, dass sie ein bisschen egozentrisch wurde. Sie teilte mir mit, dass sie im Krankenhaus sei, und bat mich, ihr etwas Trostspendendes zu schreiben. Ich rief sie daraufhin an, um nachzufragen. Sie litt an Neuralgie und hatte besonders nachts schreckliche Schmerzen. Ihr Herz schlug so schnell, dass sie [manchmal] fürchtete sterben zu müssen. In solchen Situationen beklagte sie sich über ihre Schmerzen, sogar mitten in der Nacht per Telefon bei ihren Brüdern, Schwestern oder Freunden.

Ich teilte ihr mit, dass es besser sei, nicht herumzulamentieren. Aber es ist dieser Art von Menschen fast unmöglich, das Denken loszulassen, selbst wenn ihnen das gesagt wird.

Ich bin zeitlebens ein körperlich schwacher Mensch gewesen. Ich musste oft Zeit im Bett verbringen. Wenn ich [akut] krank war, rezitierte ich „Namu Kanzeon Bosatsu" als Praxis, da ich nicht sitzen konnte. Im Winter 1945 hielt ich mich auf einem Berg in der Präfektur Shimane auf und arbeitete in der Holzkohleproduktion. Sogar wenn es heftig schneite, musste ich an den steilen Berghängen arbeiten, um Bäume zu fällen und sie hinunter zur Köhlerhütte zu tragen. Ich war von der kalten, armseligen Ernährung und der harten Arbeit erschöpft. Als ich eines Tages auf der Toilette war, rezitierte ich nahezu unbewusst „Namu Kanzeon Bosatsu". Das war das erste Mal, dass ich das rezitierte. Nach dieser Erfahrung begann ich das Kanzeon Sutra zu lesen (das fünfundzwanzigste Kapitel des Lotus Sutra). Später schrieb ich ein Buch über dieses Sutra.

Der Name des Bodhisattva Kanzeon (Avalokiteshvara) wird allgemein interpretiert als „das Eine, das die Klänge der Welt sieht (kontempliert)". Aber ich denke, dass es treffender als „der Klang, der die Welt sieht (kontempliert)" zu deuten ist. Das wichtige Wort hier ist *kan* (sehen, beobachten, kontemplieren), was bedeutet, die Dinge zu sehen, ohne irgendeinen Standpunkt einzunehmen.

In der menschlichen Welt ist es zum Beispiel so, dass alle Länder zwar nach Frieden streben, aber trotzdem jedes Land seinen eigenen einseitigen Standpunkt bezüglich einer Situation einnimmt. Die Folge ist, dass es zu Konflikten kommt und schließlich Kriege ausbrechen. Ganz allgemein ausgedrückt ist es so, dass, wenn jede Seite ihren eigenen Standpunkt hat, die Dinge, die jeweils näher liegen, größer aussehen und jeweils entfernte Dinge kleiner aussehen. Letzten Endes passt keine individuelle Meinung [jemals] zu einer anderen. *Kan* bedeutet nicht diese Art und Weise, die Dinge zu sehen, sondern dass wir jegliche Art von Standpunkt ablegen sollten: Wahre Wirklichkeit kann nur erkannt werden, wenn sämtliche Standpunkte ad acta gelegt werden.

„Der Klang, der die Welt sieht" ist der Klang des Rezitierens von "Namu Kanzeon Bosatsu" mit unserem Mund. Das ist es, was wir auch in Zazen praktizieren. Wenn ich zum Beispiel „Namu Kanzeon Bosatsu" rezitiere, lasse ich das Denken los; ich gebe meine Sichtweisen preis. Das ist „mobiles Zazen", weil ich immer und überall rezitieren kann, sogar wenn ich im Bett liegen muss, beim Gehen oder auf der Toilette.

„Namu Amida Butsu" ist auch gut. In diesem Fall liegt die Betonung auf der Dankbarkeit, unter all den Bedingungen des ganzen

Himmels und der Erde leben zu dürfen. Nembutsu zu rezitieren ist die Praxis der Dankbarkeit oder des Zurückbezahlens einer Schuldenlast. Shinran Shōnin sagte: „Ich habe keinerlei Ahnung, ob Nembutsu eine Praxis ist, um in die Hölle zu fahren oder ins Reine Land einzugehen." Wir wissen nicht, ob es für uns als Individuen heilsam ist oder nicht, und doch rezitieren wir einfach.

Aber ist es uns wirklich immer möglich zu empfinden, dass wir im Universum Amitabha Buddhas leben und Dankbarkeit dafür empfinden? Ich denke, dass das für uns gewöhnliche menschliche Wesen in unserem jeweiligen Alltagsleben ziemlich unmöglich ist. Wir neigen eher häufig dazu zu glauben, dass es weder Buddha noch Gott in dieser Welt gibt, weil wir eine Menge Leid erleben und schlechte Erfahrungen machen.

Aber das sind alles nur meine eigenen Überlegungen. Deshalb lassen wir das Denken und unsere Standpunkte los und rezitieren „Namu Amida Butsu". Dann ist meine begrenzte Sichtweise der Dinge beseitigt. Deshalb ist Rezitieren für mich mobiles Zazen.

Wenn ich Menschen besuche, die durch eine Krankheit ans Bett gefesselt sind, gebe ich ihnen eine Kopie des Kanzeon Sutras. Dort heißt es, dass wir von jeder Art von Leiden befreit werden, wenn wir „Namu Kanzeon Bosatsu" rezitieren. Weiter heißt es dort auch, dass ihr den Namen des Bodhisattvas rezitieren sollt, wenn ihr euch ein gesundes Kind wünscht, und dass dann ein gesundes Baby geboren wird. Ist das nicht ein ziemlich egoistischer Wunsch?

Im Großen und Ganzen sind menschliche Wesen immer ichbezogen. Es ist nahezu unmöglich, selbstsüchtige Wünsche zu verhindern. Wenn wir in die äußerste Ecke gedrängt worden sind, ist es nur ganz natürlich ohne zu überlegen, um Hilfe zu rufen. Es ist absolut in Ordnung, in solchen Situationen um Hilfe zu schreien, und doch ist es in der Realität so, dass uns in den meisten Fällen niemand zu Hilfe eilt. Daraus könnten wir in der Tat schließen, dass es keinen Buddha oder Gott gibt. Diese Schlussfolgerung ist [jedoch] eine Fehlannahme.

In der Lebenswirklichkeit schreien wir: „Hilf mir!" Da dies die Lebenswirklichkeit ist, sollten wir unverstellt so sein, wie wir sind. Einfach schreien reicht aus. Wenn wir leiden, wenn wir schwere Zeiten durchmachen oder uns in einer verzweifelten Situation befinden, rezitieren wir einfach auf die gleiche Weise „Namu Kanzeon Bosatsu".

Als ich noch sitzen konnte, praktizierte ich aus tiefstem Herzen Zazen, aber mit dem Alter wird es manchmal körperlich unmöglich, Zazen zu praktizieren. Es gibt einige wunderbare Menschen wie Kato Imashiro, der noch mit Achtzig im Antaiji jeden Monat ein Fünf-Tage-Sesshin saß. Aber im Allgemeinen gilt, dass es mit Einsetzen des Alterungsprozesses so mit fünfundsechzig Jahren den meisten Menschen schwer fällt, so viel zu sitzen. Ich glaube, dass in den alten Zeiten die Praktizierenden in Indien Zazen praktizierten, wenn sie jung waren. Und als sie alt wurden und Schwierigkeiten hatten zu sitzen, begannen sie Nembutsu oder *shomyo* (traditionelles buddhistisches Rezitieren) zu rezitieren. Ich glaube nicht, dass Rezitieren und Zazen zu zwei vollständig unterschiedlichen Schulen des Buddhismus gehören.

Wenn ich mich auf der Suche nach etwas abmühen muss,
Wenn ich mich in ohnmächtiger Einsamkeit verlassen fühle,
Wenn ich an mir selbst verzweifle,
Dies alles sind nur unsere eigenen Gedanken.
Überlasst alles Zazen, das Denken loslassend,
Oder der ausschließlichen Hingabe an das Rezitieren des Klanges, der die Welt sieht.

> *In diesem Moment, auch wenn es uns nicht bewusst ist,*
> *Ganz plötzlich ist da, egal, was passiert ist,*
> *Die lebendige Wirklichkeit des Selbst, das nur das Selbst ist,*
> *Genauso wie der große Himmel immer der große Himmel ist.*

Der große Himmel ist immer der große Himmel. Manchmal ist er bewölkt, manchmal regnet oder schneit es. Aber der große Himmel ist immer der große Himmel. Egal was passiert, der Himmel ist einfach der Himmel. Das ist wahre Dankbarkeit.

Wir sitzen in Zazen und lassen das Denken los oder rezitieren unbeirrt den Namen von Kanzeon, dem Klang, der die Welt sieht. In diesem Moment fragen wir uns vom Standpunkt unseres Denkens aus, ob wir befreit sind oder nicht. Wir wissen es zwar nicht und doch: Auch wenn wir es nicht wissen, sind wir das universelle Selbst, das nur das Selbst ist, egal in welcher Situation auch immer. Wir bleiben entschieden auf diesem Weg und sitzen oder rezitieren weiter. Es ist völlig in Ordnung, wenn wir das bezweifeln, während wir praktizieren. - Macht einfach mit Sitzen oder Rezitieren weiter.

Wenn wir jedoch glauben, dass wir durch Zazen eine bessere Geistesverfassung entwickeln und erreichen, ist solche Praxis egoistisches Zazen. Laut Sawaki Roshi ist diese Einstellung das Satori eines Dämons.

Buddha wird ganz im Gegenteil nur dann verwirklicht, wenn gewöhnliche menschliche Wesen einfach nicht mehr weiterwissen. Ungereimte, bedeutungslose und beliebige Gedanken wallen immer in unserem Geist auf. Sogar wenn wir uns fragen, ob unser Zazen gut oder schlecht ist, können wir einfach mit der Einstellung sitzen, uns nicht in solche Überlegungen verstricken lassen zu wollen, weil sie einfach nur Absonderungen unseres Gehirns sind. „Namu Kanzeon Bosatsu" zu rezitieren ist das Gleiche.

Wenn ich einen Vortrag zum *Shōbōgenzō* halte, ist das Thema Rezitieren etwas Zusätzliches. Aber aus ganz praktischen Gründen muss ich auch Menschen, die aus körperlichen Gründen nicht sitzen können, sagen, was sie tun können. Mein Vortrag zum *Shōbōgenzō* ist keine Gelehrtenvorlesung.

„Da es bereits die Erleuchtung der Praxis ist, ist Erleuchtung endlos; da es bereits die Praxis der Erleuchtung ist, ist Praxis anfanglos." Da Erleuchtung bedeutet, sich in der Wirklichkeit niederzulassen, die genau jetzt in unserer Praxis verwirklicht wird, gibt es kein Ende. Und da Praxis bedeutet, die Wirklichkeit zu verwirklichen, gibt es keinen Anfang.

Wenn wir sitzen, manifestieren wir die Gesamtheit ursprünglicher Erleuchtung. Es handelt sich nicht um allmähliches Erlangen von Erleuchtung als Belohnung nach langer Praxis. Da ihr und ich und alle lebenden Wesen und Existenzen nichts anderes sind als die Wirklichkeit des Lebens und es an nichts mangelt, verwirklichen wir einfach die Wirklichkeit. Das ist Zazen-Praxis.

Sawaki Roshi sagte häufig: „Wir werden nicht besser durch unser Zazen. Zazen ist das Vergessen von gut und schlecht." Nahezu alle Menschen praktizieren Zazen, um sich zum Besseren zu verändern, aber das ist nicht richtig. Zazen ist Loslassen des Denkens, das zwischen gut und schlecht unterscheidet.

Deshalb wurden sowohl Shakyamuni Tathāgata als auch der Verehrte Mahakashyapa in der Praxis der Erleuchtung angenommen und verwendet. Auf die gleiche Weise wurden der Große Lehrer Bodhidharma und der Große Vorfahre Daikan [der Sechste Vorfahre] gezogen und gewendet. Mit den Spuren des Verweilens im Dharma und dessen Bewahrung verhält es sich ebenso.

„Gezogen und gewendet" bedeutet zur Lebenswirklichkeit zurückzukehren und auf dieser Grundlage zu funktionieren.

Es gibt bereits nicht von Erleuchtung getrennte Praxis. Und zu unserem Glück ist dieses sich mit Anfängergeist uneingeschränkte Hineingeben in den WEG, das die ungeteilte, wundersame Praxis übermittelt, haargenau das Erlangen ungeteilter ursprünglicher Erleuchtung auf der Grundlage von Nicht-Fabrizieren.

Das ist das Gleiche, was Dōgen Zenji im *Genjōkōan* sagt: „Wenn wir ein Dharma erlangen, praktizieren wir ein Dharma. Wenn wir einer Praxis begegnen, üben wir eine Praxis aus." Im *Yuikyōgyō* (Sutra des letzten Lehrens) betont der Buddha *pratimoksha* (*betsu gedatsu* auf Japanisch oder individuelle Befreiung), was Befreiung von Fall zu Fall bedeutet. Wenn wir ein bestimmtes Gebot beachten, werden wir von dem illusionären Begehren befreit, das mit diesem Gebot korrespondiert. Eure Befreiung hängt vom Ausüben eurer Praxis ab.

Wir müssen wissen, dass die Buddha-Vorfahren, um zu verhindern, dass die untrennbar mit Praxis verbundene Erleuchtung befleckt wird, uns wachsam angewiesen haben, in unserer Praxis nicht zu erlahmen. Wenn die wundersame Praxis abgefallen ist, füllt ursprüngliche Erleuchtung unsere Hände; wenn wir frei von ursprünglicher Erleuchtung sind, übt unser gesamter Körper die wundersame Praxis aus.

Da Erleuchtung an Praxis gebunden ist, müssen wir ununterbrochen und endlos fortfahren zu praktizieren. Aber wenn ihr ganz konkret praktiziert, solltet ihr nicht denken, dass „ihr" gerade praktiziert. Wenn ihr gerade praktiziert, solltet ihr jedes Denken über Praxis loslassen. Innerhalb dieses Loslassens verwirklicht sich die ursprüngliche Wirklichkeit. Wie Dōgen Zenji sagt, füllt die ursprüngliche Erleuchtung unsere Hände. Genau an dem Punkt manifestiert sich die Praxiswirklichkeit. Das ist *shikan* (einfach tun) Praxis. Gleich von Anfang an lebt unser Selbst die Wirklichkeit. Aber wenn wir einfach nur praktizieren und auch diese Vorstellung loslassen und ursprüngliche Erleuchtung abwerfen, dann verwirklicht unsere Praxis Wirklichkeit, die Wirklichkeit übersteigt. Dann ist unser gesamter Körper von wahrer Praxis durchdrungen.

Im Großen Song China habe ich darüber hinaus mit meinen eigenen Augen gesehen, dass Zen-Klöster in den verschiedensten Gegenden mit fünfhundert bis sechshundert Mönchen oder bis zu ein- oder zweitausend Mönchen allesamt Zazen-Hallen hatten und bei Tag und bei Nacht zur Praxis von Zazen angehalten wurde.

Im China der Song Dynastie war Zen sehr beliebt. Es gibt auch in Japan beeindruckende Zen-Hallen in Zen-Klöstern, obwohl einige von ihnen als Lagerhallen genutzt werden. Ich denke, es ist besser, keine Zen-Halle zu bauen. Da Priester es lieben, mit Spielzeug zu hantieren, möchten sie häufig eine hinreißende Zen-Halle bauen, aber Buddha-Dharma vollzieht sich nur im Praktizieren der Wirklichkeit von Zazen. Wir können die Zazen-Wirklichkeit überall praktizieren. Einfach ruhig sitzen reicht. Im *Zuimonki* sagt Dōgen Zenji auch, dass die Konstruktion von imposanten Gebäuden nichts mit dem blühenden Buddha-Dharma zu tun hat, sondern auch nur ein oder zwei Menschen, die wahrhaft Zazen praktizieren, der blühende Buddha-Dharma sind.

Als ich Lehrer, die das Buddha-Geist-Mudra übermittelten und Verantwortung für Tempel trugen, zum Kernpunkt des Buddha-Dharmas befragte, sprachen sie alle über das Prinzip, dass Praxis und Erleuchtung nicht zwei sind.

Aus diesem Grund mahne ich nicht nur Praktizierende dieser Tradition, sondern alle edlen Menschen, die nach dem Dharma streben, Menschen, die sich nach dem authentischen Buddha-Dharma sehnen, egal ob Anfänger oder Fortgeschrittene, und ohne zwischen Gewöhnli-

chen oder Weisen zu unterscheiden, Zazen gemäß den Lehren der Buddha-Vorfahren auszuüben und dem Weg der Meister zu folgen.

Habt ihr nicht die Worte des altehrwürdigen Lehrers vernommen: „Es ist nicht so, dass es keine Praxis und Erleuchtung gibt, sondern nur, dass sie nicht befleckt werden kann?“ Es heißt auch: „Ein Mensch, der den WEG erkennt, praktiziert den WEG.” Ihr solltet wissen, dass ihr inmitten des Erlangens des WEGES praktizieren müsst.

Wir können nicht sagen, dass es weder Praxis noch Erleuchtung gibt, und doch sollten wir die Wirklichkeit nicht beflecken. Wir sollten die Wirklichkeit nicht in Begriffe kleiden. Zazen ist nur Zazen, wenn wir tatsächlich Zazen praktizieren. Wenn wir es in Begriffe kleiden, wird es beschmutzt. Gleichzeitig ist es so, dass ein Mensch den WEG praktiziert, wenn er ihn erkennt. Wir können den Buddha-Weg also nur praktizieren, wenn wir verstehen, was der Buddha-Weg tatsächlich ist.

Dōgen Zenji weist ein weiteres Mal auf etwas Wichtiges hin, das wir „wissen sollten”: Ihr müsst mitten im Erlangen des WEGES praktizieren. Das bedeutet, wir haben alle den Weg als Wirklichkeit erlangt und jeder von uns, so wie er ist, lebt frei die Lebenswirklichkeit, ohne dass es an etwas mangelt. Wie sollen wir solcherart Wirklichkeit verwirklichen? Daran zu arbeiten ist unsere Praxis.

FRAGE ACHT:

Warum haben all die Lehrer, die in vergangenen Zeiten in unserem Land die Lehren verbreiteten, nur die Lehrschriften mitgebracht und diese grundlegende Praxis ignoriert, als sie aus China zurückkamen und den Buddhismus einführten?

„Die Lehrer.....in vergangenen Zeiten” bezieht sich auf japanische Priester der japanischen Nara oder Heian Periode, die während der chinesischen Tang oder Song Dynastie nach China gingen. Sie übermittelten nicht Zazen, sondern brachten nur buddhistische Philosophie und Begleittexte zu [verschiedenen] Schriften mit. Da sie nach China zogen, nachdem Bodhidharma seinerseits dort eingetroffen war, müssten sie eigentlich die Gelegenheit gehabt haben, der Zen-Praxis zu begegnen. Warum brachten sie Zazen trotzdem nicht nach Japan? Auf diese Frage erwidert Dōgen Zenji, dass dies deshalb so war, weil „die Zeit noch nicht gekommen war" und die Menschen noch nicht reif dafür waren.

FRAGE NEUN:

Haben jene ehrwürdigen Lehrer diesen Dharma begriffen?

Das ist eine Fortführung der letzten Frage, die sich darum dreht, ob jene alten Lehrer wahrhaftig Buddha-Dharma verkörperten oder nicht. Dōgen Zenji erwidert:

Wenn sie ihn begriffen hätten, wäre er kundgetan worden.

Ich muss diese Art von elegant ausgeklügelter Ausdrucksweise lernen. Ich an seiner Stelle hätte gesagt: „Nein, diese Jungs haben überhaupt nichts von Zazen kapiert."

FRAGE ZEHN:

Jemand hat gesagt: „Grämt euch nicht über Leben und Tod. Es gibt ein unverzügliches Mittel, um sich von Leben und Tod zu trennen. Man muss nur das Prinzip verstehen, dass Geist-Natur von Dauer ist. Das bedeutet, dass, auch wenn der Körper, der geboren wird, unausweichlich stirbt, die Geist-Natur doch nie vergeht. Wenn du wirklich verstehst, dass die unserem Körper innewohnende Geist-Natur Geburt und Tod nicht unterliegt, dann ergibt sich daraus, dass der Geist in Vergangenheit, Gegenwart und Zukunft von Dauer und unveränderlich ist, obwohl der Körper nur eine hier zufällig geborene und sterbende vorübergehende Form darstellt, da dies die ursprüngliche Natur ist. Das zu erkennen wird Befreiung von Leben und Tod genannt. Diejeni-

gen, die um dieses Prinzip wissen, werden endgültig ihren Kreislauf von Leben und Tod zum Erlöschen bringen und wenn ihre Körper untergehen, gehen sie in den Ozean der ursprünglichen Natur ein. Wenn sie in diesen Ozean einfließen, sind sie wahrhaftig mit den gleichen wundersamen Tugenden ausgestattet wie die Buddha-Tathāgatas. Obwohl ihr jetzt darum wisst, gleicht ihr nicht den Weisen, weil eure Körper durch das verblendete Karma früherer Leben erschaffen wurden. Diejenigen, die dies noch nicht wissen, müssen auf ewig die Gefilde von Leben und Tod durchwandern. Darum muss man also nur die Dauerhaftigkeit der Geist-Natur verstehen. Was gibt es da von einem ganzen, sinnlos mit stillem Sitzen verbrachten Leben zu erwarten?"

Ist eine solche Auffassung wahrhaft in Übereinstimmung mit dem Weg der Buddhas und Vorfahren?

Das ist eine Frage zu einem zu Dōgen Zenjis Zeiten weit verbreiteten Aberglauben, der uns heutzutage lächerlich erscheint. Die Menschen in alten Zeiten müssen eine riesige Angst vor dem Sterben gehabt haben, so dass die Befreiung von Leben und Tod für sie von höchster Bedeutung gewesen sein muss. Sie glaubten also ernsthaft, dass der Körper mit Sicherheit stirbt, aber der Geist niemals.

Moderne Menschen quälen sich nicht mit Gedanken über Leben und Tod. Die Menschen denken, dass zu leben angenehm sein muss. Sie versuchen ihr Leben zu genießen und halten den Tod niemals für etwas, das sie selbst betrifft. Sie denken nur über den Tod anderer nach. Sie rechnen sich aus, wieviel Geld sie von ihren Eltern erben können und hoffen auf den Tod ihrer Vorgesetzten in der Erwartung, ihre Position einnehmen zu können. Aber wenn wir unseren eigenen Tod leugnen und nur an unser Auskommen denken, können wir niemals die Wahrheit des Lebens verstehen. Wir können das Leben nicht in seiner ganzen Fülle leben.

Shakyamuni stellte sich die Frage nach dem Leben, das Leben, Altern, Krankheit und Tod umfasst, und begann den WEG zu suchen. Nur wenn wir das Leben erkannt haben, das Leben, Altern, Krankheit und Tod umfasst, können wir unter wahren Vorzeichen leben. Das ist die Grundlage, auf der wir unser eigenes Leben zu überdenken haben. Doch Shakyamunis Schüler nahmen es als selbstverständlich hin, dass das Leben ein elendes ist, nur weil sie gelehrt worden waren, dass lebende Wesen sterben müssen und dass Menschen, mit denen wir zusammenkommen, von uns scheiden müssen. Sie deuteten Buddhas Lehren als eine Art misanthropische Sicht auf das Leben. Shakyamuni muss wohl über die absolute Lebenswirklichkeit, Altern, Krankheit und Tod gesprochen haben, um die anderen zu lehren, wie man wirklich die Fülle des Lebens lebt. Aber da die Menschen im Allgemeinen den Tod vom Standpunkt ihres Lebenshungers aus betrachten, ist Sterben für sie eine ausschließlich schmerzhafte und traurige Angelegenheit. Weil der Buddhismus Leben als Leben, Altern, Krankheit und Sterben versteht, halten sie ihn für pessimistisch. Hier liegt ein großes Missverständnis vor. Einzig, weil Leben Sterben beinhaltet, kann Leben überhaupt erst eine blühend-lebendige Wirklichkeit sein. Wenn wir nur an Existieren denken und jeden Gedanken an den Tod von uns weisen, ist unser Leben wie eine sterile Plastikblume. Sie stirbt nicht, aber sie hat auch keinen Duft, ist nicht lebendig und trägt keine Früchte. Nach und nach wird sie schmuddelig und wird weggeworfen.

Die westliche Art zu denken basiert gänzlich auf einer Zivilisation des Daseins. Gab es irgendwelche westlichen Philosophen, die an ihren eigenen Tod dachten? Nur Existenzialisten denken an den Tod, aber sie stecken noch in den Kinderschuhen. Shakyamunis Lehre ist viel tiefgründiger, aber die heutigen Japaner verstehen das nicht.

Wenn sie gefragt werden, warum sie leben, antworten die Leute meistens, dass sie glücklich sein wollen. Es scheint so, als ob sich jeder komplett dem Erhaschen von Glück gewidmet hat. Mir erscheint jedoch dieses Glückskonstrukt ziemlich kindisch. Kinder sagen zum Beispiel häufig: „Ich bin so glücklich!", wenn sie einen Preis im Buchstabierwettbewerb gewonnen haben.

Vor allem ist es eine schwammige Idee, die deshalb schwer zu definieren ist. Ein rosarotes Empfinden von Glück ist nur eine Angelegenheit flüchtiger Emotion. Was passiert mit solch einem Gefühl, wenn wir sterben? Niemand sagt: „Ich bin glücklich", wenn er dem Tod ins Auge blickt. Wenn wir sterben, müssen wir Status, Ruhm, Vermögen, die Familie, Häuser und all die Dinge, die wir in unserem gesamten Leben angeschafft haben, hinter uns lassen. Menschen, die denken, sie hätten ein glückliches Leben geführt, müssen viel mehr als andere leiden. Sie können im Angesicht des Todes nicht glücklich sein. Nur andere Menschen werden über sie sagen, dass sie glückliche Menschen gewesen seien, weil sie so erfolgreich waren und ein großes Vermögen angehäuft und lange genug gelebt hätten.

Wenn wir uns mit der Sterblichkeit menschlicher Wesen befassen, wird klar, dass das Glückskonstrukt als Maßstab vollkommen sinnlos ist.

Die wahre Lehre des Buddhas ist überhaupt nicht pessimistisch. Nach unserem Tod sind Glück und Unglück, Gut und Böse, Hölle und Paradies, Satori und Verblendung das Gleiche. Zwischen Knochen gibt es keine Unterschiede. Wir können nicht sagen, ob ein Knochen einem glücklichen oder unglücklichen Menschen gehört hat oder ob die Knochen jemand Häßlichem oder Schönem gehörten. Es gibt auch keinen Unterschied zwischen den Knochen einer erleuchteten oder einer verblendeten Person. Es gibt Menschen, die Buddhas Gebeine verehren. Das ist albern. Ich habe Buddhas Gebeine drei-, viermal an verschiedenen Orten gesehen. Da sollten eigentlich nicht so viele Gebeine von Buddha übrig geblieben sein. Ich habe gehört, dass solche Reliquien extra produziert werden. Im *Zuimonki* kritisiert Dōgen Zenji einen Mönch, der Buddhas Reliquien verehrt, indem er sagt, dass eine solche Verehrung nicht Buddha-Dharma ist, sondern das Handeln eines Dämons.

Das Wichtigste ist, aus allen Dingen [gemeinsam], Glück wie Unglück, Erleuchtung und Verblendung eine Grundlage zu schaffen. Wir sollten daran denken, wie wir auf dieser Grundlage Fuß fassend leben können. Die Menschen verfolgen heutzutage jedoch das Glück als Gefühl und versuchen dem Unglücklichsein zu entkommen; sie jagen Erleuchtung hinterher und versuchen, Verblendungen auszulöschen. Da sie das Leben von diesem Standpunkt aus angehen, geht ihr Leben in die Brüche. Wir sollten das Leben aus dem Selbst heraus leben, das nur das Selbst ist, egal mit welcher Situation wir konfrontiert werden.

Ich bin ein noch größerer Sünder als andere. Ich glaube nicht, dass ich ins Paradies eingehen darf. Ich lebe auch immer geradewegs inmitten von Verblendung. Bin ich glücklich? Ich kann nicht sagen, dass ich im umgangssprachlichen Sinne des Wortes glücklich bin. Ich habe gerade mal genug Geld verdient, um einmal in meinem Leben Einkommensteuer gezahlt zu haben. Das war, als ich mit einem großen Verlagshaus ein Buch über *origami* (Papierfalten) veröffentlichte. Unter Zuhilfenahme weltlicher Maßstäbe bin ich finanziell betrachtet ganz am unteren Ende der Skala. Bis jetzt habe ich gelebt, ohne mich um meinen Lebensunterhalt zu kümmern. Als ich jung war, habe ich irgendwie damit überlebt, „Ho!" zu rufen und ein, fünf oder zehn yen für *takuhatsu* zu erhalten. Sogar jetzt lebe ich Tag für Tag von der Hand in den Mund, doch ich steh noch ganz gut da. Es ist ganz okay, die Sorge für euren Lebensunterhalt hintanzustellen und sich irgendwie durchzuwursteln, aber es gibt eine Sache, die ihr nicht schleifen lassen dürft, und zwar ist das die Grundhaltung, das Leben des Selbst zu leben, das nur das Selbst ist. Es ist absolut wichtig, zu sitzen und sich mit dieser Grundhaltung niederzulassen. Diese Grundhaltung einzunehmen bedeutet von Leben und Tod befreit zu sein.

Man glaubte, Geist-Natur sei ewig und die Seele unsterblich. Viele Menschen dachten, dass der Buddhismus die gleiche Theorie vertritt: Nach dem Tod stirbt die Seele nicht, sondern wird wiedergeboren. Ich gehe davon aus, dass ihr alle versteht, dass Shakyamunis Lehre nicht so war. Das Durchwandern von Samsara oder Reinkarnation war nicht Shakyamunis Lehre. Solche Art von Glauben gehörte zur indischen Volksreligion aus uralten Zeiten. Wahrer Buddhismus lehrt uns die Befreiung vom Kreislauf der Wiedergeburt.

In den alten Zeiten glaubten Menschen ernsthaft, dass etwas wie spirituelle Intelligenz oder eine Seele dem Fleisch entweichen, wenn ein Körper stirbt und in ein anderes Geschöpf eintritt, um wiedergeboren zu werden.

Von Sawaki Roshi hörte ich folgende Geschichte. In der Tokugawa Periode ging einst der Abt von Sairaiji in Tsu in der Präfektur Mie spazieren. Er wurde von einem Mönch begleitet. Sie gingen an zwei Hunden vorbei, die miteinander kopulierten. Als der Abt sie erblickte, brach er in Tränen aus. Da er Abt eines großen Tempels war, muss er hinreißende Gewänder und O-kesa getragen und er muss sehr gütig geschaut haben. - Es müsste sehr lustig sein, einen Kartoon anzuschauen, wo so ein Priester herumhopsende Hunde beobachtet. - Der Priester sagte mit ernster Stimme: „He, Novize, der Meister von Tabataya ist genau jetzt in den Bauch eines Hundes eingetreten." Zu diesem Zeitpunkt war gerade der Herr der vermögenden Kaufmannsfamilie Tabataya in Ise gestorben. Als die Tabataya-Familie mitbekam, dass der Priester gesagt hatte, der Herr sei in den Bauch des Hundes eingetreten, erhoben sie großes Geschrei. Später zahlten sie eine große Summe für den Welpen der Hündin als Inkarnation des Herrn und bis zu seinem Tod kümmerten sie sich intensiv um ihn. Natürlich erhielt der Priester eine große Spende.

Für heutige Menschen mag das wie ein Märchen klingen, aber diese Art von Geschichten existiert immer noch in Amerika, das eines der am weitesten entwickelten Länder ist. Manchmal berichtet mir jemand solche Geschichten. Es ist interessant, dass sie Computer und Videoaufnahmen als Beweis dafür einsetzen, um die Menschen solche Geschichten glauben zu machen.

Sawaki Roshi sagte: „Jemand fragte mich, ob es Geister auf der Welt gebe oder nicht. Menschen, die solche Fragen stellen, sind selbst Geister." Da stimme ich Sawaki Roshi zu.

Die Ermahnung von Nanyang Huizhong (dat. 775, Chinesischer Nationaler Lehrer, Nanyō Echū auf Japanisch) wird von Dōgen Zenji in *Shōbōgenzō Sokushin Zebutsu* (Geist selbst ist Buddha) erörtert. In aller Kürze: Die Wirklichkeit des Lebens kann nicht in Dichotomien wie Geist und Körper, Glück und Unglück, Hölle und Himmel, Erleuchtung und Verblendung zerlegt werden. Solche Unterscheidungen werden von unserem Gehirn vorgenommen.

Für gewöhnlich versuchen wir die Lebenswirklichkeit mit unserem Gehirn zu bewältigen. Da jedoch die Lebenswirklichkeit den Geist umfasst, ist es unmöglich, die Wirklichkeit des Lebens mit dem Gehirn abzuhandeln. Infolgedessen sollten wir über ein Leben nachdenken, das wir auf der Grundlage, die sowohl Hölle und Himmel, Erleuchtung und Verblendung, Leben und Tod umfasst, führen. Auf dieser Grundlage können wir mit voller Kraft voraus leben. Es ist nicht hilfreich, Verblendungen loswerden zu wollen oder mit Furcht vor der Hölle zu leben oder mit dem Wunsch, dem Tod zu entkommen.

Sogar heute sind die Arten nicht-buddhistischer Religionen beliebt, die lehren, dass der Geist ewig ist, aber der Körper sterblich. Unter buddhistischen Gläubigen oder sogar auch Priestern, die sich als Buddhas Anhänger betrachten, gibt es so einige, die den Unterschied zwischen Buddhismus und anderen Religionen nicht verstehen. Solche Priester sollten es bleiben lassen, Buddhisten zu sein.

Ihr solltet wissen, dass im Buddha-Dharma grundlegend bekräftigt wird, dass Körper und Geist eins sind, Essenz und geformte Materie nicht zwei. Und ihr solltet nicht den geringsten Zweifel daran hegen, dass dieses Verständnis in Indien und China gleichermaßen herrscht.

Das ist das Fundament der Lehren Buddhas. Wirklichkeit ist niemals zwei sondern eins.

Darüber hinaus: Wenn wir von Dauerhaftigkeit sprechen: All die zehntausend Dharmas sind dauerhaft, Körper und Geist sind nicht getrennt. Wenn wir über die Vergänglichkeit sprechen: Alle Dharmas sind vergänglich, Essenz und geformte Materie sind nicht getrennt.

Deswegen ist alles ewig, wenn wir Ewigkeit sehen. Deswegen ist alles vergänglich, wenn wir Vergänglichkeit sehen. Mit anderen Worten: Die Lebenswirklichkeit kennt keine Geburt, kein Fortsetzen, und doch kommt und geht sie (tathāgata). Obwohl kommend und gehend, ist da kein Kommen und kein Gehen. Im *Hannya Shingyō* (Herz Sutra) lesen wir: „Keine Geburt, kein Verlöschen, kein Zunehmen, kein Abnehmen." Egal in welcher Situation wir uns befinden, das Selbst, das nur das Selbst ist, hat kein Kommen, kein Gehen. Dann bewegt es sich nicht? Doch, es kommt und geht. Es ist immer in Bewegung.

Und nicht nur das: ihr solltet vollständig erkennen, dass Leben und Tod ganz genau Nirvana sind.

Im Buddha-Dharma ist Leben und Tod nichts anderes als Nirvana. Leben und Tod und Nirvana sind keine voneinander getrennten Angelegenheiten. Aber heutzutage richten sich die Menschen nur auf das Dasein aus und vermeiden den Blick auf den Tod. Wir können nicht über wahres Leben sprechen, solange wir mit solch einer Einstellung leben.

„Das Dharma-Tor der unermesslichen Gesamterscheinung der Geist-Essenz" ist ein Zitat vom *Daijō Kishin Ron* (Glaubenserwachen des Mahayana). Im Text heißt es: „Geist als Soheit ist nichts anderes als die Essenz des Dharma-Tores der unermesslichen Gesamterscheinung." Das bedeutet, dass es im Universum nichts anderes als mein Leben gibt.

Es umfasst den gesamten unermesslichen *Dharma-Bereich, ohne Essenz und Erscheinung zu trennen und ohne von Entstehen und Vergehen zu sprechen. [Von Leben und Tod] bis zu Bodhi und Nirvana gibt es nichts, das nicht Geist-Essenz ist.*

„Der gesamte unermessliche Dharma-Bereich" bedeutet alles, die Gesamtheit des Lebens selbst. Das ist das Gleiche wie der wundersame Dharma, auf den wir am Beginn von *Bendōwa* trafen. Da Dharma alles einschließt, können wir Essenz nicht von Erscheinung, Leben nicht von Tod trennen. Alles ist voll umfänglich Geist-Natur.

Ohne Ausnahme sind die Myriaden von Phänomenen im gesamten Universum nichts anderes als dieser EinGeist, alles umfassend und alles mit allem vernetzt.

Ich übersetze immer diesen EinGeist mit Leben, aber dieses Leben bedeutet nicht physiologisches oder psychologisches Leben. Da EinGeist alle Dharmas ist und alle Dharmas EinGeist sind, sollten wir es einfach Leben nennen.

Diese verschiedenen Dharma-Tore sind alle gleichermaßen dieser EinGeist. Zu sagen, dass es überhaupt keinen Unterschied [zwischen

Essenz und Erscheinung] gibt, ist genau die Art und Weise, wie Buddhisten die Geist-Essenz verstehen.

Im Buddhismus wird Geist-Natur (Essenz) niemals als psychologischer Geist verstanden. Geist-Natur ist ungeteiltes Leben als ein Ganzes: die gesamte Welt, in der wir leben.

BUDDHISTISCHE PRAXIS SOLLTE MIT DER SUCHE NACH DER WAHRHEIT DES EIGENEN LEBENS BEGINNEN

FRAGE ELF:

Ist es für diejenigen, die dieses Zazen in den Mittelpunkt stellen, notwendig, die Gebote peinlich genau einzuhalten?

ANTWORT:

Die heilige Praxis des Wahrens der Gebote ist in der Tat die Hauptrichtschnur des Zen-Tores und steht in der Tradition der Buddhas und Vorfahren, aber sogar denjenigen, die die Gebote noch nicht empfangen haben, oder denjenigen, die die Gebote gebrochen haben, mangelt es nicht an der Möglichkeit [Zazen zu praktizieren].

In dieser Frage wird die Bedeutung der Gebote erörtert. Das Wahren der Gebote ist in der Tradition der Zen-Mönche die Norm und die Lebensweise von Buddhas und Vorfahren. Deshalb sollten Zazen-Praktizierende selbstverständlich jeden Tag ihres Lebens die Gebote beachten. Das heißt jedoch nicht, dass Menschen, die die Gebote noch nicht empfangen haben, oder Menschen, die die Gebote verletzen, nicht Zazen praktizieren sollten.

Die Gebote (*kai* auf Japanisch, *shila* auf Sanskrit) und Regularien (*ritsu* auf Japanisch, *vinaya* auf Sanskrit) unterscheiden sich ein bisschen voneinander. Gebote sollen von unheilsamen Handlungen abhalten; Regularien sind Regeln für das Gemeinschaftsleben von Mönchen und Nonnen.

Als viele Menschen Shakyamunis Schüler wurden und eine Sangha bildeten, wurden Regularien, wie nur eine Mahlzeit pro Tag vor der Mittagszeit oder O-kesa-Tragen, eingeführt. Einige von diesen wurden wahrscheinlich von Shakyamuni selbst beschlossen, aber viele Details wurden nach und nach durch Schüler späterer Generationen hinzugefügt. Im *vinaya* der früh-buddhistischen Schulen vor dem Mahayana gab es 248 Gebote und Regularien für männliche Mönche. Eines davon ist, dass Mönche keinerlei Geld berühren sollten. Ich glaube, in der Theravada-Tradition führen sie noch immer kein Geld mit sich.

Solche Gebote und Regularien wurden zum ersten Mal in Indien zur Zeit von Shakyamuni eingeführt und später nach China und Japan übermittelt. Der Lauf der Zeit und die unterschiedlichen klimatischen und kulturellen Bedingungen jeden Landes erforderten Abänderungen. Einige der Regeln wurden in China oder Japan aufgestellt.

Der fundamentale Geist der Gebote im chinesischen und japanischen Zen hat seinen Ursprung in Bodhidharmas EinGeist-Geboten. Am Anfang des *Isshin Kaimon* (Kommentare zu den EinGeist-Geboten) heißt es: „[Die Gebote] zu empfangen heißt, [die Gebote] zu übermitteln. [Die Gebote] zu übermitteln heißt, den Buddha-Geist zu erkennen. Deshalb ist das Empfangen der Gebote im wahrsten Sinne die Verwirklichung von Buddha-Geist." Das ist der allerwichtigste Punkt. Das Beachten der Gebote ist nicht einfach eine Angelegenheit von Sozialmoral oder etwas, was wir tun oder nicht tun sollten.

Die zehn EinGeist-Gebote sind die folgenden:

> 1. Selbst-Natur ist wundersam und unmerklich. Innerhalb des immerwährenden Dharmas bedeutet das Gebot

> nicht zu töten, dass die Idee von Auslöschen gar nicht aufkommt.

Selbst-Natur ist, was ich die Lebenswirklichkeit nenne. Da die Lebenswirklichkeit nicht durch Worte begriffen werden kann, wird von ihr gesagt, dass sie wundersam und unwahrnehmbar sei. Innerhalb dieser Welt ist, egal in welcher Situation, alles die Wirklichkeit des Lebens. Die Wirklichkeit des Lebens kann durch nichts eliminiert werden. Das Gebot des Nicht-Tötens bedeutet, dass wir nichts töten dürfen, da sich alle Wesen in der Lebenswirklichkeit befinden. Wenn wir diese Wirklichkeit nicht erkennen und irgendein Geschöpf töten, ist das eine Verletzung dieses Gebotes.

> 2. Selbst-Natur ist wundersam und unmerklich. Innerhalb des unbegreiflichen Dharmas wird das nicht Aufkommenlassen von Gedanken des Sich-Bereicherns das Gebot des Nicht-Stehlens genannt.

Es gibt nichts, das wir wirklich unser Eigen nennen können. Nicht zu denken „das und das gehört mir" heißt, das Gebot des Nicht-Stehlens zu wahren.

> 3. Selbst-Natur ist wundersam und unmerklich. Innerhalb des Dharmas, das frei von Anhaftung ist, wird das nicht Aufkommenlassen eines Anhaftens an einem anderen Menschen das Gebot keine sexuelle Begierde empfinden genannt.

In Wirklichkeit können kein Mann und keine Frau der Besitz von jemand anderem, sei es als Geliebter, Geliebte, Ehefrau oder Ehemann, sein. Sexuelle Begierde nicht zu nähren bedeutet, nicht daran zu haften.

> 4. Selbst-Natur ist wundersam und unmerklich. Innerhalb des unerklärlichen Dharmas ist nicht ein einziges Wort zu sprechen das Gebot des Nicht-Lügens.

In jeder Situation ist alles nichts anderes als die Lebenswirklichkeit. Wir können diese Wirklichkeit nicht mit Worten erklären. Dennoch wird von seinem eigenen Standpunkt aus zu behaupten, sie sei dies oder das, als Lügen bezeichnet.

> 5. Selbst-Natur ist wundersam und unmerklich. Innerhalb des eigentlich reinen Dharmas wird, nicht durch Unwissenheit geblendet zu werden, das Gebot des keine berauschenden Flüssigkeiten zu sich zu nehmen genannt.

Alles ist vollständig rein und niemals befleckt und doch beschmutzen wir es mit unserem Unwissen. Im Mahayana-Buddhismus wird dieses Gebot das Gebot keine berauschenden Getränke verkaufen genannt. Das heißt nicht einfach nur, dass wir nicht Alkohol verkaufen sollen, sondern bedeutet auch, dass wir keine Gedanken oder Ideen verbreiten sollen, die Menschen berauschen oder blenden.

> 6. Selbst-Natur ist wundersam und unmerklich. Innerhalb des makellosen Dharmas wird, nicht über die Fehler anderer zu sprechen, das Gebot nicht über die Fehler der vier Arten von [Sangha-]Mitgliedern zu sprechen genannt.

Die Lebenswirklichkeit begeht niemals einen Fehler oder eine Sünde. Deshalb sprechen wir nicht von Fehlern und Sündigen.

> 7. Selbst-Natur ist wundersam und unmerklich. Innerhalb des nicht unterscheidenden Dharmas wird, sich nicht von anderen zu unterscheiden, das Gebot des Verzichts auf Selbsterhöhung und des Verzichts auf Abwertung anderer genannt.

Alles ist gleichermaßen die Lebenswirklichkeit. Wenn wir uns von anderen unterscheiden, verletzen wir dieses Gebot.

> 8. Selbst-Natur ist wundersam und unmerklich. Innerhalb des Dharmas, das die alles durchdringende wahre Wirklichkeit ist, wird das nicht Aufkommenlassen von Gier das Gebot des Nicht-anderen-etwas-Missgönnen [Dharma oder Materielles] genannt.

Wir hängen an nichts und missgönnen anderen auch nichts, weil die Lebenswirklichkeit das gesamte Universum durchdringt.

> 9. Selbst-Natur ist wundersam und unmerklich. Innerhalb des ichlosen Dharmas wird der Verzicht auf ein eigenständiges Ego das Gebot des Nicht-Nährens von Zorn genannt.

Da alles die Lebenswirklichkeit ist, gibt es kein „Ich". Obwohl dieses Gebot gemeinhin als nicht zornig werden verstanden wird, bedeutet es in Wirklichkeit, dass es gar kein Ego gibt, das zornig werden kann.

> 10. Selbst-Natur ist wundersam und unmerklich. Innerhalb des Dharmas, das die alleinige Wirklichkeit ist,

> wird keine dualistischen Sichtweisen in Bezug auf fühlende Wesen und Buddhas aufkommen zu lassen, das Gebot des Nicht-Herabsetzens der Drei Schätze genannt.

Die Drei Schätze (Buddha, Dharma und Sangha) nicht herabzusetzen bedeutet, Buddha nicht von gewöhnlichen fühlenden Wesen zu unterscheiden, die gleichermaßen im Bereich der einen einzigen Realität verweilen.

Dies sind Bodhidharmas EinGeist-Gebote. Die grundlegende Haltung von „Selbst-Natur ist wundersam und unmerklich" ist hier von höchster Wichtigkeit. Das heißt: Wir müssen das Leben des Selbst tiefgreifend erkennen und auf dem Boden der Lebenswirklichkeit Fuß fassen. Das ist Zazen und Zazen ist das Fundament aller Gebote.

Da ich immer auf diese Weise über die Lebenswirklichkeit spreche, kritisieren mich manchmal die Leute und sagen: „Du sprichst nicht auf konkrete, Moral lehrende Weise über das, was wir tun oder nicht tun sollten. Wir möchten lieber solche guten Predigten hören." Es scheint so, dass Menschen gerne solche „guten" Predigten hören würden. Die heute beliebten Religionen für die Massengesellschaften sprechen nie über die Wirklichkeit jenseits von Sozialmoral. Sie erzählen immer „gute" Geschichten. Menschen mögen es zu hören, wie sie besser werden können, und sie sind erst zufrieden, wenn sie für sich etwas Besseres herausschlagen können. Wenn wir jedoch darüber sprechen, wie wir als Individuen besser werden können, dreht es sich immer nur um die Angelegenheit des individuellen Selbst. Das hat nichts mit dem Buddha-Dharma zu tun.

Sawaki Roshi sagte: „Es ist nicht gut, dass gewöhnliche Menschen erleuchtet werden, weil gewöhnliche Menschen damit göttliche Macht erhalten." Buddha-Dharma macht gewöhnliche Menschen niemals großartiger. Dieses „Ich" bleibt immer ein gewöhnliches, verblendetes menschliches Wesen. Und doch ist dieser gewöhnliche Mensch nichts anderes als Shakyamuni Buddha. Dieser gewöhnliche Mensch sitzt auf dem Grund, der jenseits der Dichotomie von Buddha und gewöhnlichen Menschen ist. Das ist Buddha-Dharma.

Ich wiederhole das wieder und wieder, weil es so wichtig ist. Obwohl viele Menschen glauben, dass Buddha-Dharma zu praktizieren bedeutet, Verblendungen auszulöschen und Erleuchtung zu erlangen, ist Dōgen Zenjis Buddha-Dharma jenseits der Dichotomie von Verblendung und Erleuchtung. In unserem Zazen lassen wir uns weit jenseits solcher Unterscheidungen unerschütterlich nieder.

Folglich sind die Gebote als Buddha-Dharma nicht eine Ansammlung von einzelnen Vorschriften, was man „sollte" und „nicht sollte", sondern drücken unsere grundlegende Haltung dem Leben gegenüber aus. Das ist die Bedeutung von „Zen und Gebote sind eins" (*zenkai ichinyo*). Wir bewerten die Eignung eines Menschen für die Zazen-Praxis nicht von der Basis aus, ob dieser Mensch die Gebote empfangen, sie beachtet oder verletzt hat. Sogar diejenigen, die die Gebote zuvor verletzt haben oder diejenigen, die sie noch gar nicht empfangen haben, beachten die Gebote, wenn sie in Zazen sitzen.

FRAGE ZWÖLF:

Wäre *es ein Problem, wenn Menschen, die eifrig dieses Zazen praktizieren, es auch mit Praktiken wie shingon oder shikan kombinieren?*

Ist es nicht besser, Zazen mit Shingon (*mantra*) oder *shikan* (*shamatha* und *vipashyana* auf Sanskrit) zu kombinieren, als einfach nur Zazen zu praktizieren? Warum ist es nicht hilfreich, Zazen gleichzeitig mit Nembutsu zu praktizieren?

Es gibt einige Menschen in dieser Welt, die versuchen, alles besonders gut zu machen. Jemand, der ein Dōjō hat, um verschiedene gute

Dinge zu tun, schickt mir jeden Monat das Dōjō-Rundschreiben. Natürlich praktizieren sie Zazen und die Okada-Atem-Methode, Braune-Reis-Diät, vegetarische Diät, Akupunktur und Moxa zusätzlich zum Hören wunderschöner Musik, weil sogar die Kühe besser Milch geben, wenn sie Musik hören. Das ist gepanschte Praxis. Shinran Shōnin, der Gründer der Jōdō Shin Sekte, war berühmt, weil er die gesamte verpanschte Praxis abwarf und sich nur auf das Vertrauen in Amitabha konzentrierte.

Während des Zweiten Weltkriegs kehrte ich zu meinen Eltern zurück, weil ich an Unterernährung litt. Als ich mich ein bisschen erholt hatte, beschlossen wir, zerstoßenen Reiskuchen zu machen. Da sie uns aus Sicherheitsgründen von Tokio aufs Land evakuiert hatten, hatten wir keine passenden Gerätschaften. Aber mein Vater war ein sehr fleißiger Mensch. Er begann Körbe zum Dämpfen herzustellen. Normalerweise ist nur ein einziges Loch am Boden eines solchen Dämpf-Korbes. Als ich ihn ein Loch machen sah, sagte ich: „Mit mehr Löchern geht's vielleicht besser." Mein Vater stimmte mir zu und machte viele Löcher. Nachdem er damit fertig war, legte er den Korb auf einen Topf mit Kochwasser und machte Feuer. Der Reis wurde überhaupt nicht gedämpft. Aus dieser Erfahrung lernte ich, dass in einem Dämpf-Korb nur ein einziges Loch sein sollte. Menschen wissen aus der Weisheit der Erfahrung seit uralten Zeiten, dass Dampf durch ein Loch geht und das Innere des Dämpf-Korbes heiß wird.

Wahrlich, wenn ihr euch nicht [ausschließlich] einer Sache widmet, werdet ihr niemals die eine Weisheit erlangen.

Das ist wohl wahr. In der Shingon-Praxis gibt es ein *dharani* (ein langes Mantra oder mächtige Beschwörung) mit der Bezeichnung *Hajigokumon dharani* (*dharani* um das Höllentor zu durchbrechen). Es heißt, dass, wenn jemand das *dharani* rezitiert, sogar das Tor zur

Hölle zerbricht und man der Hölle entkommen kann. Meine Art das auszudrücken ist: „Wenn wir zur Hölle fahren, sollten wir unseren Geist genau dort niederlassen und die Verhältnisse abarbeiten. Haben wir erst einmal eine solch entschlossene Haltung, zerbricht das Höllentor." Kurz gesagt, es ist wichtig, sich auf eine Praxis zu konzentrieren.

Wenn wir Zazen praktizieren, sollten wir nur Zazen praktizieren. Wenn wir Nembutsu praktizieren, sollten wir uns vollständig dem Rezitieren von Nembutsu widmen. Wenn wir *dharani* praktizieren, sollten wir sie aus tiefstem Herzen rezitieren. Im Buddhismus suchen wir uns eine Praxis und konzentrieren uns dann darauf.

FRAGE DREIZEHN:

Kann diese Praxis auch von männlichen und weiblichen Laien ausgeübt werden oder nur von Mönchen?

Bei dieser Frage geht es darum, ob Zazen nur eine Praxis für Mönche ist oder ob auch Laien praktizieren können. Menschen in Japan haben die vorgefasste Meinung, dass Buddhismus eine spezielle Sache für eine spezielle Art von Menschen ist. Ich wiederhole, dass der Startpunkt des Buddhismus die Suche nach der Wahrheit des Lebens des eigenen Selbst ist. Da es die Wahrheit des Lebens jedes Selbstes ist, ist es nur natürlich, nicht zwischen alt und jung, Männern und Frauen oder zwischen edler und bescheidener Geburt zu unterscheiden. Buddhismus ist der Hintergrund unserer Praxis von Zazen. Und der Hintergrund von Buddhismus sollte unser jeweils eigenes Leben sein. Es ist von wesentlicher Bedeutung, Buddhismus von der Grundlage unseres eigenen Lebens aus zu sehen und unser Zazen auf der Grundlage von Buddhismus. Wenn wir das dergestalt tun, ist es sehr offenkundig, dass die Vorstellung, dass wir ein besonderes Satori wie eine übermenschliche Kraft erlangen können, komplett daneben liegt.

Buddhismus sollte nicht zwischen Männern und Frauen unterscheiden oder zwischen Oberschichts- und Unterschichtsmenschen. Es ist ein Fehler, reiche Menschen für besser als arme Menschen zu halten. So können wir erkennen, dass es nutzlos ist, nach viel Geld zu rufen, um zu praktizieren. Das ist der Grund, warum ich sage, wir sollten keine speziellen Zen-Hallen bauen. Auf der Basis des Lebens des immer frischen Selbst ist es vollkommen in Ordnung, auf einem Feld zu sitzen, ohne ein besonderes Gewand zu tragen. Shakyamuni sagte, dass das Gewand eines Mönches gut genug ist, wenn es den Körper zwischen Brust und Knien bedeckt. Mönche mussten sich nicht darum sorgen, dass ihre Gewänder gestohlen werden, da ihre Gewänder aus weggeworfenen Lumpen hergestellt wurden.

Heutzutage sind die O-kesas vieler Priester wie luxuriöse Kunstgegenstände und sie sind sehr teuer. Priester haften sehr leicht an ihren Gewändern. Sogar etwas wie dieses veranlasst Priester auf einen Irrweg zu geraten.

Genauso kann man an einer Zazen-Halle haften. Ihr könntet denken, dass es gut sei, eine zu bauen, da Japan jetzt ein reiches Land ist. Es würde nicht so viel ausmachen, wenn Priester für die Erstellung Geld zahlen würden, aber sie bauen Zazen-Hallen mit dem Geld, dass sie von den Laien eingesammelt haben. Aus Sicht der Laien müssen sie vorsichtig sein, wenn sie in einen Tempel gehen, sonst werden sie nur wegen ihres Geldes aufgenommen. In diesem Fall können Laien den Tempel nicht unbeschwert aufsuchen. Heutzutage treten zu viele Fälle auf, in denen Priester Laien dem Tempel entfremden, weil sie gierig sind. Unter diesen Umständen ist es unmöglich, den Kreis der Zazen-Mitglieder eines Tempels zu erweitern.

Wenn wir Zazen propagieren wollen, muss der Priester selbst ernsthaft und aufrichtig sitzen. In meinem Fall war Antaiji ein mittelloser Tempel. Als Sawaki Roshi noch lebte, zahlte er für notwendige Reparaturen an Tempelgebäuden. Aber nachdem Roshi gestorben war, konnte ich nicht von jedem erwarten, dass er mich darin unterstützte, die Tempelgebäude zu erhalten. Damals entschloss ich mich, niemals Laien um Spenden zu bitten, sogar wenn ich die Tempelgebäude nicht reparieren konnte und sie zerfielen. Ich würde eher einen Heldentod in der Zazen-Schlacht sterben. Um das zu tun, musste ich soviel Zazen wie möglich praktizieren.

Da Zazen zu nichts nütze ist, sollten wir von Beginn an die Menschen nicht um Spenden bitten. Deshalb begann ich mit Fünf-Tage-Sesshins unter der Prämisse, dass wir den Teilnehmern keine Gebühr abforderten, auch wenn wir Mahlzeiten servierten. Ich nannte die Sesshins *sannai sesshin* (Sesshins innerhalb des Tempels), weil ich beschlossen hatte, Sesshin nur mit Mönchen zu sitzen, die sich im Antaiji aufhielten. Wir hatten weniger als zehn Mönche. Als wir einmal begannen, kamen ganz unerwartet ungefähr dreißig Leute von außerhalb zum Sitzen dazu. Später wuchs die Zahl der Teilnehmenden nach und nach auf siebzig oder achtzig an. Manchmal hatten wir neunzig Leute.

Dann, ohne dass er darum gebeten wurde, bot jemand Geld für die Ausgaben des Sesshins an, als er erfuhr, dass so viele Menschen zum Sitzen kamen. Ein anderer spendete, um die Haupthalle und die Schlafräume zu erweitern. Zum Schluss baute ich die Tempelgebäude aus, statt im Kampf zu sterben. Ich werde die Zuneigung dieser Menschen niemals vergessen. Ich möchte ein Memorandum der Namen der Spender hinterlassen, bevor ich sterbe, und doch habe ich es noch nicht getan, weil die Zeit noch nicht reif ist.

Auf jeden Fall ist das, was ich sagen möchte: Wir sollten Zazen nicht zu etwas Besonderem machen, so wie zum Beispiel Zazen nur in einer formellen Zazen-Halle praktizieren zu können. Zazen sollte vom Lebensgrund jedes eigenen Selbsts aus gedacht werden. Der Buddha-Dharma sollte auf der Basis unseres eigenen Lebens erforscht und Zazen auf der Basis des Buddha-Dharmas in Augenschein genommen werden.

IM GRUNDE GENOMMEN IST DER BUDDHA-WEG EINFACH DAS LEBEN DER GEWÖHNLICHEN LEBENSWIRKLICHKEIT.

FRAGE VIERZEHN:

Mönche vermögen sich rasch aus ihren Verstrickungen zu lösen und müssen keine Hindernisse überwinden, um ohne Einschränkung den Zazen-Weg zu gehen. Aber wie können Menschen, die mit der Erfüllung ihrer Pflichten in der Welt beschäftigt sind, zielstrebig praktizieren und mit dem Buddha-Weg des absichtslosen Handelns im Einklang sein?

Wenn ihr ein Mönch wärt, der die Alltagswelt verlassen hat, könntet ihr ganz einfach ohne die Plagegeister weltlicher Pflichten praktizieren. Aber wie können Laien praktizieren, die ständig mit weltlichen Geschäften ausgelastet sind?

An dieser Stelle musss ich über den Buddha-Weg des Nicht-Handelns sprechen. Der Buddha-Weg ist im Grunde genommen die Lebenswirklichkeit. Deshalb sollten wir dieses Leben einfach als nichts Besonderes leben: diese ganz und gar gewöhnliche Lebenswirklichkeit. Menschen verlieren den Blick für die Tatsache, dass es das Beste ist, ganz gewöhnlich zu sein. Sie denken, etwas mit einer speziellen Farbe sei besser als etwas Unscheinbares.

Für euren Magen ist es jedoch gut, wenn ihr die Existenz des Magens vergesst und ihn einfach funktionieren lasst. Wenn ihr zum Beispiel eine kleine Verletzung an der Spitze des kleinen Fingers habt, den ihr normalerweise überhaupt nicht beachtet, wird das plötzlich ein großes Problem. Der beste Umstand für alle Teile des Körpers ist es, dass ihr die Existenz des Körpers vergesst und jeden Teil im Einklang mit den Notwendigkeiten der jeweiligen Situation funktionieren lasst. Das wird Nicht-Handeln genannt. Die gewöhnliche Lebensrealität, die nichts Besonderes an sich hat, ist die beste.

Es ist jedoch schwierig, genau mit dem Leben übereinzustimmen. Wir denken uns mit unserem Hirn dies und das zusammen, doch das, was wir uns zusammenfabrizieren, ist nicht die Wirklicheit. Angenommen wir hätten jetzt zweihundert Yen. Wenn wir überlegen, wie wir mehr Geld bekommen könnten, oder wenn wir aufgrund von Armut einen Minderwertigkeitskomplex haben, sind wir von der Realität abgespalten. Wirklich ist nur die Tatsache, dass wir zweihundert Yen haben.

Ist Denken nun also schlecht? Nein, definitiv nicht! Die wahre Realität des menschlichen Lebens ist, dass wir mit einem Gehirn leben. Was wir in unserem Gehirn denken, ist nicht die Wirklichkeit, sondern eine erdachte Konstruktion von Wirklichkeit. Die Tatsache jedoch, dass wir ein Gehirn haben und dass das Gehirn funktioniert und Gedanken hervorbringt, ist Realität. Dieser Punkt versetzt uns in höchste Schwierigkeiten, wenn wir versuchen, in Einklang mit der Realität menschlichen Lebens zu leben. Wissend, dass das, was wir denken, konstruiert ist, können wir nicht anders als zuzulassen, dass unser Gehirn weiterhin lebhaft vor sich hin arbeitet, weil dies die Lebenswirklichkeit ohne menschliches Fabrizieren ist.

Natürlich haben die Buddha-Vorfahren in ihrer großen Anteilnahme das unermessliche Tor des Mitgefühls offen gehalten, um es allen lebenden Wesen zu ermöglichen in die Erleuchtung einzugehen. Wel-

chem von all den verschiedenen Wesen sollte dies also nicht möglich sein?

Das umermessliche Tor des Mitgefühls ist unser Zazen. Es ist völlig verfehlt, Zazen zu praktizieren, um Gedanken wegzuschrubben und in einen Zustand von Nicht-Geist und Nicht-Denken einzutreten. Wenn ihr wirklich geist- oder gedankenlos sein wollt, empfehle ich euch eine ganz einfache Methode: Lasst euch operativ euer Hirn entfernen und werdet Gemüse.

Unser Zazen ist anders. Wir lassen unser Gehirn so lebhaft funktionieren, wie es ist, und doch verstricken wir uns nicht in illusionäre Gedanken. Das ist die Haltung von Zazen, des Loslassens von Denken. Auch wenn wir das Denken loslassen, wallen ganz selbstverständlich endlos Gedanken auf. Und doch begeben wir uns nicht in sie hinein. Wir fahren einfach damit fort, die Lebenswirklichkeit zu verwirklichen.

Wenn ihr zum Beispiel ein Auto fahrt, denkt ihr nicht jeden Augenblick darüber nach, was ihr tun müsst. Ihr lasst das Denken los, nicht wahr? Wenn ihr die Gedanken auslöscht, schlaft ihr ein. Wenn ihr euch in besonderen Gedanken verfangt, werdet ihr angespannt. Beides ist gefährlich. Erstmal müsst ihr die Basistechniken lernen, um Auto zu fahren. Ihr solltet euer Hirn bis zum Anschlag arbeiten lassen, eure Hände und Füße einsetzen, um das Lenkrad zu bedienen, das Gaspedal, das Bremspedal und die Kupplung. Im Anschluss daran fahrt ihr in die Stadt. Das Szenario in der Stadt verändert sich in jedem Moment. Fußgänger gehen in verschiedene Richtungen und ihr stoßt auf Fahrzeuge, die in die entgegengesetzte Richtung fahren. Einige Fahrzeug fädeln sich vielleicht aus Nebenstraßen ein, Straßen werden vielleicht breiter oder enger und ihr müsst vielleicht nach rechts oder links abbiegen. In jeder Situation, die sich jeden Augenblick verändert, muss eurer Gehirn lebhaft arbeiten und doch bewegen sich eure Hände und Füße fast automatisch, ohne zu überlegen, was sie für die nächste Handlung tun müssen.

Ich hörte von einer Person, die in Amerika fahren lernte, dass ihr Fahrlehrer sagte, Harmonie sei das Wichtigste, um andere nicht durcheinanderzubringen.

Ich kann nicht Autofahren, aber ich denke, dass es eine wundervolle Praxis ist, ein Auto sicher zu steuern. Wir müssen versuchen unser Leben auf die gleiche Weise zu führen. Die Grundlage dafür ist Zazen.

Wenn wir dem nachforschen, gibt es dafür vom Altertum bis in die Gegenwart viele Beispiele. Zum Beispiel waren die Kaiser Daisō und Junso während ihrer Regierungszeiten mit vielen Funktionen völlig ausgelastet und dennoch praktizierten sie eifrig Zazen und verwirklichten den großen Weg der Buddha-Vorfahren.[49] *Auch die Premierminister Ri und Bo praktizierten eifrig Zazen und erfuhren die Erleuchtung des großen Weges der Buddha-Vorfahren, obwohl sie Stellungen als kaiserliche Berater innehatten und als mit höchstem Vertrauen bedachte Beamte den Kaisern* dienten. *Zen-Praxis hängt einzig und allein davon ab, ob man die Sehnsucht oder das Verlangen danach hat oder nicht. Sie ist auch nicht verknüpft mit einer Existenz als Mönch oder Laie.*

Wichtig in diesem Abschnitt ist, dass Zen-Praxis nur davon abhängt, ob man dieses Verlangen hat oder nicht. Als schwacher Mensch, der ich bin, fühle ich mich ganz klein, wenn ich so etwas höre. Als ich ungefähr achtundzwanzig oder neunundzwanzig war, dachte ich gründlich über mich selbst nach und kam drauf, dass ich eine schwachköpfige, ungeschickte und vollständig unnütze Person bin. Zu der Zeit las ich *Shōbōgenzō Keiteki*, einen Kommentar zum *Shōbōgenzō* von Zen-Meister Nishiari Bokusan (1821-1910), und *Emile* von Jean-Jacques Rousseau (dem französischen politischen

Philosophen und Autor, 1712-1778). Diese Bücher beeinflussten mich hinsichtlich meines Entschlusses, ein Mönch zu werden.

Keiteki und *Emile* sind eine einzigartige Kombination, nicht wahr? In meiner Kindheit bin ich auf ähnliche Weise, wie es Kindern in Japan heute ergeht, überbehütet worden. Ich kannte mich nur darin aus, die Fehler anderer zu kritisieren oder ihnen die Schuld zu geben, doch ich selber konnte gar nichts. Als ich *Emile* las, begriff ich, dass man Kinder durch diese Art von Erziehung der Natur entfremdet. Rousseaus Leitsatz heißt: Zurück zur Natur. Es scheint so, als ob es in den Oberschichtsfamilien des achtzehnten Jahrhunderts in Frankreich viele solcher überbehüteten Kinder gegeben hätte. Wenn sie draußen spielten, wurden sie immer von ihrer Mutter oder einem Dienstmädchen überwacht und gewarnt: „Das ist gefährlich!" oder „Geh nicht dorthin!" Infolgedessen machten sie niemals echte Erfahrungen mit gefährlichen Situationen und verstanden das Konzept von Gefahr nur durch die Worte ihrer Beschützer. So wuchsen sie letztendlich ohne die Erfahrung auf, wie man mit gefährlichen Situationen umgeht und sie aus eigener Kraft bewältigt. Das meine ich damit, wenn ich sage „der Natur entfremdet".

Weil ich auf ähnliche Weise aufwuchs, bin ich immer noch sportlich unbegabt. Ich kann nicht mal Fahrrad fahren. Wenn ich einen Ball werfe, kann niemand voraussagen, in welche Richtung er fliegt. Was immer ich auch zu tun versuche, verwirrt mich. Im Alter von ungefähr dreißig Jahren verstand ich zum ersten Mal, dass es unmöglich ist, unter solchen Umständen zu leben. Ich wollte mit allen Mitteln „zurück zur Natur". Ich las damals *Keiteki* und fasste den Entschluss, mich der Lebenspraxis eines Mönches auszusetzen.

In einem Kloster müssen wir, egal wie gering unsere Entschlusskraft auch ist, um vier Uhr morgens aufstehen, wenn wir die Weckglocke hören. Egal wie müde wir auch sein mögen, wir müssen zur

Zazen-Halle zum Sitzen gehen. Sogar im Juli oder August während der heißesten Zeit des Jahres müssen wir verschiedene Gewänder tragen, den japanischen *kimono*, einen chinesischen *koromo*, ein indisches *o-kesa* und Zazen sitzen.

Da alle Mönche in der Gemeinschaft die gleichen Dinge auf die gleiche Art und Weise tun, müssen wir in Harmonie mit anderen zusammenarbeiten, selbst wenn wir die Arbeit oder die Leute nicht mögen. Irgendwie schaffen wir das. Das ist die sogenannte göttliche Energie der Gemeinschaft.

Weil ich ein zu nichts zu gebrauchender Mensch war, fasste ich niemals den lobenswerten Entschluss, Mönche bei irgendetwas anzuleiten. Als ich ordiniert war, beschloß ich nur zu versuchen, es anderen Mönchen gleich zu tun.

Zufällig war der Tag meiner Mönchsordination der 8. Dezember 1941, also Pearl Harbor Tag. Es war Krieg. Ältere Mönche wurden eingezogen und gingen zur Armee oder es wurde von ihnen verlangt, für die Regierung zu arbeiten, so dass sie das Kloster verließen. Nur nutzlose Mönche wie ich blieben übrig. Als Japan den Krieg verlor, wurden die Umstände immer schlimmer. Besonders direkt nachdem Japan den Krieg verloren hatte, waren wir am allerschlimmsten dran. Egal wie entschlossen man auch sein mochte, die Praktizierenden konnten die Schwierigkeiten nicht nur mit dem den Weg suchenden Geist oder Willenskraft überwinden. Jeder der Mönche begann eine eigene Überlebensstrategie zu entwickeln. Obwohl ich erwartete, durch die göttliche Energie der Gemeinschaft geführt zu werden, konnte ich mich nicht mehr auf die anderen Mönche verlassen. Mehr noch, ich entdeckte, dass ich die Orientierung verlieren würde, wenn ich die Gemeinschaft mit ihnen suchen würde. Da besann ich mich. Nach allen Überlegungen konnte ich mich nur auf mich selbst verlassen. Niemand konnte für mich mein Leben leben. Und darüber hinaus hatte ich das Problem des Sterbens nicht gelöst. Wenn ich nicht auf die Gemeinschaft der Praktizierenden bauen konnte, würde ich meinen eigenen Tod allein sterben müssen. Wenn ich meine Praxis auf halbem Wege abbräche, müsste ich schreckliche Angst vor dem Sterben haben.

Das war der letzte Anstoß. Schlussendlich muss Praxis von einem selbst getan werden. Nur ich kann mein eigenes Leben leben und meinen eigenen Tod sterben. Ich konnte nicht anders, als mit der Praxis fortzufahren. Es ging nicht darum, ob ich die Willenskraft aufbrachte oder nicht. Entscheidend war, es genau jetzt zu tun. Dann verändert sich die Welt vollständig. Zazen ist mysteriös. Wie Dōgen Zenji im *Shōbōgenzō Zanmai Ō Zanmai* sagt: „Wir müssen wissen, dass die ganze Welt des Zazen und die ganze Welt der anderen Dinge total verschieden sind. Dies erkennend, müssen wir das Aufkommen von Bodhi-Geist, Praxis, Achtsamkeit und Nirvana der Buddhas und Vorfahren darlegen und bekräftigen." Die Welt von Zazen und die Welt der anderen Dinge sind völlig verschieden. Die Vorsätze gewöhnlicher Wesen funktionieren nicht. Zazen zu praktizieren ist selbst das Aufkommen von Bodhi- und dem den Weg suchenden Geist. Der Versuch zu praktizieren und Erleuchtung durch „meine" Energie zu erlangen ist nutzlos. Es muss einfach die Praxis von Zazen und die Erleuchtung von Zazen sein. Innerhalb der Welt von Zazen ist alles Zazen.

Wenn wir sitzen, ist die Welt von Zazen in dem Maße geöffnet, in dem wir sitzen. Deshalb hat es nichts damit zu tun, ob wir willensschwach oder willensstark sind. Eine Anzahl von Menschen wurde wahrscheinlich nur zu meinen Schülern, weil ich garantierte, dass sich die Welt von Zazen öffnet, sogar wenn eine so schwache Person wie ich Zazen praktiziert. Meine Schüler müssen denken, das sie stärker sind als ich. Deshalb können alle meine Schüler werden, ohne sich darum zu sorgen, ob sie wirklich ein Zen-Mönch sein können oder nicht. Heute denke ich, dass meine Erfahrung ein gutes Beispiel im Sinne einer Ermutigung für sie sein kann. Das ist gemeint, wenn es heißt: „Dies hängt nur davon ab, ob man das Verlangen verspürt oder nicht."

Die Welt von Zazen ist barmherzig. Im Reinen Land-Buddhimus werden wir durch die Energie Amitabha Buddhas angeschoben, wenn wir „Namu Amida butsu" rezitieren. Auf gleiche Weise werden wir von Zazen-Energie angeschoben, wenn wir einfach sitzen. Das ist die ganze Welt von Zazen.

Auch kann jeder, der zuinnerst unterscheiden kann, was wichtig oder trivial ist, dadurch das [entsprechende] Vertrauen aufbringen. Unnötig zu erwähnen, dass Menschen, die glauben, dass weltliche Pflichten im Widerspruch zum Buddha-Dharma stehen, lediglich davon ausgehen, dass es keinen Buddha-Dharma in weltlichen Bereichen gibt, und noch nicht mitbekommen haben, dass es im Bereich von Buddha nichts Weltliches gibt.

Ich erinnere mich an einen Menschen namens Ono Shinji, wenn ich diesen Abschnitt lese. Er suchte Antaiji im Jahr 1951 oder 1952 auf. Nachdem er in entsprechendem Alter, so in den Sechzigern, von der staatlichen Eisenbahn verabschiedet worden war, begann er für eine Druckerei in Osaka zu arbeiten. Seine Arbeit in dem Unternehmen unterschied sich sehr von der bei der Staatsbahn. Um des Unternehmens willen musste er zum Lügner werden. Als er aufgefordert wurde, etwas bis zu einem bestimmten Datum zu erledigen, musste er die Anweisung annehmen, obwohl er wusste, dass das unmöglich war. An dem vereinbarten Tag musste er eine falsche Geschichte als Entschuldigung vorbringen. Als er Zahlungen leistete, musste er auch da falsche Angaben machen und versuchen, den Geldbetrag sogar ein bisschen herunterzuhandeln. Ich glaube, dass kleine Unternehmen, die in heftigem Wettbewerb mit Konkurrenten stehen, mehr oder weniger so sind.

Als er in eine solche Geschäftswelt eintrat, war er sehr betroffen und unglücklich. Zu jener Zeit hörte er, dass es ein Dōjō von Sawaki Roshi in Kyoto gab und er suchte Antaiji um den August herum auf. Da Sawaki Roshi nicht anwesend war, sprach ich mit ihm über seine Probleme. Ich sagte zu ihm: „Im *Bendōwa* sagt Dōgen Zenji, dass es keinen Buddha-Dharma in der säkularen Welt gibt, und doch ist nichts säkular in der Welt des Buddha-Dharmas. Warum praktizierst du nicht Zazen, um in die Welt des Buddha-Dharmas einzutreten, in der es nichts Weltliches gibt?"

Gleich nach unserer Unterhaltung saß er zusammen mit mir und begann während des Sitzens zu schluchzen. Ich dachte, er könnte den Verstand verlieren, aber das passierte nicht. Er war komplett überzeugt von dem, was ich gesagt hatte, und ließ sich in der Welt des Buddha-Dharmas nieder. Danach praktizierte er ohne Wenn und Aber Zazen, während er mit seiner Arbeit für das Unternehmen fortfuhr. Wenn ich Sesshin abhielt, nahm er sich ein paar Tage frei und saß mit mir jeden Monat drei Tage lang.

Später fand ich heraus, dass eine ganz Reihe älterer Menschen von diesem Satz tief berührt wurde. Menschliche Wesen reifen im Alter, obwohl das natürlich nicht für alle gilt. Es gibt bestimmt einige tief verblendete Menschen mit rund siebzig oder achtzig Jahren, aber mit Sicherheit gibt es auch welche, die diesen Satz vollständig verstehen.

Junge Menschen können ihn nicht so einfach verstehen. Sie müssen zehn oder zwanzig Jahre lang hart praktizieren. Da sie sich mit den vielen verschiedenen Problemen der Jugend herumschlagen, können sie nicht durch so einen einfachen Satz überzeugt werden.

Wenn es ein paar gute Punkte in meinem Vortrag gibt, die für junge Menschen verständlich sind, dann deshalb, so glaube ich, weil meine Praxis als das Ergebnis von Schwierigkeiten begann, die ich selbst in meiner Jugend hatte. Darum sage ich meinen Schülern, sie sollen zwanzig oder dreißig Jahre still sitzen.

Die Praxis von Laien ist in Ordnung so, wie sie ist, das heißt, zu sitzen so viel es ihre Zeit erlaubt. Aber Mönche tragen die Verantwortung zu einer Lokomotive zu werden, die die Menschen voranzieht. Also müssen sie sehr energievoll sein und von ihrer Praxis nicht abweichen. Es ist nicht statthaft, dass Mönche ihre Orientierung verlieren, während sie andere anleiten. Aber abgesehen davon können die Laien ansonsten Dōgen Zenjis Zazen genauso praktizieren wie Mönche.

Ich wundere mich, wie viele Male ich gedacht habe, dass ein so willensschwacher Mensch wie ich unnütz ist. Ich wundere mich immer noch darüber, aber das ist überflüssig, wenn wir sitzen und unsere Welt die Welt von Zazen wird. In Zazen müssen wir unsere Gedanken loslassen, die zu unseren Maßstäben oder Werturteilen geworden sind, die innere Stimme, die etwa sagt: „Ich bin unnütz" oder „Ich verzweifle an mir selbst".

Vor kurzem gab es in China einen Staatsminister mit Namen Hou, einen hohen Beamten, der Erfahrung mit dem WEG der Vorfahren besaß.[51] *Er verfasste ein Gedicht, in dem er seine Erfahrung ausdrückte:*

> *In meiner von Staatsangelegenheiten freien Zeit*
> *erfreue ich mich an Zazen*
> *und schlafe selten in meinem Bett liegend.*
> *Obwohl ich immer noch in der Erscheinung*
> *eines Regierungsbeamten auftrete,*
> *hat mein Name die vier Ozeane als ein*
> *alter Übender durchdrungen.*

Obwohl dieser Mensch keine Erholung von seinen offiziellen Pflichten kannte, erlangte er aufgrund seines von Herzen kommenden Strebens den Buddha-Weg. Solche Beispiele vor Augen, erforscht euch selbst, spiegelt das Alte im Gegenwärtigen wider.

Im Großen Song China der heutigen Zeit sind der Kaiser und große Minister, gebildete und einfache Menschen, Männer und Frauen, allesamt wachen Geistes auf dem WEG der Vorfahren. Militär- und Zivilbeamte: Sie alle streben danach, den WEG der Zen-Praxis zu studieren. Von denen, die so fest entschlossen sind, werden sicherlich viele den Geist-Grund auftun und klären. Ganz offensichtlich beweist dies, dass weltliche Pflichten den Buddha-Dharma nicht behindern.

Dōgen Zenji greift einige Beispiele von Laien-Praktizierenden auf, die den Geist-Grund aufgrund ihres Streben klärten, obwohl sie mit ihren Pflichten ausgelastet waren. Zu der Zeit in Song China war Zen sehr beliebt. Es scheint, dass viele militärische und zivile Beamte danach strebten, den Weg des Zazen zu praktizieren.

Den Geist-Grund klären ist nicht eine Art von psychologischer Veränderung durch eine plötzliche Erfahrung. Es bedeutet, dass sich die Welt von Zazen öffnet, wenn wir unsere Werturteile loslassen. Darüber hinaus wird sich unsere Haltung dem Leben gegenüber durch das Loslassen des Denkens ändern und wir werden beginnen, die Lebenswirklichkeit zu leben. Das ist Klären des Geist-Grundes.

Wenn der authentische Buddha-Dharma das Land durchzieht, wird des Kaisers Herrschaft friedlich verlaufen, weil sie unter dem unablässigen Schutz von Buddhas und himmlischen Wesen steht.

Dem stimme ich zu. Und doch wird die Ordnung auf den Kopf gestellt, wenn wir versuchen, den Buddha-Dharma zu verbreiten, um die Welt zu befrieden.

Das ist genau das, was die sogenannten neuen Religionen tun, um Menschen an sich zu ziehen. Wenn Zazen-Praxis die Welt durchzieht, mag es sein, dass sinnlose Konflikte verschwinden. Infolgedessen durchdringt vielleicht Friede die Welt. Das ist wahrscheinlich sogar der Fall, aber so eine Wirkung ist nichts anderes als ein Nebenprodukt von Zazen. Wir sollten den Karren nicht vor das Pferd spannen.

Heutzutage zwingen manche Unternehmen ihre Angestellten in Zen-Tempeln Zazen zu praktizieren, um sie gehorsamer zu machen, so dass sie effizienter arbeiten, ohne zu streiken. Solches Zazen hat nichts mit dem Buddha-Dharma zu tun. Zazen sollte im strengsten Sinne gut zu nichts sein. Es ist unabdingbar, genau diese Zu-absolut-nichts-nütze-Praxis zu praktizieren.

Wenn die Herrschaft friedlich verläuft, gewinnt der Buddha-Dharma an Kraft.

Wenn viele Laien Zazen praktizieren und den Buddha-Weg studieren, blüht der Buddha-Dharma wirklich auf.

Es gibt vier Kategorien, in denen man sich Mönche und Laien denken kann. Die erste besteht aus Laien mit dem Geist von Laien. Sie leben ohne irgendein Interesse am Buddha-Dharma. Die zweite besteht aus Mönchen mit Mönchs-Geist. Sie sind energiegeladene Lokomotiven, die Anführer aller menschlichen Wesen auf der Erde sind. Die dritte besteht aus Mönchen mit Laien-Geist. Das sind Mönche, die es nur von ihrer Erscheinung und von ihrem Job her sind. Sie sind überhaupt nicht am Buddha-Dharma interessiert und unterscheiden sich nicht von Laien, die nach Ruhm und Profit streben. Wenn die Zahl solcher Mönche zunimmt, geht es mit dem Buddha-Dharma bergab. Die vierte besteht aus Laien mit Mönchs-Geist. Sie sind Laien, aber sie haben das Herz eines Mönches und widmen sich dem Zazen. Wenn es viele solcher Laien gibt, wird der Buddha-Dharma sicherlich gedeihen. Ich hoffe, die Anzahl solcher Bodhisattvas nimmt weiter zu.

Während Shakyamunis Aufenthalt in der Welt erlangten sogar die schlimmsten Kriminellen und die mit unheilsamen Verhaltensweisen den WEG. In den Gemeinschaften der Lehrer alter Zeiten verwirklichten sogar Jäger und Holzfäller satori. Nicht notwendig zu erwähnen, dass auch andere Menschen das tun können. Sucht einfach die Anleitung eines wahren Lehrers.

Der „schlimmste Kriminelle" bezieht sich hier auf König Ajatasatru, der von Devadatta verdorben wurde und seinen eigenen Vater, König Bimbisara, umbrachte. Aber König Ajatasatru wurde später einer von Shakyamunis Schülern.

„Jene mit unheilsamen Verhaltensweisen" bezieht sich auf Menschen wie Angulimala. Als er ein Brahmane war, wurde er von der Frau seines Lehrers in Versuchung geführt, aber er wies sie ab. Die Frau erzählte ihrem Mann eine Lügengeschichte und behauptete: „Er versuchte mich zu vergewaltigen." Zornig sagte der Lehrer zu Angulimala: „Wenn du tausend Menschen umbringst und aus ihren Fingern eine Halskette anfertigst, wirst du ein Weiser werden." Angulimala glaubte seinem Lehrer und tötete neunhundertneunundneunzig Menschen. Als er gerade den tausendsten umbringen wollte, und zwar seine eigene Mutter, wurde er von Shakyamuni dazu überredet, davon abzulassen. Er erkannte seine Verwerflichkeit und wurde Shakyamunis Anhänger.

Ein anderes Beispiel ist ein Jäger namens Sekkyō Ezō (Shigong Huican auf Chinesisch), der ein Anhänger von Baso Doitsu (Mazu Daoyi) war. Der Holzfäller bezieht sich auf den Sechsten Vorfahren.

Sogar solch gering geschätzte Menschen erlangten den WEG. Wir können aus diesen Beispielen ersehen, dass es das Wesentliche ist, von einem wahren Lehrer Unterweisung zu erhalten.

DAS SELBST LEBEN, DAS UNIVERSALES SEIN UND NULLPUNKT ZUGLEICH IST.

FRAGE FÜNFZEHN:

Ist es sogar in diesem verdorbenen Zeitalter des Niedergangs der Welt möglich, durch diese Praxis Erleuchtung zu erlangen?

In dieser Frage wird der Ausdruck „dieses verdorbene Zeitalter des Niedergangs" erörtert. In einer Lehrmeinung des Buddhismus wird die Geschichte des Buddhismus in drei Zeitabschnitte gegliedert. Die ersten fünf Jahrhunderte nach Shakyamunis Tod werden Wahrer Dharma (*shōbō*) genannt, die zweiten fünfhundert bis tausend Jahre werden Schein-Dharma (*zōhō*) genannt und der letzte Abschnitt wird Letzter Dharma (*mappō*) genannt. Im Zeitalter des Wahren Dharma wurde der Buddha-Dharma ohne Abweichung praktiziert. Im Zeitalter des Schein-Dharma praktizierten die Menschen nur eine äußere Form und niemand erlangte Erleuchtung. Im Zeitalter des Letzten Dharma praktiziert niemand, nur die Lehren in Form von Schriften bleiben übrig. Die Menschen zu Dōgen Zenjis Zeit dachten, sie seien im Zeitalter des Letzten Dharma.

Das sind bloße Einteilungen, die von buddhistischen Gelehrten vorgenommen wurden. Wenn wir Buddha-Dharma vom Lebensgrund des Selbst aus betrachten, ist es vollkommener Unsinn, solche Unterscheidungen vorzunehmen und zu sagen, dass wir keine Erleuchtung erlangen können, egal wie hart wir praktizieren. Buddha-Dharma ist keine äußerliche oder soziale Angelegenheit, es ist die Angelegenheit des ureigenen Selbst. Egal in welchem Zeitalter werden alle, die praktizieren, den WEG erlangen.

Besonders in diesem einfach direkt übertragenen, wahren Dharma empfangen und verwenden wir unseren eigenen Familienschatz, so-

wohl beim Eintritt in den Dharma als auch durch seine freie Verkörperung.

Zazen ist einfach *jijuyū zanmai*, das das Leben ist, das die Lebenswirklichkeit lebt. Alles ist in uns selbst. So können nur wir selbst wissen, ob wir Erleuchtung erlangen oder nicht. So heißt es:

Nur diejenigen, die praktizieren, wissen durch eigene Erfahrung, ob sie Erleuchtung erlangen oder nicht, gleich denen, die Wasser verwenden und auch nur selbst wissen können, ob es kalt oder warm ist.

Zazen-Praxis ist genauso einfach, wie zu wissen, ob Wasser kalt oder warm ist, wenn wir unsere Hand ins Wasser halten. Es gibt keine besondere Erleuchtung. Unser tatsächlich ausgeübtes Zazen ist bereits Erleuchtung.

FRAGE SECHZEHN:

Jemand behauptete: „Im Buddha-Dharma ist es so, dass es denen, die das grundlegende Prinzip „Geist selbst ist Buddha" verstehen, nicht im mindesten an Buddha-Dharma mangelt, selbst wenn sie keine Sutras mit ihrem Mund rezitieren oder den Buddha-Weg mit ihren Körpern praktizieren. Einfach zu wissen, dass der Buddha-Dharma im Selbst von Anfang an existiert, ist die perfekte Vollendung des WEGES. Abgesehen davon solltet ihr nichts von anderen Menschen ersuchen und noch viel weniger die Mühe auf euch nehmen, den WEG durch Zazen zu üben."

Wie Dōgen Zenji im *Genjōkōan* sagt: „Den Buddha-Weg zu studieren heißt, das Selbst zu studieren." Demzufolge ist uns selbst zu studieren der Buddha-Weg. Wenn wir nur dieses „Geist selbst ist Buddha" verstehen, müssen wir keine Sutras rezitieren oder Dharma aus Texten oder mit einem Lehrer studieren. Hinzu kommt, dass wir uns nicht mal die Mühe machen müssen, Zazen zu praktizieren. Stimmt das etwa nicht?

Dōgen Zenji entgegnet auf diese Frage:

Diese Worte sind kompletter Unsinn. Wenn es so wäre, wie du sagst, wie könnte irgendjemand mit nur ein bisschen Verstand es nicht verstehen, wenn dieses Prinzip gelehrt wird? Ihr solltet aber wissen, dass der Buddha-Dharma nur erforscht wird, indem man wahrhaftig die Sichtweise aufgibt, die zwischen selbst und anderen unterscheidet.

Das ist der letzte wichtige Punkt in *Bendōwa*. In der Frage heißt es: „Einfach zu wissen, dass der Buddha-Dharma im Selbst von Anfang an existiert, ist die perfekte Vollendung des WEGES." Also basiert diese Frage auf der Theorie, dass der Geist selbst Buddha ist. Dōgen Zenji argumentiert dagegen:

„Wenn das bloße Wissen darum, dass das Selbst selbst Buddha ist, das Erlangen des WEGES wäre, hätte sich Shakyamuni in den alten Zeiten nicht die Mühe gemacht, Unterweisung und Geleit zu geben."

Was ist der Unterschied zwischen dem Selbst in dem Ausdruck „Das Selbst selbst ist Buddha" und dem Selbst, das von Dōgen Zenji erwähnt wird, wenn er sagt, dass den Buddha-Weg zu studieren heißt, das Selbst zu studieren?

Wir sehen es als selbstverständlich an, dass dieses „Ich" das Selbst ist. Wie haben wir dieses Wesen (Körper und Geist) als „Ich" ganz am Anfang begriffen? Zuallererst wurde dieses Wesen als ein schreiendes Baby geboren. Das Baby sieht verschiedene Gesichter von verschiedenen Menschen vor seinen Augen auftauchen und wieder verschwinden. Eltern lehren es, dass dies alles Gesichter von menschlichen Wesen sind. So erschafft das Baby eine Vorstellung und ein Konstrukt vom menschlichen Wesen in seinem Geist und allmählich beginnt es in Form dieses abstrakten Konzeptes zu begreifen, dass es selbst ein menschliches Wesen ist. Wir denken über ein Wesen als einen einzelnen Menschen als Teil einer Menge zahlloser menschlicher Wesen und unterscheiden letztlich zwischen selbst und anderen.

Buddha-Dharma ist jedoch nicht solch ein abstraktes Konzept. Das Selbst in Dōgen Zenjis Ausdruck ist das Selbst, das ganz real als ein neues, frisches Wesen lebt, das heißt, das Selbst, das nur das Selbst ist, das Selbst aus dem Selbst. Dieses Selbst macht die Erfahrungen der verschiedenen Lebenserfahrungen. Das ist einfach alles: Das Selbst, das mit dem ganzen Universum eins ist. Das ist das wahre Selbst, das genau jetzt und genau hier lebt.

Existiert dieses Selbst als eine Wesenheit mit eigener Substanz? Nein, es ändert sich ständig. Das aktuelle Selbst ist nichts Feststehendes. Obwohl wir genau jetzt leben, wird die gegenwärtige Zeit in einem Augenzwinkern zur Vergangenheit und verschwindet. Und das „Ich" der Zukunft existiert nicht, weil es immer einen Augenblick später dran ist als die Gegenwart. Diese gegenwärtige Zeit ist der Ort des Nichts, das keine Zeitdimension hat. Es ist wie das Spiegelbild in einem Spiegel, das in einem Augenblick verschwunden ist. Das ist das wahre Selbst. Das wahre Selbst ist universell, alles aus allem heraus, und doch ist es der Nullpunkt, der Ort des Nichts.

Im Gegenteil liegt man völlig daneben, wenn man glaubt, dass das Selbst eines von zahllosen menschlichen Wesen ist und dieses Selbst von anderen separiert ist, und dazu noch behauptet, dass dieses Selbst Buddha ist und Buddha-Dharma in dem individuellen Selbst ist.

Um das noch deutlicher klarzustellen, bringt Dōgen Zenji die Geschichte des obersten Mönchs Gensoku ein. Diese Geschichte ist interessant und leicht zu verstehen, deshalb will ich sie kurz darlegen.

Es war einmal ein Bereichsleiter namens Gensoku in der Gemeinschaft von Zen-Meister Hōgen Mon'eki. Eines Tages fragte Hōgen Gensoku: „Du bist ein Schüler. Warum hast du mich noch nie nach dem Buddha-Dharma gefragt?"

Gensoku antwortete: „Einmal suchte ich Zen-Meister Seihō auf und verwirklichte den Frieden und die Freude des Buddha-Dharmas."

Also brauchte er nichts anderes mehr. Die Geschichte beginnt an diesem Punkt. Gensoku sagte, dass er Buddha-Dharma vollständig begriffen habe, als Seihō sagte: „Der Feuer-Junge kommt auf der Suche nach Feuer."

Der Feuer-Junge ist der Gott des Feuers. Gensoku verstand, dass der Gott des Feuers auf der Suche nach Feuer bedeutet, dass das Selbst nach dem Selbst sucht.

Hōgen schimpfte ihn unerwarteter Weise schonungslos aus: „Ich bin mir sicher, dass du nichts verstehst. Wenn Buddha-Dharma wie dies wäre, würde er nicht bis zum heutigen Tag übermittelt worden sein."

Gensoku schwoll vor Wut an und verließ den Tempel. Nach einer Weile änderte er seine Meinung und kam zu Hōgen zurück. Er entschuldigte sich für seine Ruppigkeit und fragte Hōgen: „Was ist das Selbst dieses Schülers?"

Zu diesem Zeitpunkt war wahrhaftig sein egoistischer Stolz als „eine Person von vielen" abgefallen. Da sagte Hōgen: „Der Feuer-Junge kommt auf der Suche nach Feuer."

Hōgens Antwort war genau die gleiche wie Seihōs. Obwohl er genau die gleichen Worte hörte, verwirklichte Gensoku dieses Mal wirklich Buddha-Dharma. Wie verwirklichte er den Dharma?

Er verstand in aller Deutlichkeit, dass

das verstandesmäßige Verstehen von „Das Selbst ist selbst Buddha" nicht das Verstehen von Buddha-Dharma genannt werden kann. Wenn das verstandesmäßige Begreifen, dass das Selbst selbst Buddha ist, der Buddha-Dharma wäre, hätte Zen-Meister Hōgen diese Rede-

wendung nicht als Unterweisung verwendet oder eine Ermahnung ausgesprochen.

Das ist tatsächlich die Wahrheit. Ich sagte zum Beispiel, dass das wahre Selbst das Selbst ist, das nur das Selbst ist, alles aus allem heraus, eins mit allem im Universum. Aber wenn ihr diese Worte nur als Worte mittels des Intellektes versteht, ist das Selbst einfach nur ein abstraktes Konzept. Ihr versteht die Worte, aber ihr erkennt nicht die Wirklichkeit.

Viele Kindergartenkinder zum Beispiel sind heutzutage frühreif, weil sie durch das Fernsehen Wörter lernen. Ich hörte einmal Kinder in einem Bus herumplappern: „Hast du eine Freundin? Hast du sie schon einmal geküsst?" Sie verstanden diese Worte nur als Worte. Sie haben noch kein starkes Verlangen nach dem anderen Geschlecht. Wenn sie Teenager werden und geschlechtliches Drängen empfinden, brauchen sie keine Worte mehr: Jungen und Mädchen kommunizieren dann nur mit den Augen.

Buddha-Dharma dreht sich um das lebendige Selbst vor jeglicher Konzeptualisierung. Wenn wir ihn mit Worten zum Ausdruck bringen, werden nur Worte in Form von Konzepten übermittelt. Es ist wirklich schwierig, Buddha-Dharma als lebendige Wirklichkeit zu übermitteln. „Das Verständnis, dass das Selbst selbst Buddha ist", reicht nicht aus. Seid einfach das Selbst, das selbst Buddha ist.

Von dem Moment an, wo ihr zum ersten Mal einen guten Lehrer trefft, fragt einfach nur ganz ernsthaft nach den die Praxis betreffenden Verhaltensweisen und Vorgaben. Seid vollständig ausgerichtet auf den Weg des Zazen und bleibt nicht mit eurem Geist in einem bisschen Wissen oder Halbwissen stecken. Die wundersame Methode des Buddha-Dharmas ist nicht sinnlos.

Buddha-Dharma sollte nicht in Form abstrakter Konzepte begriffen werden. Es sollte aktuelle Wirklichkeit als aus der Tiefe des Herzens auftauchende Praxis des Zazen-Weges sein.

FRAGE SIEBZEHN:

Wir hören, dass im Laufe der Zeit in Indien und China jemand den Weg durch das Hören des Geräusches von Bambus erkannte, andere klärten ihr Herz beim Anblick der Farbe von Blüten. Unnötig zu sagen, dass der Große Lehrer Shakyamuni Buddha den WEG beim Anblick des Morgensterns bezeugte, und der Ehrwürdige Ananda verwirklichte den Dharma, als ein Flaggenmast [zeigt die Dharma-Treffen an] umstürzte. Und nicht nur das, sondern unter den Fünf Häusern [Schulen] nach dem Sechsten Vorfahren klärten viele Menschen den Geist-Grund mit einem einzigen Wort oder halben Satz. Waren das wirklich alles nur Menschen, die den Weg des Zazen nahmen?

Der Mensch, der die Wirklichkeit durch das Hören des Klanges von Bambus erkannte, war Kyōgen Chikan. Der, der den Geist-Grund beim Anblick der Blütenfarben klärte, war Reiun Shigon. Shakyamuni erlangte Erleuchtung beim Anblick des strahlenden Sterns. Ananda klärte den Dharma, als er ermahnt wurde, den Flaggenmast herunterzulassen, was ein Zeichen für ein Dharma-Gefecht war: ein Hinweis sein Ego abzuwerfen. Es gibt viele weitere Menschen, die durch einen einzigen Satz erleuchtet wurden. Nicht alle von ihnen praktizierten Zazen, nicht wahr?

Dōgen Zenji antwortete, dass jene Menschen nicht im Geringsten an der Praxis des Weges von Zazen zweifelten. „Sie hatten keine nachgeordnete Person" bedeutet, dass es keine Trennung zwischen der Person, die sieht, und Dingen, die gesehen werden, der Person, die hört, und Klängen, die gehört werden, und der Person, die erleuchtet ist, und der Erleuchtung gibt. Es gibt nur die Wirklichkeit des Lebens.

FRAGE ACHTZEHN:

Im Westlichen Himmel [Indien] und in China sind die Menschen von Natur aus äußerst unkompliziert. Weil es sich um die Zentrale Blume [eine hochentwickelte Zivilisation, d. h. China] handelt, begriffen die Menschen sehr schnell, wenn der Buddha-Dharma dargelegt wurde. In unserem Land hat es seit alters her den Menschen an Güte und Weisheit gemangelt. Sollten wir es so nicht bedauern, dass, weil wir Barbaren sind, es für uns schwierig ist, den wahren Samen anzubauen? Darüber hinaus gelten in unserem Land die ihr Haus verlassenden Mönche sogar weniger als die Laien jener großen Länder. Alle hier sind dumm und engstirnig. Sie haften tiefgreifend an künstlichen Meriten und bewundern vordergründige Tugenden. Selbst wenn solche Menschen Zazen übten, wie könnten sie, um ehrlich zu sein, jemals Buddha-Dharma erlangen?

Ich glaube nicht, dass ich diese Frage erklären muss. Das ist eine Schwachstelle für Japaner seit alters her. Menschen klammern sich an künstlichen Verdiensten fest und bewundern oberflächliche Tugenden. Menschen mögen es, Erfolg versprechende Dinge zu tun, bei denen so etwas wie eine offensichtliche Belohnung herausspringt. Ist es in Ordnung, wenn solche Menschen Zazen praktizieren? Dōgen Zenji antwortet, dass die Menschen in Japan nicht zivilisiert sind, aber

die Verwirklichung und das Eingehen in den Buddha-Dharma oder das Segeln jenseits von Verblendung hängen nicht notwendigerweise von der Intelligenz der menschlichen und himmlischen Gefilde ab.

Da Buddha-Dharma die Realität des Lebens ist, hat er nichts mit weltlichen Umständen zu schaffen.

Als ich ein Mönch werden wollte, glaubte ich, dass die Situation des japanischen Buddhismus schrecklich degeneriert sei.

Es gibt auch eine ganze Reihe von Priestern, die die Dekadenz des Buddhismus in Japan zutiefst bedauern. Aber diese Situation zählt nicht. Der Punkt ist, ob wir, wir selbst, tatsächlich praktizieren oder nicht.

Es muss, sogar zu Zeiten Shakyamunis, ziemlich viele törichte Mensch in Indien gegeben haben. Dōgen Zenji gibt uns ein paar Beispiele:

Sogar als der Buddha noch in dieser Welt weilte, erlangte jemand die vierte Stufe [des arhat], weil er von einem Handball [getroffen wurde].

Es gab einen senilen Mönch, der die Lehren des Buddha nicht verstehen konnte. Er fragte einen jungen Mönch, wie er erleuchtet werden könnte. Der spitzbübische Mönch machte sich über ihn lustig und sagte: „Ich gebe dir Unterweisung, wenn du ein Fest für mich ausrichtest." Der alte Mönch versorgte ihn mit Leckerbissen und nachdem der junge Mönch gespeist hatte, nahm er einen Handball heraus. Er warf dem alten Mönch den Ball an den Kopf und sagte: „Du hast die erste Stufe erreicht." Er warf ihm ein weiteres Mal den Ball an den Kopf und sagte: „Jetzt hast du die zweite Stufe erreicht." Beim dritten Wurf sagte er: „Du hast die dritte Stufe erreicht." Beim vierten Wurf sagte er: „Du hast die letzte Stufe erreicht." Als der senile Mönch viermal so getroffen worden war, erlangte er wirklich und wahrhaftig die Arhatschaft und sein Gesichtsausdruck veränderte sich. Der schelmische junge Mönch warf sich vor ihm nieder.

Eine Frau verwirklichte den großen WEG, indem sie ein O-kesa [Priestergewand] anlegte.

Es gab eine Kurtisane, die einst während eines Trinkgelages ein O-Kesa anlegte und dann wie ein Clown tanzte. Sie wurde wegen ihres scheußlichen Verhaltens in der Hölle wiedergeboren. Aber in ihrem darauffolgenden Leben wurde sie auf Grund des Verdienstes ein O-kesa getragen zu haben eine ordinierte Schülerin Shakyamunis und erlangte die Arhatschaft. Ihr Name lautete Rengeshiki (Utpalavarna auf Sanskrit).

Und überdies erfuhr eine tief gläubige Frau Satori beim Anblick eines senilen, alten Mönches, der still dasaß, nachdem sie ihm eine Mahlzeit dargebracht hatte.

Ein betagter Mönch, der gerade ordiniert worden war, lief Takuhatsu und eine alte Dame gab ihm eine Mahlzeit. Der unwissende, alte Mönch empfing und verzehrte das Essen voller Dankbarkeit. Nach dem Mahl bat die Spenderin den Mönch, einen Dharma-Vortrag zu halten, aber da er nicht wusste, was er sagen sollte, blieb er in seiner Verlegenheit einfach still sitzen. Während sie auf seine Predigt wartete, döste die alte Dame ein bisschen später weg. Der alte Mönch versuchte zu entkommen. Er schlich sich aus dem Haus und rannte weg. Als die alte Dame aufwachte, rannte sie hinter ihm her. Als sie den alten Mönch eingeholt hatte, warf sie sich vor ihm nieder und entschuldigte sich dafür, dass sie während seiner Rede eingeschlafen war. Der alte Mönch warf sich vor ihr nieder und bat sie um Verzeihung. In diesem Moment erfuhren beide Erleuchtung.

Es gibt viele solcher interessanten Geschichten in buddhistischen Sutras. Wenn wir mit wahrem Vertrauen praktizieren, spielt das Ausmaß der Intelligenz keine Rolle.

Ohne Frage sind alle Menschen im Überfluss mit den wahren Prajna-Samen ausgestattet.

Jede und jeder Einzelne von uns lebt die Lebenswirklichkeit.

Der vorstehende gegenseitige Austausch von Fragen und Antworten zwischen Gast und Gastgeber ist ungeordnet gewesen und mag Ver-

dōwa und *Fukanzazengi* sind sich gegenseitig ergänzende frühe Schriften aus der Zeit vor der Errichtung seines eigenen Klosters.

Obwohl die Ausbreitung des Buddha-Dharmas durch das ganze Land die Zustimmung des Herrschers abwarten sollte, [ist es doch so,] dass, wenn wir uns aufs Neue das Anliegen [Shakyamunis] auf dem Geiergipfelberg vor Augen führen, die Herrscher, Adligen, Minister und Generäle, die heutzutage in hundert Millionen von Gefilden erscheinen, alle voll Dankbarkeit Buddhas Billigung empfangen haben, und sie sind geboren worden, weil sie durch viele Leben hindurch in ihrem hingebungsvollen Einsatz zum Schutz des Buddha-Dharmas nicht nachgelassen haben. Welche der Regionen, auf die sich ihre Herrschaft ausgedehnt hat, ist kein Buddha-Land?

Wenn wir daraus die Konsequenzen für die Verbreitung des Weges der Buddhas und Vorfahren ziehen, sollten wir in Bezug auf die Orte oder das Abwarten von [günstigen] Bedingungen nicht unbedingt wählerisch sein. Glaubt nur nicht, dass wir erst heute damit beginnen, den Dharma zu verbreiten!

Als Dōgen Zenji *Bendōwa* verfasste, hatte er noch nicht die Erlaubnis der Regierung erhalten, den Dharma zu verbreiten und seine eigene Schule zu gründen. Im *Ninnōgokoku Hannyakyō* (Vollkommenheit des Weisheitssutras zum Schutz der Nation durch die Wächter-Könige) heißt es, dass Shakyamuni die Kaiser, Könige, Generäle und Minister bat, den Buddha-Dharma zu beschützen. Diese Menschen haben von da an bis heute den Dharma beschützt. Es gibt keine Länder, die nicht das Land Buddhas sind. Deshalb sagte Dōgen Zenji, dass er im Hinblick auf Orte oder Umstände nicht auf die Erlaubnis warten oder wählerisch sein müsse.

Nachwort

Ich habe bei den „Zusammenkünften, um den Geschmack der Bedeutung des Shōbōgenzō zu kosten", im Kloster Sōsenji in Kyoto jeden Monat von November 1978 bis Juli 1979 Vorträge zu *Bendōwa* gehalten. Das vorliegende Buch wurde durch Ishiguro Kenichi auf Grundlage von Aufnahmen meiner Vorträge niedergeschrieben und [auf Japanisch] herausgegeben.

Zur gleichen Zeit arbeitete ich an einem weiteren Buch: *Jinseika Dokuhon* (Über das menschliche Leben). Weil ich damit sehr beschäftigt war, verzögerte sich die Veröffentlichung dieses [hier nun vorliegenden] Buches. Aber ich bin dankbar, dass ich durch dieses Arbeiten an Tiefgründigkeit gewann.

Viele Aufnahmen von *teishō*, Kommentare oder Übersetzungen des *Shōbōgenzō* in modernem Japanisch sind veröffentlicht worden. Es scheint mir jedoch so zu sein, dass die Menschen den Originaltext so sehr verehrt haben, dass sie einfach nur Dōgen Zenjis Worte in eine andere buddhistische Terminologie gepresst haben.

Mein verstorbener Lehrer Sawaki Kōdō Roshi sagte immer, dass, wenn wir buddhistische Schriften lesen, wir unseren eigenen Geist mit den alten Lehren erhellen und den Buddha-Dharma in Form unserer eigenen Ausdrucksweise hervorbringen sollten. Ich bin der Ermahnung meines Lehrers nachgekommen und habe versucht, *Shōbōgenzō* aus einer tieferen Perspektive zu würdigen. Ich glaube, das wird zur Arbeit meiner letzten Lebensjahre.

Ich bin glücklich, wenn Leser wie ich dem *Shōbōgenzō* als ihrer eigenen Angelegenheit folgen und es aus dem Grund ihres eigenen Lebens heraus schätzen und genießen.

Uchiyama Kōshō

Die Übersetzer

SHOHAKU OKUMURA ist ein Priester und Dharma-Nachfolger von Kōshō Uchiyama Roshi. Er praktizierte in den Klöstern Antaiji und Zuioji in Japan, im Pioneer Valley Zendo in Massachusetts und im Kyoto Sōtō Zen Center. Seine bislang veröffentlichten Bücher von Übersetzungen sind *Dōgen's Pure Standards for the Zen Community: A Translation of "Eihei Shingi", Opening the Hand of Thought, Shikan Taza: An Introduction to Zazen, "Shōbōgenzō Zuimonki": Sayings of Eihei Dōgen Zenji* und *Zen Teaching of "Homeless" Kōdō.* Okumura Sensei, einstmalig leitender Lehrer am Minnesota Zen Meditation Center, ist derzeit der Leiter der North American Sōtō School in Los Angeles.

TAIGEN DAN LEIGHTON ist ein Priester in der Linie von Shunryu Suzuki Roshi. Er hat im New York Zen Center und San Francisco Zen Center praktiziert, war leitender Mönch im Tassajara Zen Mountain Center und praktizierte zwei Jahre lang in Japan. Er ist Co-Übersetzer von *Cultivating the Empty Field: The Silent Illumination of Zen Master Hongzhi, Dōgen's Pure Standards for the Zen Community: A Translation of "Eihei Shingi"* und *Moon in a Dewdrop: Writings of Zen Master Dōgen.* Er ist zudem Autor von dem in Kürze erscheinenden Buch *Bodhisattva Archetypes: Classic Buddhist Guides to Awakening and Their Modern Expression.* Leighton lehrt gegenwärtig am Green Gulch Farm Zen Center in Muir Beach, Kalifornien, und am Institute of Buddhist Studies der Berkeley Graduate Theological Union.

Aktuelle Informationen finden Sie unter:

www.sanshinji.org

Die Übersetzerinnen des Textes aus dem Amerikanischen, Rev. Kyoku Barbara Lutz und Gesa Schubert, leben in Hannover, Deutschland.

Rev. Kyoku Barbara Lutz, Dharmanachfolgerin von Rev. Hoko Karnegis, Sanshinji, leitet das Frühlingsmondzendo Hannover.

www.frühlingsmondzendo.de